数字时代普通高等教育新文科建设语言学专业系列教材

编写委员会

顾 问

李运富（郑州大学）　　　陆俭明（北京大学）　　　王云路（浙江大学）

尉迟治平（华中科技大学）　赵世举（武汉大学）

总主编

黄仁瑄（华中科技大学）

编 委（以姓氏拼音为序）

丁　勇（湖北工程学院）　　杜道流（淮北师范大学）　高永安（中国人民大学）

耿　军（西南大学）　　　　黄　勤（华中科技大学）　黄仁瑄（华中科技大学）

黄晓春（武汉大学）　　　　姜永超（燕山大学）　　　亢世勇（鲁东大学）

刘春卉（四川大学）　　　　刘根辉（华中科技大学）　史光辉（杭州师范大学）

孙道功（南京师范大学）　　孙德平（浙江财经大学）　王彤伟（四川大学）

王　伟（淮北师范大学）　　杨爱姣（深圳大学）　　　杨怀源（西南大学）

张　磊（华中师范大学）　　张延成（武汉大学）　　　周赛华（湖北大学）

周文德（四川外国语大学）

数字时代普通高等教育新文科建设语言学专业系列教材

"淮北师范大学2023年校级教材建设项目"成果

简明西方语言学史

（第二版）

编　著◎杜道流
修　订◎武钦青　张　义

华中科技大学出版社
http://press.hust.edu.cn
中国·武汉

内 容 提 要

本书对以欧美为主体的西方语言学史进行了全面系统、简明扼要的介绍,将西方语言学史划分为五个时期:古代语文学时期、历史比较语言学时期、结构主义主导期、转换生成语言学主导期、功能主义发展期,采用点面结合的方式,对每个历史时期的西方语言学研究概况、代表人物和代表成果进行评介,梳理出西方语言学发展的历史脉络。本书是第一部将 21 世纪初的西方语言学纳入语言学史研究视野的著作,因此,是迄今涉及时间跨度最长、概括范围最广、史料最新的研究西方语言学史的理论著作。本书不仅可以作为语言学专业本科生和研究生学习西方语言学史的入门读物,也可以供语言研究者和爱好者在研究有关问题时作为参考。

图书在版编目(CIP)数据

简明西方语言学史/杜道流编著. —2 版. —武汉:华中科技大学出版社,2023.8
ISBN 978-7-5680-9130-5

Ⅰ.①简…　Ⅱ.①杜…　Ⅲ.①语言学史-西方国家　Ⅳ.①H0-091
中国国家版本馆 CIP 数据核字(2023)第 131010 号

简明西方语言学史　　　　　　　　　　　　　　　　　　　　　　杜道流　编著
Jianming Xifang Yuyanxueshi

策划编辑:周晓方　杨　玲
责任编辑:江旭玉
封面设计:原色设计
责任校对:张汇娟
责任监印:周治超

出版发行:华中科技大学出版社(中国·武汉)　　电话:(027)81321913
　　　　　武汉市东湖新技术开发区华工科技园　　邮编:430223
录　　排:华中科技大学惠友文印中心
印　　刷:武汉市籍缘印刷厂
开　　本:787mm×1092mm　1/16
印　　张:14.75　插页:2
字　　数:338 千字
版　　次:2023 年 8 月第 1 版第 1 次印刷
定　　价:59.90 元

本书若有印装质量问题,请向出版社营销中心调换
全国免费服务热线:400-6679-118　竭诚为您服务
版权所有　侵权必究

总序

2020年4月,教育部办公厅印发《关于启动部分领域教学资源建设工作的通知》(教高厅函〔2020〕4号),明确指出:

> 为深入贯彻全国教育大会精神,全面落实新时代全国高等学校本科教育工作会议精神,推进"四新"(新工科、新农科、新医科、新文科)建设,经研究,决定启动部分领域教学资源建设工作,探索基于"四新"理念的教学资源建设新路径,推动高等教育"质量革命"。

为回应"新文科"建设这一时代需要,结合学科专业的发展要求,我们协调了全国20余所高校的教研骨干力量,决定编写"数字时代普通高等教育新文科建设语言学专业系列教材"(教材拟目见相关教材封底,实践中或有微调)。

教材编写的总原则是:应变,足用,出新。

所谓"应变",指的是教材编写工作要顺应数字时代的变化。数字时代是一个知识发生巨变的时代,当前正处在1949年以来第三次学术大转型与"新文科"建设时期,"而更加强调学以致用,可能将会成为未来新文科的突出特征"[①]。时代呼唤"语言学+"人才,教材的编写工作实在有必要因应时代巨变,围绕培养适应时代需求的"语言学+"人才而展开。

所谓"足用",指的是教材规模能够满足学科教学的基本要求。学科是相对独立而又稳定发展的知识体系。如何反映这一知识体系,就教学实践而言,主要和教材内容的丰歉和教材种类的多寡有关。具体到当下的汉语言学专

[①] 参见王学典:《何谓"新文科"?》,《中华读书报》2020年6月4日。

业,语言理论、古今汉语、国际中文传播等是必须切实掌握的内容,这是学科发展的坚实基础;文字、音韵、训诂、语法与逻辑、语言与文化、语言信息技术等是需要了解或掌握的知识与技能,这是学科发展的内在要求。一套涵盖这两方面内容的教材,必须能够保证汉语言学专业的基本教学需要。

所谓"出新",表现在三个方面:一是观念新,最大程度地体现学科的交叉与融合,这是"新文科"建设的基本要求;二是方法新,最大程度地结合计算机相关技术,这是数字时代学科发展的必由之路;三是知识新,最大程度地利用新发明和新发现(包括事实和案例),这是教材编写工作的根本动力,也是其重要意义之所在。

为了贯彻"从教学实践中来,到教学实践中去"的编写理念,最大程度地保证教材的使用效果,遵循"学习过程的全时支持与监测,学习效果的动态测评与回馈,个性化学习的深度实现,'云端+线下'教学方式的有机衔接"的原则,我们先期开发建设了"古代汉语"在线学习暨考试系统(http://ts.chaay.cn)①。整个系统包括学习系统和测评系统两个部分,是学生古代汉语能力数字化训练与养成的重要环节,也可以为其他同类课程的信息化积累经验和提供借鉴。

随着本系列教材的陆续推出,我们还将开发建设"语言学系列课程在线学习暨考试系统",以适应数字时代语言学专业全时教学的需要。

> 怀进鹏强调,要全面落实党的教育方针,共同推动科学教育深度融入各级各类教育,统筹大中小学课程设计,根据各学段学生认知特点和学习规律改进教育教学。要合作推动教材建设,鼓励和支持一大批政治立场坚定、学术专业造诣精深、实践经验丰富的院士和一流科学家打造一批具有权威性、示范性的优质教材。要不断丰富科学教育模式,充分发挥高水平大学和科研院所作用,构建一批重点突出、体系完善、能力导向的基础学科核心课程、教材和实验,加大数字资源共建共享力度,着力提升培养水平。②

鼓励编写高品质教材,我们的工作可谓恰逢其"时"! 教材编写却是一件费力未必能讨好的活儿:

---

① 参见黄仁瑄、张义:《"古代汉语"在线学习暨考试系统设计与实现》,《湖北工程学院学报》2022年第3期。

② 高雅丽:《中科院与教育部会商科学教育工作》,《中国科学报》2022年3月21第1版"要闻"。

> 集体编教材，不容易。必须做好充分的编前准备工作，重要的是，第一，要统一思想。特别要参与人员吃透"新文科建设"的核心思想和基本精神，并要能贯穿在教材之中，真使教材有个新面貌，能有所创新，真能成为精品教材①，而不让人感到在肆意标新立异。第二，得强调参与人员少为自己考虑，多为事业、为学科、为国家考虑，多为学生、为读者考虑。

这是陆俭明教授对本系列教材编写提出的指导性意见，也是我们全体编者的奋斗目标。同时，我们衷心感谢李运富教授、陆俭明教授、王云路教授、尉迟治平教授和赵世举教授的鼎力支持，是你们给予了我们迎难而上、勇于编撰的力量源泉。

本系列教材主编是编委会的当然人选，教材的可能微调必然影响到编委会的构成。不管风吹浪打，本编委会都是一个特别能战斗的集体，始终是本系列教材编写工作顺利推进和编写组攻坚克难的强力保证。

编委会
2022 年 06 月

---

① 本套教材原拟名"数字人文视域下语言学专业精品教材"，经多方沟通，最后决定采用"数字时代普通高等教育新文科建设语言学专业系列教材"这个名称。

目录

引论 ··· 1
 第一节 西方语言学史的性质和特点 ······················ 1
 第二节 西方语言学史的研究对象和任务 ·················· 3
 第三节 西方语言学史的学习和研究方法 ·················· 4
 第四节 西方语言学史的分期问题 ··························· 5

第一章 古代语文学时期
 第一节 概述 ··· 7
 第二节 古希腊的语言研究 ······································ 8
 第三节 古罗马的语言研究 ····································· 15
 第四节 中世纪的语言研究 ····································· 19
 第五节 自文艺复兴至17、18世纪的欧洲语言学 ······· 23
 第六节 科学的语言学萌芽——洪堡特及其语言学思想 ··· 29

第二章 历史比较语言学时期
 第一节 概述 ··· 41
 第二节 历史比较语言学前期代表人物
      施莱歇尔的理论和成就 ························· 46
 第三节 青年语法学派 ··· 50
 第四节 社会心理学派的历史比较语言学研究 ··········· 56

第三章 结构主义主导期
 第一节 概述 ··· 62
 第二节 结构主义语言学之父索绪尔
      和他的《普通语言学教程》 ···················· 66
 第三节 布拉格学派 ·· 77
 第四节 哥本哈根学派 ··· 84
 第五节 美国的描写语言学 ··································· 92
 第六节 法国的功能语言学 ·································· 108
 第七节 英国的伦敦学派 ····································· 115

第四章 转换生成语言学主导期
 第一节 概述 ·· 122
 第二节 乔姆斯基的转换生成语言学 ······················ 125
 第三节 生成语义学 ··· 138

第四节　格语法 …………………………………… 144
　　第五节　韩礼德和他的系统功能语法 …………… 151

第五章　功能主义发展期
　　第一节　概述 ……………………………………… 158
　　第二节　语用学的产生与发展 …………………… 160
　　第三节　篇章语言学 ……………………………… 179
　　第四节　语言类型学 ……………………………… 188
　　第五节　认知语言学 ……………………………… 198

参考文献 …………………………………………………… 215

后记（初版）……………………………………………… 224

后记（再版）……………………………………………… 226

修订后记 …………………………………………………… 227

引　论

第一节　西方语言学史的性质和特点

　　语言是人类社会诞生的标志。然而,在人类社会发展早期,在相当长的一段历史时期内,由于没有文字,语言也就没有书面记录。人类社会有文字记录的语言也不过只有五六千年的发展历史。因此,对古代的先民而言,语言是十分神秘的东西,于是先民们充分展开自己的想象,创造了各种各样的关于语言的神话和传说,这便是人类关于语言的研究和探索的开始。

　　几乎每个民族都有自己的关于语言文字的神话和传说。从内容来看,这些神话或传说大多是关于语言文字的起源问题的。其中影响最大的要数古希伯来人关于语言起源和发展的神话。基督教《圣经·旧约·创世纪》第二章记载,上帝造完万物后,又用地上的尘土制成人,取名亚当,并将生命之气吹在他的鼻孔里,赋予其生命,然后上帝从亚当身上取出一根肋骨,造了一个女人,这就是夏娃。亚当和夏娃住在伊甸园里。上帝告诫亚当不要吃智慧之果,然后教他说话。"耶和华上帝将用土所造成的野地各样走兽和空中各样飞鸟,都带到那人面前,看他叫什么。那人怎样叫各样的活物,那就是它的名字。那人便给一切牲畜和空中飞鸟、野地走兽都起了名。"《创世纪》第十一章又记载:"那时天下人的口音言语都是一样。他们在往东迁移的时候,在一个名叫示拿的地方遇到一片平原,就住在那里。他们彼此商量说,来吧,我们要做砖,把砖烧透了。他们就拿砖当石头,又拿石漆当灰泥。他们说,来吧,我们要建造一座城和一座塔,塔顶通天……耶和华降临要看看世人所造的城和塔。耶和华说:'看哪,他们要成为一样的人民,都是一样的言语,如今既作起这事来,以后他们要做的事就没有不成就的了。'于是就下去变乱他们的口音,使他们的言语彼此不通。于是耶和华使他们从那里分散在全地上,他们就停工不造那城了。"[①] 上帝在那里变乱天下人的语言,使众人分散在各个不同的地方,那座塔就叫作巴比(babel)塔,就是"变乱"的意思。从此以后,世界上就有了许多种语言。

　　在奥地利,有这样一个神话传说:东方住着一个很凶恶的老太婆,名字叫布鲁利,她活着的时候,经常到各个地方去残害不同的人类种族,她带着一根粗棒,到处捣毁睡着的人们的篝火。后来,她死了,大家都很高兴,不同种族的人都吃了她的肉,造成的结果就是不同种族的人说出了彼此不能明白的语言。

　　古埃及也流传着一个非常有趣的故事。据说,在公元前六世纪,埃及有一个法老,名

---

① 引自香港圣经公会(Hong Kong Bible Society)《和合本》(上帝版),参见http://rcuv.hkbs.org.hk/。

叫卜萨梅蒂库斯,他很想知道世界上哪一个民族和哪一种语言是最古老的。经过长时间的考虑,他决定用一种实验的方法获得答案。他叫人把两个刚出生的婴儿带到一个很偏僻、荒无人烟的地方,每天只给他们喝山羊奶,严禁人们对他们说话。两年后,有一天早上,他们的保姆拿山羊奶来。他们看见后高兴极了,于是跳起来高呼"bekos"。法老于是就传令考证哪种语言中有这个词。后来,法老查出弗里吉亚语里有这个词,是"面包"的意思,于是法老认定佛里基亚民族是世界上最古老的民族,佛里基亚语是世界上最古的语言。

中国古代有女娲抟土造人之说,人被造出之后便能说话。又有仓颉造字之说,《淮南子·本经训》记载:"昔者仓颉作书而天雨粟,鬼夜哭。"这把语言文字的作用夸张到无以复加的地步。

古印度婆罗门教的经书《吠陀》把语言说成一个女神。

当然,以上这些神话和传说都是没有根据的,所以,它们并不是真正意义上的对语言的研究。从历史记载来看,人类社会最早对语言进行的研究是在古印度。

印度是世界上四大文明古国之一,是婆罗门教和佛教的发源地。大约在公元前1500年的时候,印度就有了一种用古代梵文写成的婆罗门教的经书《吠陀》。由于流传时期很久,书中的很多语言现象和当时流行的口语有着较大的差别,于是人们对这部经书进行研究。研究重点主要集中在语言方面。起初的研究一般都是比较零碎的,直到公元前4世纪,古印度伟大的语法学家班尼尼(Pānini)把这些材料加以概括,写成了他的那本著名的著作《梵语语法》,又称《波尼尼经》,这本书被认为是世界上最早的语法著作。

大约在公元前5世纪到公元前4世纪,在古希腊和中国几乎同时发生了对名称和事物(即"名"和"实")关系的争论,这是人们对语言问题进行哲学探讨的开始。此后,中国的古代语言研究和以古希腊、罗马为代表的西方语言研究都走上了为解释古代经典服务的语文学研究时期,无论在西方还是在中国,语文学研究都持续了相当长的时间,直到19世纪初历史比较语言学产生,西方的语文学研究的统治地位才宣告结束。中国的语文学研究统治地位则结束得更晚,1898年《马氏文通》的出版,标志着中国真正意义上的语言学研究正式登上历史舞台。西方的语言学研究在历史比较语言学产生以后,进入了飞速发展时期,不仅产生了一大批杰出的语言学代表人物和语言研究大师,而且在理论上不断地推陈出新。在不到200年的时间内,先后完成了从历史比较语言学到结构主义,而后又向转换生成语言学直至当代的功能主义历史阶段的发展。因此,尽管在语文学研究阶段,中国的语言研究取得了辉煌的成就,但是,我们不能不承认,到了现代语言学研究阶段,中国的语言学研究和发展与西方语言学相比,显示出了较大的差距。

人类在对语言的研究和探索的过程中,留下了无数足迹,把人类对语言的认识一步一步地推向深入。这其中不仅有成功的经验,也有失败的教训;不仅有辉煌的语言学研究的成果,也有无数璀璨的语言学研究的明星。对于当代的语言学工作者来说,如果对前人研究的问题和所取得的成就有所了解和领悟,则可能对自己正在从事和已经完成的工作有所认识。这可以帮助我们开阔视野、整理思路,在理论上和实践中不断创新,少走弯路。同时,我们还可以通过总结语言学过去的发展规律来预测本门科学的发展趋势,以确立我们努力的方向。这就产生了对语言学的起源和过去的发展轨迹进行研究和探讨的需要,于是就诞生了语言学史这个学科。

西方语言学史是主要探讨和研究西方语言学的产生和发展的语言学史的分支学科。从整个人类社会语言学发展历史的实际情况来看,在很长一段历史时期内,西方语言学的研究占据着主流的地位。从研究成果看,西方语言学的研究不仅涉及西方社会各民族的语言研究,而且在理论和方法上也不断地推陈出新,所以学派众多,大师云集。这就决定了西方语言学史是一种综合性较强的学说史,和一般的单一民族的语言学史相比较,西方语言学史的研究涉及的范围广、语种多,因此观察的角度多,需要梳理的内容纷繁复杂。

第二节 西方语言学史的研究对象和任务

任何一个学科都有自己的明确的研究对象。一般而言,语言学史的研究对象是语言学学说产生和发展的历史,语言学史是对语言研究的研究。西方语言学史作为语言学史的一个分支学科,研究的是西方语言学学说产生和发展的历史。但是,西方语言学学说的发展,从地域和时间来看是不平衡的,有关语言学的活动、事件以及学说成果浩如烟海,对于研究者来说,面面俱到地进行考察和研究既无可能,也无必要。因此,西方语言学史只关注那些对语言学发展有着重大影响的事件、人物和研究成果。从地域和时间来看,古希腊、罗马的语言研究影响较为深远,而现代地中海沿岸的欧洲国家在语言学方面的贡献较小,当代美国是世界语言研究和活动中心,但美国在独立以后的很长一段时间内在语言学界默默无闻。因此,西方语言学史在考察和介绍时就各有侧重,如对于地中海沿岸国家,只介绍古希腊和罗马时期的语言学发展情况;对美国,只介绍其在语言学发展起来以后的语言学活动和发展情况。同时,西方语言学史研究是对西方语言学发展总趋势的研究,并不以国别的方式进行考察,许多国家和地区,如澳大利亚、西班牙等国,尽管属于西方国家,但在语言研究方面并无大的建树,因此也就没有必要逐一介绍。就整个西方语言学发展历史而言,事件多、头绪多,研究时需要提纲挈领,抓住关键,这样我们才能把考察重点放在研究语言学家及其学说著作方面,抓住了这个核心,其余的问题就可以在相关的研究中顺带解决了。

语言学史所阐释的是从古到今语言研究的发展过程。从文字记载来看,西方的语言研究自古至今已有2000多年的历史了。由于语言是一种极其复杂的、特殊的社会现象,在语言研究的每一个历史阶段,往往都有着较为复杂的社会背景和学术渊源,这就给语言学史的研究带来了许多困难。因此,抓住主要研究对象,明确主要研究任务,是对西方语言学史进行有效研究的重要前提。就学科性质来说,语言学史的任务是理清语言学发展的历史线索,探索它的发展规律,解释语言学的分期问题,介绍语言学研究的主要人物及其成就。那么,西方语言学史的任务自然就是理清西方语言学发展的历史线索,研究西方语言学发展的各个阶段中的所产生的一系列的成果和问题,介绍西方语言学研究的主要人物及其成就,解释西方语言学发展过程中的各种现象,探索它们的发展规律,正确评价一些重要语言学家的作用和历史地位,准确评述一些有影响的语言学著作的是非得失,恰当评价一些语言学研究中的重大历史事件,总结历史经验与教训,为当代语言学研究提供借鉴。

第三节　西方语言学史的学习和研究方法

　　语言学史,说到底,是语言与语言学家的历史。因此,学习和研究西方语言学史最重要的一个步骤是掌握西方语言学各个历史时期的发展情况和各个语言学家研究活动和研究成果的第一手资料。只有掌握原始材料,才能够真正弄懂弄清语言学的发展变化过程。然而,语言学特别是西方语言学的发展不是孤立的,在很长的一段历史时期内,西方语言学的发展都是和其他学科如哲学、历史学甚至自然科学纠缠在一起的。因此,光掌握了第一手材料还不够,研究者还必须具有分析和处理这些材料的学养和本领。学习和研究西方语言学史需要既具备足够的语言学知识和历史学的修养,又具备充足的哲学乃至自然科学方面的知识。这是学习和研究西方语言学史的最起码的条件。

　　就语言学史这个学科来看,人们在研究过程中所采用的最常见的方法以时间为纵轴,以内容为横轴,即在处理语言学史材料时,按照语言研究发展的过程,根据历史原则将语言学史材料分为若干时间段,然后依次叙述语言研究的状况,列举主要学派,评述其观点、方法和重要著作。我们在学习和研究西方语言学史时,也可以采用这种方法。在具体的操作过程中,我们还要注意以下几点。

　　其一,以史为主,纵横结合。在处理材料时,以横向的材料为史实,注意各种材料在纵向上的联系和发展;在考察语言学家、语言学派、语言学著作的地位、作用和影响时,一定要联系整个语言学的发展历史进程来看,避免孤立地、静态地去做研究。

　　其二,坚持历史主义的观点。在对历史材料进行分析、整理和对历史人物进行研究时,要努力做到符合当时的历史情况,既要能够准确指出前人研究中的缺点和不足,又必须做到不能苛求古人。应该尊重历史,对于语言学史上发生的重大事件,都不能超越历史而提出不切实际的批评。

　　其三,以面带点,以点撑面。西方语言学史是具有通史性质的学科,因此,所有的考察和研究都应该从宏观的角度展开,也就是说,整体的架构应该是以"面"为主,所有的对于具体材料的处理都应该符合"面"的需要,但是,仅从宏观的角度来考察问题,往往会过于空泛,因此,凡是涉及具有重大影响的人物、事件或著作,都必须进行深入的探究,这些问题都是宏观研究的支撑点,只有把"点"做实了,"面"才能撑得起来。所以,学习和研究西方语言学史,既要从宏观的角度去把握语言学发展的整体脉络,又要对某个具体的人物、事件或著作进行认真的探讨。

第四节 西方语言学史的分期问题

任何一个有关历史的学科都涉及历史分期问题,西方语言学史当然也不例外。从以往一些有关语言学史的著作来看,人们在语言学史分期问题上的意见和做法并不统一。有的著作采用粗分法,即把语言学史简单地划分为科学前期和科学期或古代期和现代期两个阶段。实际上这种分期方法的价值并不是很大,因为无论是古代期语言学还是现代期语言学的发展都显现出一定的阶段性,这种分期方法忽视了这个特点。也有著作以纯粹的时间(如世纪)来分期,这种划分容易割断语言学发展的内在联系。还有著作采用按历史时期分段,即根据世界通史分期的惯例进行分段,然后分阶段地介绍各个历史时期语言学发展的情况。这种分期实际上是以社会史的分期来代替语言学史的分期,不能准确反映语言学史的发展状况。

语言学的发展离不开社会的发展,社会的发展对语言学的发展往往会产生很大的影响,因此,在很多情况下,语言学史的发展阶段和社会史的发展阶段是基本同步的。社会的重大变革必然会影响语言学的发展,不同的社会产生不同的语言学研究的需要,这会导致语言学研究体现出不同的特点,如古希腊的语言学研究主要是为了解释古代的文化历史典籍,因此侧重于扫清语言文字障碍;中世纪的语言学研究主要是为了解释宗教经典和满足传教的需要,因此语言学研究主要是为宗教经典的教学服务;到了 18 和 19 世纪,西方各国纷纷在世界各地进行殖民活动,不断开辟殖民地,就需要研究不同民族语言的异同,于是就产生了历史比较语言学。因此,语言学的历史分期不能完全脱离社会史的分期而自行其是,但语言学史也有自身的发展规律,语言学研究因自身内在联系和学术变革有时会呈现出超越社会历史时期的阶段性特点,如 20 世纪发生了两次世界大战,世界的社会格局和政治格局都发生了非常大的变化,但语言学的发展并没有体现出和这些历史事件同步的变化。我们在为语言学史分期时,必须充分考虑语言学发展的内在特点和规律。

根据语言学研究的特点,我们把西方语言学史分为以下 5 个阶段。

1. 古代语文学时期(1816 年以前)

这一时期语言学研究的总特点是,语言学研究依附于其他学科,没有形成科学的系统,语言学研究主要是为解释经典服务。

2. 历史比较语言学时期(1816—1915 年)

1816 年,德国的弗兰兹·葆朴(Franz Bopp)发表了他的著名论文《论梵语动词变位系统——与希腊语、拉丁语、波斯语和日耳曼语相比较》,这篇论文的发表,标志着语言学从经学的附庸中独立出来,成为独立的学科。所以该论文不仅是历史比较语言学诞生的标志,也是科学的语言学诞生的标志。此后的 100 年,西方语言学主要是历史比较语言学的天下。

3. 结构主义主导期(1916—1956年)

1916年,索绪尔的遗作《普通语言学教程》出版,标志着历史比较语言学开始退出统治地位,结构主义开始主导语言学的潮流。

4. 转换生成语言学主导期(1957—1975年)

1957年,乔姆斯基的《句法结构》一书出版,掀起了一场"乔姆斯基革命",转换生成语言学很快风靡整个世界,占据了语言学的主导地位。

5. 功能主义发展期(1976年至今)

1976年,语言学界发生了一件大事——国际功能语言学会成立;第二年,《语用学》杂志创刊。从此,西方语言学开始打破一种语言学理论占据主导地位的情况,出现了学派林立、理论多元化的局面,但总的趋势是突破以往语言学研究只关注语言系统内部结构规律的局限,开始把研究的目光投向语言系统外部,重视语用和功能,重视非语言的因素对语言结构的影响,所以我们把这一时期归结为功能主义发展期。

思考与练习

一、填空题

1. 西方语言学史研究的对象是(　　)。
2. 世界上最早的语法著作是(　　)。
3. (　　)的出版标志着中国真正意义的语言学正式登上历史舞台。
4. 根据语言学研究的特点,我们可以把西方语言学史分为五个阶段:(　　)(　　)(　　)(　　)(　　)。

二、简答题

1. 简述西方语言学史的性质。
2. 学习和研究西方语言学史应遵循什么原则?
3. 如何看待西方语言学史在分期方面存在的分歧?

三、论述题

1. 试述西方语言学史研究的任务。
2. 谈谈你对上古关于语言的神话的认识。

第一章
古代语文学时期

第一节　概述

人类社会从什么时候起开始对语言进行正式的研究和探讨？这个问题人们现在已经无法考证了。但促使人们对语言进行研究的动机无论在东方的古代中国还是在西方的古希腊，几乎都是一致的，那就是为了对更古老的经典文献做注释，也就是说，语言的研究最初都起始于文献学。公元前6世纪，在古希腊产生了一门学问，叫"荷马学"，主要是因为当时的一些受过教育的希腊人注意到荷马史诗《伊利亚特》和《奥德赛》使用的语言和当时的任何一种人们使用的希腊方言都不完全相同，由于这两部史诗在当时的希腊教育中占有特殊地位，人们便开展了对这两部史诗的公认文本的编辑和诠释工作，这就是古希腊语文学的最早工作。因此，最早的语言研究只以古代的书面语为研究对象，通常只着重研究古代书面文献中的用语、词义等，目的是为这些文献做训释和校订的工作，一般不重视语言的系统性和规律性。这种为注释经典文献而研究语言的学问一般被称为"语文学"（Philology），以示其和现代意义上的语言学（Linguistics）的区别。现代意义上的语言学并不是以解经为主要研究目的，其不仅关注书面语言，而且关注口头语言；不仅重视对语言的零星研究，而且重视对语言的系统性和规律性的研究，还重视研究语言的发展变化和发展规律。所以，我们一般公认，作为一个独立的学科的语言学是从19世纪初的历史比较语言学开始的。因此，从语言研究的历史的角度看，语文学持续的时间是十分漫长的，本章主要是分阶段地介绍西方古代社会各个不同历史时期语文学发展的大致情况。

西方语文学的发展史与西方社会变迁史密切相关，因此，我们可以根据西方社会变迁史，将西方语文学划分为几个发展阶段：①古希腊时期；②古罗马时期；③中世纪；④文艺复兴时期；⑤17世纪和18世纪。在每个阶段，语文学发展都有自己的特点。

古希腊的语文学主要是在哲学框架内进行的，在这一时期，哲学被看成一种无所不包的科学，古希腊哲学家们在哲学研究中对语言问题有过比较全面的关注，对语言的本质问题、词源问题、修辞问题以及语音、语法等方面的问题都进行了认真的探讨和研究。尤其以语法学研究成果最丰富、成就最大，奠定了西方传统语法学的基础。

古罗马的语文学研究基本上继承了古希腊注重语法研究的传统，对拉丁语语法的研究较为深入，不过理论贡献不大。本阶段语文学的突出贡献是将古希腊的语法学理论应用到拉丁语的研究中，建立了拉丁语的语法学体系，并以此为基础建立了教学语法模式，形成了欧洲教学语法的传统。

中世纪的语文学研究以12世纪为界，分为"黑暗时代"和"经院哲学时期"两个阶段。

前一阶段的语言研究主要是为基督教的传播服务，由于拉丁语是基督教的教会语言，当时流传的《圣经》主要是拉丁文本，所以中世纪早期的语言研究不过是对古罗马时期的拉丁语语法的著作进行评论和注释，并没有突出的成就。中世纪后期的语文学研究有了较大的变化，由于受经院哲学影响，对语言进行哲学的探讨超出了实用的需要，"思辨语法"就是这种探讨的直接结果。思辨语法学派开创了把逻辑研究与语法研究结合起来，从逻辑角度研究语法的新尝试，他们提出了普遍语法的概念，并初步建立了句法学的理论。这是这一阶段语言研究方面最有价值的成就。

在文艺复兴时期，语言研究摆脱了神学的束缚，把世俗语言纳入研究范围，特别是随着民族主义的高涨，欧洲各国的民族语言得到了充分的承认，民族语言的研究顺利开启。同时，由于殖民扩张，欧洲大陆以外的语言不断被发现，人们把研究的目光也投向了异族语言，从而打破了传统的语言研究的局限性，使欧洲语言研究的视野比过去开阔了很多，人们对语言的研究也随之变得复杂起来。不过，这个时期的语言研究的主要目标是复兴灿烂的古典文化，仍然具有浓厚的语文学色彩。

到了17、18世纪，由于受经验主义哲学和理性主义哲学思潮的影响，语言研究呈现出两种不同的倾向：在经验主义的影响下，语言研究者们常把研究自然科学的方法运用到语言研究中，直接的结果是促成了对语法的形式分析；而理性主义的影响，则导致了普遍唯理语法理论的形成。另外，这个时期在语言理论方面，有重要影响的事件是语言的起源问题被人们重新探讨。这成为后来的历史比较语言学产生的重要动因之一。

在18世纪和19世纪之交，西方语言学史上出现了一个超越历史时空的人物——洪堡特。一方面，他继承了普遍唯理语法的传统，集思辨哲学关于语言问题思考的大成，另一方面，他放眼世界，将人类世界的众多语言纳入自己的研究视野，更多地从普通语言学的角度对他所关注的语言现象进行探讨，从而奠定了现代语言学思想理论基础。因此，洪堡特不仅为语文学时代画上了休止符，他自己也成了现代语言学的先驱者。由于此后的19世纪是历史比较语言学的天下，洪堡特就成了直接将语文学和20世纪的现代语言学直接联系起来的桥梁。

第二节　古希腊的语言研究

古希腊是欧洲文化的发祥地，被公认为现代欧洲文明的摇篮。古希腊文化对后来欧洲乃至世界文化的发展都产生了十分巨大的影响。现代西方各种科学技术和文化几乎都可以从古希腊的文化中找到源头。语言学研究也不例外，西方语言学也是从古希腊发源的。

古希腊人对语言问题的关注是多方面的，他们在文字、语音、语法、修辞和语言理论等方面都做过认真的探索，开展过丰富多彩的学术活动，取得了非常丰硕的成果。这些主要表现在以下几个方面。

一、对语言问题的哲学探讨

从现存的有限的资料来看,在古希腊,最早关注语言问题的是哲学家。大约从公元前6世纪末开始,爱奥尼亚等地的哲学家们就把语言纳入他们的研究和讨论的范围。如公元前5世纪中期,智者派代表人物高尔吉亚在其所著的《论非存在或论自然》一书中,就对语言与外部世界的关系问题进行了探讨,其核心观点主要包括以下内容。第一,词不是基质和存在,所以语言传达给交谈者的不是现实中存在的事物,而是词。第二,由于语言并不是给予的事物和存在的事物,所以我们告诉别人的并不是存在的事物,而只是语言。第三,语言是从外界刺激我们的事物中产生的,即语言是随着感性事物而产生的;事物与人体感官的接触,才产生了转达这种性质的语言,例如,颜色从外面作用于人的感官,这样才产生了转达这种颜色的语言(词语)。因此,他认为,不是语言转达我们之外的事物,而是我们以外的事物表达语言。高尔吉亚认为词语不等于存在物本身,同时也认为概念由感觉而产生,这是正确的。然而,他把意识与存在绝对地对立起来,认为语言不能转达存在的事物,实际上就陷入了怀疑论和不可知论。在高尔吉亚之后,语言与现实世界的关系(即词与物的关系)问题一直是学者关注的重要问题之一。柏拉图在他的哲学名著《对话录》中记载了公元前4世纪苏格拉底时代的哲学家们讨论语言问题的情况。

古希腊哲学家们关于语言的争论主要集中在两个问题上:一个是本质与约定(或规则)的对立;另一个是规律性(或类比论)与非规律性(或不规则论)的对立。

本质和约定的争论实际上是高尔吉亚所讨论的语言与外部世界的关系问题的继续。其核心是名称与事物的关系。柏拉图在《对话录·克拉底洛篇》中记载了这一争论的主要内容。《克拉底洛篇》全名为《克拉底洛——论词的正确性问题》,包括6个部分:序言(争论的目的);语言产生于约定;按本质的命名;原始名称和派生名称;对问题的重新考察;结语。其中,"按本质的命名"这一部分论述得最详尽,约占《克拉底洛篇》全部篇幅的一半。柏拉图在其中论及荷马传说和古典传统的名称,以及上帝、魔鬼、英雄、各种事物、概念等的名称的来历。争论的中心问题是:事物的名称是根据事物的本质被赋予的,还是根据协商而被规定的。

这场争论的核心人物是克拉底洛和赫尔摩根。两人的观点针锋相对,截然相反。克拉底洛属于所谓的"按本质"派,即事物的名称是由事物的本质决定的,每个名称和它所代表的事物是不可分割地联系在一起的,名称揭示了事物的性质。克拉底洛认为:"存在着一种由每一事实的本质产生的名称的原始正确性;如果某些人想用什么语音称谓一个事物就这样称谓,那就不成其为名称了;名称的某种正确性,原始地存在于希腊人,也存在于野蛮人,对一切人都是一样的。"[1]

赫尔摩根则属于"按规定"派。他认为事物的名称是按规定而产生的,即事物的名称是约定的,是人们按习惯确定的,也就是说,事物的名称是任意的,和事物的本质没有什么

---

[1] 徐志民.欧美语言学简史[M].上海:学林出版社,1993:15.

关系。他说:"我不能相信名称的正确性在于别的什么东西而不在于约定俗成。因为我认为,如果有谁确定一个名称,那个名称也就是正确的名称;若是他在后来改用别的名称而不再使用原先的名称来称呼,那么后来这个名称的正确性丝毫也不次于前者,这正如我们改变奴隶的名字一样,因为任何人的某个名字都不是按本质产生的,它乃是在法律和习惯的基础上属于确立这种习惯,并且这样称谓它的人们的。"[①]

这场关于"按本质"和"按规定"的争论,对后来的哲学家和语言学家产生了很大的影响,不断激发人们对语言问题尤其是词源问题进行深入的思考。因此,从语言学的发展史来看,这场争论具有非常重要的意义。

关于规律性(或类比论)与非规律性(或不规则论)的争论是在亚里士多德和斯多葛学派之间进行的。这场争论的核心问题是:在语言(主要是希腊语)中,条理性特别是相称的规则性在多大程度上起决定作用,非规则性(即不规则)又在多大程度上成为语言的特性。亚里士多德主张类比论,认为语言是有规律性的,这种规律性主要体现为两点:一是词形变化系列的规律性,即语法特性相同的词具有相同的形态结构和重音结构;二是形式和意义联系的规律性,即形态上类似的词会有类似的可以类比的意义,反之亦然。这两种类比就是语言形态的核心,离开了这两种类比,人们就不能发现各类词及其小类的词形变化系列。此外,这些类比还是对单数、复数、名词各个格等各种语法范畴进行命名的依据。对于语言发展中出现的新现象,就可以用类比论进行选择取舍。如,当时有人采用类比论去选择更符合希腊语的正确词形;也有人用类比论来确定荷马史诗中的某行诗句是不是原文。

但问题是,语言中的规律性不是绝对的,类比形式不能概括所有的语言现象。例如,大多数名词和动词的词形变化规律中都有不规则的"成员"。因此斯多葛学派坚持不规则论的主张。他们认为语言是人的天赋能力,对于语言的所有的不规则性,人们都必须接受,所以斯多葛学派不主张为了所谓的"标准的"希腊语,而舍弃非规律性的表达方式。

关于规律性与非规律性的争论,实质是对语言结构规则的认识和态度问题,也涉及语言的规范性和如何对待例外现象的问题,对后世的语法研究和语言规范工作都有很好的启示作用。

二、古希腊的词源研究

《对话录·克拉底洛篇》的最直接的影响,是激起了人们探索词源的浓厚兴趣。《对话录·克拉底洛篇》的主题就是有关语言起源、词与词义的关系的争论,即词与词义的关系是基于词的语音形式和词语所表示的事物之间在本质上的密切关系,还是约定和协议的结果。在争论中,不仅论辩双方各执一词,参与问题讨论的核心人物苏格拉底也是态度模糊,因此,这场争论实际上没有得出确切的结论。这就刺激论辩双方及其支持者努力去探索词的来源,以证明自己的观点,促进了词源研究的发展。

[①] 徐志民.欧美语言学简史[M].上海:学林出版社,1993:15.

古希腊哲学家对词源的探讨集中体现为解决这样的问题：由神授的、语音上适合的原始词汇如此有限，怎么会先在希腊语言然后又在拉丁语中繁衍出这么浩繁的词汇，以应付文化和文学的需要？① 换句话说，后世如此众多的词语是如何从古代的有限的少数词汇中派生出来的？当时人们对词语的探源工作，主要是为了寻找词的"真实"意义。具体做法是从词的形式分析入手，探寻词形相似的词语之间的意义关系。如柏拉图就认为 ánthrōpos（人）来自 anathrôn hà ópōpen（抬头注视他看到的东西）。他被认为是词源学的创始人。柏拉图坚持"按本质"论，认为要弄清词的真实意义，必须发现每个词的最初的真正形式。亚里士多德则认为，口语是心灵的经验的符号，书面语言是口语的符号。正如所有人没有相同的书写一样，任何人也没有相同的说话声音。但词所直接代表的心灵的经验对于所有的人来说却是相同的，正如我们的经验所反映的那些事物都是相同的一样。所以，在亚里士多德看来，词语是来源于"心灵的经验"。

斯多葛学派的学者们认为，世界是物质的，除物质的事物之外，没有别的存在，因此词语应与物质世界有关，但事物本身并不等于词的意义。在他们看来，词与事物之间存在着某种中介的东西，这就表现为感觉或表象的心理映象。要想阐明真正的词义，除了注意这个心理映象外，还应考虑人们所说的东西。他们还认为，在任何语言中，词语都是朝多义的方向发展变化的，由于历史的发展变化，有时候一个词形可以有几个非常不同的表意作用。斯多葛学派的学者们对词语来源和词语意义解释的科学性在于以下三点：①认为词语的意义内容是客观事物的反映；②这个反映不是简单的镜像，而是经过人的主观经验的能动反映，也就是说，词语的意义是经过人的认知加工的、对客观事物的反映，这和当代认知语言学的核心理论是基本一致的；③认识到词语是发展变化的。

古希腊的这种词源研究一直延续到中世纪，到了文艺复兴时期，人们认为这种探讨词源的方式是可笑的，结果也是无意义的，因而对古希腊的词源研究大加讽刺，这种词源研究的传统才正式宣告结束。

三、古希腊的语音研究

相比较而言，古希腊在语音方面的研究成就和影响都不太大，但从语言学发展史来看，也有一些值得一提的地方。

古希腊人已经初步认识到，语音是由肺部排出的空气受到发音器官干扰的产物，并且创造出以字母为基础描写希腊语言的研究方法。在具体的研究中，也形成了一些初步的语音学的理论。比较有成就的是柏拉图、亚里士多德和斯多葛学派。

柏拉图对希腊语的各种音段、音位进行了区分，划分出最小的语音类型——元音和辅音，并且根据发音特征把辅音分为持续音和闭塞音，认为闭塞音如果不跟元音相连就不能发音。同时他还发现，具有相同音段序列或字段的词之间会有重音的区别。如 Dii philos（上帝的朋友）和 Diphilos（一个希腊腊语人名）的音高模式是不同的。

---

① R.H.罗宾斯.简明语言学史[M].许德宝，等，译.北京：中国社会科学出版社，1997：29.

亚里士多德对希腊语的语音也进行过研究,在他的著作中,他使用了元音、半元音、默音、长音和短音、高音和低音、送气音和不送气音等概念和术语。同时,他也根据自己的研究对希腊语的一些"标准音"的发音部位和发音方法进行了描写。他们的这些研究为后来的语音学研究提供了很好的基础。

斯多葛学派认为,语音研究应该是语言研究的一个独立的部分。他们从音节结构入手,对希腊语的语音进行分析。斯多葛学派认为,应该区分三类不同性质的语音序列。第一类是作为话语中有意义的部分而实际出现的序列,也就是言语交际中出现的实际语音序列。第二类是根据音节组成规则可以出现而实际上并没有出现的序列,即言语中实际上没有使用但可以根据规则类推出来的语音序列。第三类是从语音系统的角度考虑不可能出现而被排除的序列,即实际口语中出现但不符合希腊语的语音系统规则,因而应该被认为不属于标准的希腊语的语音序列。他们还把字段区分为三个方面:字段的音质,即字段的实际读法,如"[a]";字段的书写形式,即字形,如"α";字段的名称,即字母的读法,如"alpha"。斯多葛学派的这些做法,对人们正确认识语音的系统规则和规则中的"例外"现象,以及字母、文字和音素之间的关系有着积极的意义。但斯多葛学派没有形成系统的语音学理论,所以这个学派在语音学的历史上并没有太高的地位。

四、古希腊的语法研究

从语言研究的总体情况来看,古希腊在语法研究方面成就最大,影响也最为深远。古希腊的语法研究不仅人才辈出,而且成果丰富,形成了系统的语法学理论和研究方法;不仅奠定了传统语法研究的理论基础,其中有许多研究手段仍然被当今的一些现代语法学派采用。

古希腊的语法研究也是在哲学的框架内进行的,一开始也是在讨论哲学问题时附带探讨语法的。如智者派修辞学家普罗塔哥拉(Protadoras)就是把希腊语名词的性范畴作为哲学问题加以探讨的。柏拉图、亚里士多德则从逻辑角度对语言表达形式做了分析。尽管语法研究在古希腊还算不上一种独立的学科和学问,但是哲学家们在语法研究方面所取得的成就却是十分巨大的。

古希腊学者以《荷马史诗》等古代书面文献为研究对象,建立了以词和词形变化为研究核心的语法研究模式。同时,也有一些修辞学家从表达的角度对句子的功用进行研究。早在公元前5世纪,德漠克利特(Democritus)已经从逻辑原理出发对语句进行分析,区分出两种形式的语言表达式——主词和谓词。普罗塔哥拉就认识到句子的某些表达功能可能与一定的语法结构相联系,因而把句子分为愿望、疑问、陈述和命令等类型。不过,古希腊语法研究的最大成就还是在形态学方面。

柏拉图被认为是第一个认真研究语法的人。在《对话录·克拉底洛篇》和《对话录·智者篇》中,柏拉图认为语句具有两个基本要素——名词(ónoma)成分和动词(rhéma)成分,有关动作的成分为动词成分,采取动作的主体,为名词成分。他认为名词和动词是句子的两个部分,只有把名词和动词联结起来才能产生语言。柏拉图开了对词语进行语法分类的先河。在之后的很长一段时间内，对词语的分类研究一直是语法研究的主要内容。

亚里士多德则把词分为三类。除了名词和动词之外，增加了第三类词，即连接词（sýndesmoi），它是连接名词和动词的，这类词实际包括了今天的连词、介词、代词和冠词等。在《诗学》中，亚里士多德说："言词，概括地说，包括下列各部分：要素、音节、连接词、成分、名词、动词、格的变化、语句。"亚里士多德具体指出，"名词为含义的合成音，没有时间性，它的各成分本身不含意义"，"动词为含义的合成音，有时间性，它的各成分，和名词的各成分一样，本身不含意义"，"连接词为某种不含义的音……它不妨碍，也不帮助一些别的音组成一个含义的语句，它可以位于它们之后或它们之中，但位于语句之首则不合适，如果这个语句是独立的"。① 亚里士多德还给"词"这个语言单位下了正式的定义：词是句子的组成部分，本身具有意义，但不能进一步分为有意义的单位。他给"名词"下的定义为：不具有时间关系的根据约定俗成获得意义的一个音段。他认为名词有性范畴，并且列出了希腊语中各种典型的表示性的词尾。不过，他把名词的词形变化（如名词主宾格）和动词的词形变化（如动词的各个时态）都叫作格的变化。因此，他认为格可以表示关系、数、语气等。可以看出，亚里士多德在确定语法范畴方面做出了很大的贡献，他所确立的语法范畴和使用的一些语法概念、术语为后世的研究者长期尊崇和使用。

继亚里士多德之后，把古希腊语法研究推向深入的是斯多葛学派。他们对希腊语进行的全面深入的描写和分析，进一步完善了语法概念。所以，斯多葛学派被认为是现代意义上的语法开创者。

在亚里士多德研究的基础上，斯多葛学派又有了新发展，主要表现在如下两个方面。一是增加了词类。他们把亚里士多德的第三类词进行了进一步划分：把其中有屈折变化的词，即今天人们所说的代词和冠词看作"有格变化的词"（árthra）；把没有屈折变化的词，即今天人们所说的介词和连词称作"无格变化的词"（sýndesmos）；把名词（ónoma）分为专有名词（ónoma）和普通名词（prosēgoría）两类，并且把副词独立划分出来，称为 mesótēs（即"居中的"），因为它们在句法上和动词连在一起，但在形态上却大多与名词词干有关系。二是发展了格范畴理论。他们发起了关于格的概念的讨论。他们把格限定于名词和具有同样变化的词，格仅仅表示词与词之间的关系，并给每个格确定了名称，把格分为直接格（主格）、间接格（包括属格、与格、宾格）和呼格等小类。同时，他们还根据动词和不同形式的格的组合情况，把动词分别确定为主动态及物动词、被动态动词和"中性"（不及物）动词。另外，他们还通过对希腊语的动词的分析，概括出了动词的时和体的意义，如现在时和过去时、完成体和未完成体等。

整个古希腊时期，在语法研究方面，最引人瞩目的是亚历山大里亚语文学派及其语法理论。

公元前4世纪，马其顿国王亚历山大凭借军事力量征服了包括希腊本土在内的整个地中海沿岸地区，建立了一个横跨欧、非、亚三洲的庞大帝国。希腊的统治中心转移到马其顿。为了使他们的统治地位合法化，亚历山大及其以后的统治者，大力提倡希腊文化，

---

① 徐志民.欧美语言学简史[M].上海：学林出版社，1993：20.

鼓吹希腊文明,他们在王国内竭力推行希腊语教育,用希腊文化来影响曾经属于波斯王国的地区。历史上一般把公元前4世纪至1世纪这个时期称为希腊化时期。当时,亚历山大手下统治非洲的将军托雷密在埃及建立了一座城市,位于地中海沿岸,这就是亚历山大里亚城。这个城市逐渐成了地中海沿岸的商业和文化中心。为了推行希腊文化,统治者们在该城内建立希腊语大学,大学中的教学和研究内容包括希腊文学、荷马时代的古希腊语言、公元前5世纪至4世纪雅典作家的诗歌和散文。大学建有规模巨大的图书馆,图书馆内藏书十分丰富,据说收藏了近50万卷手稿。亚历山大里亚城吸引了大批从希腊本土来的学者,他们聚集于此研究希腊古代文献,注释和考证荷马史诗等典籍,形成了亚历山大里亚语文学派。这是当时有较大影响的学派之一。

亚历山大里亚语文学派在语法研究方面的代表人物是当时最著名的语法学家亚里斯塔克(Aristarchus)和他的学生狄奥尼修斯·特拉克斯(Dionysius Thrax)。

亚里斯塔克对形态学做了相当详尽的研究,他确定了八大词类,即名词、动词、分词(兼有名词和动词的特点)、冠词、代词、量词、副词和连接词。这些分类实际上已经奠定了现代词类理论的基础。他的学生狄奥尼修斯·特拉克斯曾在亚历山大里亚等地从事教学和研究工作,写过一本简短的希腊语法教科书《语法术》(亦译作《读写技巧》)。这本语法著作实际上是对柏拉图以来直至他的老师亚里斯塔克的研究成果的归纳和系统化。在该书的开头部分,狄奥尼修斯阐述了亚历山大里亚学派心目中的语法研究内容,他认为语法是有关诗人和散文作家的使用语言的实际知识,它包括六个部分:①充分注意韵律的、大声而正确的朗读;②对作品中文学熟语的解释;②关于用语和研究主题的评注的汇编;④词源探索;⑤确定类比规则;⑥评论文学作品,这是语法最重要的部分。这里主要说明语法研究是什么样的学问,以及语法研究的目的。不难看出,亚历山大里亚学派的语法研究主要是为了满足当时的语文工作和语言教学的实际需要,因此他们的语法研究的范围相当宽泛。

在《语法术》中,狄奥尼修斯提出了描写语法的两个基本单位是句子(lógos)和词(léxis)。句子是语法描写的最大单位,是表达完整思想的的言语。词则是描写中最小的单位。他为亚里斯塔克确定的八大词类逐一下了定义,形成了较完备的词类理论。具体定义如下。

(1) 名词(ónoma):有格的屈折变化,表示人或事物的实体的词类。

(2) 动词(rhēma):没有格的屈折变化,但有时态、人称和数的变化,表示动作或过程(完成的或正在进行的)的词类。

(3) 分词(metochē):兼有动词和名词的特征的词类。

(4) 冠词(árthron):有格的屈折变化,位于名词的前面或后面的词类。

(5) 代词(antánymía):代替名词,标指特定的人,有人称变化的词类。

(6) 介词(próthesis):在复合构词法和句法中位于其他词的前面的词类。

(7) 副词(epírrhēma):没有词形变化,用来限定动词的词类。

(8) 连接词(sýndesmos):连接话语和填补表达中的空缺的词类。

狄奥尼修斯还对名词做了性、数、格的说明;对动词则做了时、人称、数和态的描写。

他认为名词有5种伴随属性(parepómena,指跟语法有关的词形变化,既包括词形变化范畴,也包括派生范畴),具体如下：①性(génos),即阳性、阴性或中性；②类型(eîdos),即原始型或派生型；③形式(schēma),即根据词干中名词词根的多少,可分为简单形式(一个词根)和复合形式(两个及两个以上词根);④数(arithmós),即单数、双数或复数；⑤格(ptōsis),即主格、呼格、宾格、属格或与格。

动词的伴随属性是指语气、语态、类型、形式、数、人称、时态和变位。狄奥尼修斯对希腊语动词的时态体系也进行了划分,他区分了3种基本的时间关系：现在时、过去时、将来时,同时认为动词还有完成和未完成这样的体的区别。所以,在狄奥尼修斯看来,希腊语中的动词就存在6种时体形态变化：现在时、未完成时、完成时、过去完成时、不定过去时、将来时。

可以看出,狄奥尼修斯发现了一些新的语法范畴,对词类的定义也比前人明确多了,因此形成了一个比较完整的语法体系。所以,有学者认为,狄奥尼修斯的《语法术》是第一部真正的希腊语描写语法。这本书中,语法体系先后被套用到许多别的语言的语法分析中,在语法学史上流传了上千年的时间,成为传统语法学说的理论基础。

第三节 古罗马的语言研究

大约从公元前2世纪开始,随着古罗马帝国开始军事扩张,古希腊本土逐渐被纳入罗马帝国的版图。公元1世纪初,一个横跨欧、亚、非三大洲的庞大的罗马帝国出现在历史的舞台上,在此后近200年的时间内,地中海沿岸地区一直处于和平发展时期,经济和文化等各方面都实现了较高程度的发展和繁荣。然而,靠军事起家的罗马帝国本身在文化上没有什么优势,当时国内的主流文化主要是希腊文化和犹太文化。古罗马的语言研究主要继承了古希腊的研究传统,代表人物主要有瓦罗(Varro)、帕莱蒙(Palaemon)、昆提利安(Quintilian)、多纳图斯(Dunatus)、普里西安(Priscian)等人,他们继承了希腊语言学的理论、争论和范畴,并把它们应用于拉丁语研究,建立了用于语言教学和描写的拉丁语语法。

罗马帝国境内主要使用两种语言,西部使用拉丁语,东部使用希腊语。同时境内还存在其他少数民族语言。尽管拉丁语是主要的官方语言,但罗马官员通常学习希腊语。希腊的文学和哲学一直受到高度的重视,人们开始翻译大量的希腊文学和哲学著作,这样就需要大批的翻译人员,因此语言教学尤其是拉丁语教学受到来自政府、家庭和学校等各方面人士的重视和关心,研究拉丁语和学习其他民族的语言一时成为风尚,出现了一些以拉丁语为主要研究对象的成果。其中,瓦罗被认为是第一位有著作流传的、认真研究拉丁语的学者。

瓦罗的语言研究成果主要集中在他的著作《论拉丁语》一书中,该书共25卷,但流传下来的只有第5至第10卷,以及其余部分的一些残篇。但从现存的部分,人们仍然能够看到罗马前期语言研究的大致情况。该书主要是一部研究拉丁语语法的专著,但部分章节中也涉及一些语言理论方面的问题。如在第二章中,作者对希腊化时期的类比论和不规则论的争论中的对立观点做了详细的介绍和探讨。又如,在讨论构词法时,他指出语言具有实用性质,词汇的分化往往由文化上的重要性决定的,equus(公马)和equa(母马)的区分,是因为"雄"和"雌"这种性别区分对说话者来说是十分重要的,corvus(乌鸦)没有阴性和阳性的区分,这是因为其性别差异对人类来说并不重要。在书中,瓦罗把语言研究分为三个部分:词源学、形态学、句法学。现在流传下来的部分主要是关于词源和形态的研究内容。

瓦罗认为,语言是从最初数目有限的原始词发展而来的。起初,人们只是用这些少数的原始词指称事物,之后,随着社会的发展和文明的进步,人类生活日益丰富,需要表达的内容日益增多,人们又采用通过字母和语音形式变化的方式,在原始词的基础上,创造了大量新词。这些形式的变化,是随着时间的推移而发生的,所以研究原始词的来源是必要的,而为了了解原始词的来源,人们有必要了解历史,因为只有借助历史,人们才可能弄清这种来源。瓦罗的词源研究主要表现在两个方面。一是探究词形的演变过程,这是研究工作的主要方面。他的具体做法是,根据词形变化规则,在相关的词形系列中找出典型的词形,他认为这些典型的词形就是原始词,其他由这些词形变化产生的词形都是从原始词演变而来的。如他把equitātus(骑兵)、eques(骑手)、equus(马)等词语放在一起考察,认为equus是原始词,equitātus和eques都是从equus发展来的。他认为派生是词形变化的主要手段,因此他在该书的第6卷第18章对派生词缀做了大量描述。二是探究词义的发展和相关词形之间的意义联系。他认为随着词形变化或时间推移,词语的意义也会发生变化。如hostis原指"陌生人",但在当时的拉丁语中意义是"敌人"。他又认为词形相关的词语之间在意义上是有联系的,如foedus(联盟)、fides(忠实)、fido(信任)等。瓦罗的这些论述无疑都是有道理的。但是,他并没有彻底摆脱希腊词源学的不良影响,在他的著作中,也有不少对词语的来源的随意猜测,如他认为anas(鸭子)来源于nāre(游泳),cūra(关心、忧虑)来源于corūrere(嫉妒、不满)等,这些猜测都是毫无根据的。

瓦罗的《论拉丁语》中,最有价值的部分是关于语法的研究。现在我们能见到的主要是形态学部分。

瓦罗仔细地考察了拉丁语的性、数、格的变化体系和结构功能,他首先区分出了派生结构和屈折结构。他把屈折变化称为词形的自然变化(dēclinātiō nātūrālis)。因为这种变化具有很强的普遍性,变化系列中很少有例外,对使用同一种方言或标准语的人来说,这些变化系列大体相同。他把共时派生变化称为词形的任意变化(dēclinātiō voluntāria)。因为这种变化规律性不强,较为任意,会因使用者和词根的不同而有所不同,所以具有很强的灵活性。瓦罗把有屈折变化的词分为4类:有格的变化的词,如名词;有时的变化的词,如动词;既有格的变化又有时的变化的词,如分词;既没有格的变化也没有时的变化的词,如副词。

瓦罗又根据各类句法结构和语义结构对上述4类词的作用进行了说明。他指出:名词为命名,动词为陈述,副词为配属,分词为结合,即名的主要作用是指称事物,动词的主要作用是叙述事件或过程,副词的主要作用是修饰并从属于动词,分词的主要作用是连接两个从句或把一个从句嵌入另一个从句。

根据斯多葛学派的理论,瓦罗对动词的时态范畴做了进一步的分析和说明。他认为每种体都有相同的词干形式,并且被动态的时、体形式都是由两个词构成,所以体的区别最为重要。瓦罗的时体系统可以通过表1-1反映出来。

表1-1 瓦罗的时体系统

体	时间	过去	现在	将来
主动	未完成	discēbam 我在学	discō 我学	discam 我将学
主动	完成	didiceram 我过去已学	didicī 我学过	didicerō 我将学过
被动	未完成	amābar 我在被爱	amor 我被爱	amābor 我将被爱
被动	完成	amātus eram 我过去已被爱	amātus sum 我已被爱	amātus erō 我将已被爱

瓦罗还注意到希腊语和拉丁语在格范畴上有所不同,他发现希腊语只有5个格而拉丁语有6个格,这个第6格就是"夺格",他将这个被他称为"夺格"的名词解释为"表示动作的完成者"。拉丁语的夺格兼有希腊语的属格与格的某些语义和句法功能。

瓦罗是古罗马最早的、最有创见的、成就最大的语言学家。在他之后,帕莱蒙、昆提利安、多纳图斯等人在拉丁语研究方面所取得的成就相比之下要小得多。帕莱蒙的主要贡献是把叹词从其他词类中独立出来,认为叹词应该单独被划分为一类,认为叹词除了表示感情以外,不具备可以陈述的语义。昆提利安是帕莱蒙的学生,他研究了拉丁语格系统的分析问题,认为夺格在表示工具的用法时,在语义上与夺格的其他意义没有共同之处,因此建议把夺格的这种用法分离出来,作为第七格。多纳图斯则建立了拉丁语教学语法体系。

古罗马另一位较有成就的语言学家是普里西安。公元4世纪,罗马帝国分裂为东西两个部分,330年,东罗马帝国的君主君士坦丁把首都迁到拜占庭,并根据自己的名字将其更名为君士坦丁堡。君士坦丁堡原来属于希腊语地区,这个城市的原住居民主要说希腊语,成为东罗马帝国的首都后,由于拉丁语被定为官方语言,许多第一语言为希腊语的人需要学习拉丁语,所以,在当时的君士坦丁堡,拉丁语的教学比较盛行。公元6世纪初,普里西安也在君士坦丁堡从事拉丁语语法的教学工作,为了满足教学的需要,他写了《语法原理》这部著作。

《语法原理》共18卷,主要是采用狄奥尼修斯的语法体系来描写拉丁语语法。该书以古典拉丁文学语言为研究对象,对拉丁文学语言进行了系统的描写。从内容来看,主要涉及两个方面:一个是语音学方面,另一个是形态学方面。

在语音论述部分,普里西安将精力主要集中在对拉丁文学作品所使用的字母和音节结构的描写上面。他把字母(literae)定义为分节语言的最小语音部分,具有名称、形体和音质等特性。这个定义实际上把字母文字和其所表示的语音混为一谈。他把字母作为最小的语音单位，对拉丁语的音节结构进行了描写，为人们认识拉丁语的语音系统的全貌提供了充分的材料。

普里西安的主要成就集中在形态学方面。他继承了狄奥尼修斯理论体系，认为词是最小的句法结构单位，句子是表达完整思想的单位。他将研究的重点放在拉丁语的词和词形变化方面。和狄奥尼修斯一样，他也把词分为以下 8 类。

（1）名词(nōmen)：表示事物的实体和性质，指出每一个事物的共性和个性；有格的屈折变化。

（2）动词(verbum)：表示发出或承受动作，但有时态和语气的变化，没有格的屈折变化。

（3）分词(participium)：是从动词派生出来的一种词类，兼有动词和名词的特征。

（4）代词(prōnōmen)：可以代替专有名词，并能表示人称变化。

（5）副词(adverbium)：用来跟动词组合，在句法和语义上都从属于动词。

（6）介词(praepositiō)：用在有格变化的词前面（在复合词中也可以用在无格变化的词前面）。

（7）叹词(interiectiō)：表示感情或心态，在句法上具有独立性。

（8）连词(coniunctiō)：在句法上连接任何其他词类中的 2 个或 2 个以上成员，并表示它们之间的关系。

可以看出，普里西安除了从词形和功能上区分词类外，还考虑了用语义标记来区别词类范畴。和狄奥尼修斯稍有不同的是，普里西安的词类系统中没有冠词这一类别，但增加了叹词这一词类。

普里西安同样使用狄奥尼修斯描写希腊语时的动词体系来描写拉丁语的动词形态。他把拉丁语动词的时体系统分为现在时、未完成时、完成时、不定过去时、过去完成时和将来时 6 种情况，并且把动词区分出虚拟语气和祈使语气两种语气形式，同时也认识到拉丁语和希腊语有所不同，指出拉丁语中任何动词都不会在形态上把这两种语气区别开来。普里西安又把动词区分为主动动词、被动动词和中性动词；认为拉丁语中最自然的语序是主格名词或代词在动词之前的语序。这些都反映了他照搬希腊语法理论模式来描写拉丁语语法。不过，在具体的描写过程中，他也注意到一些语言事实，如他发现了一些具有被动形态，但在意义上和句法上表示主动或不及物，也没有相应的被动时态的动词形式，他认为这些动词为异相动词；同时，他也注意到间接格形式和定式动词之间没有一致关系。

普里西安是罗马时代最后一位著名的语言学家，他的这部著作被认为是汇集古希腊、罗马语法研究成果的集大成之作，对拉丁语语法的教学和广泛传播起过很大的作用。在其后 800 多年的时间内，他的语法理论一直是后世语法研究的理论基础和拉丁语言教学的重要依据。

从总体上来看，古罗马在语言研究方面基本上是古希腊语言研究传统的继续，在理论方面缺少创新，除了去掉冠词、增加了叹词和第六格外，描写拉丁语语法的理论体系几乎完全和希腊语法一样。他们把拉丁语当作被损坏了的希腊语变体来研究，没有人对拉丁语和希腊语进行比较，因此他们认为，要建立拉丁语法体系，只需要把希腊语法已有的规则系统搬过来就行了。所以古罗马语言研究的最大成就仅仅在于,把希腊语言学理论拉丁化,并且以此为依据,建立起拉丁语的教学语法系统。这些语法系统影响后世近千年的时间,这也是古罗马语言学研究的最大贡献。

第四节　中世纪的语言研究

一、中世纪早期的语言研究

公元5世纪,西罗马帝国在日耳曼人的不断打击下土崩瓦解,日耳曼人成了欧洲大陆的主宰。历史上,西罗马帝国的崩溃至文艺复兴这一时期被称为中世纪。人们习惯以12世纪初为界,把中世纪分为前后两个时期。

12世纪以前的欧洲又被称为"黑暗时代",在这个时期内,古希腊的文化传统遭到破坏,大量古典文献因为得不到重视而彻底消失了,希腊语失去了原有的地位。在向罗马帝国进行领土扩张的过程中,日耳曼人接受了基督教,在日耳曼人成为欧洲大陆的主宰后,教会的地位不断提高,最终成了控制世俗权力的中心,教皇成了至高无上的统治者。由于拉丁语是基督教的教会语言,当时流传的《圣经》主要是拉丁文本,所以,不少日耳曼部族逐渐放弃本部族语言而改说拉丁语,因此,拉丁语的教学一时十分盛行。中世纪早期的语言研究,主要是拉丁语语法的研究。

中世纪的欧洲教育主要由教会学校来完成,当时的教会学校教学的主要内容是所谓的"七艺",即语法学、逻辑学、修辞学、算术、几何学、音乐、天文学,语法学被列为"七艺"之首,是必修的3门课程之一(另外2门为逻辑学和修辞学)。这就促进了拉丁语语法研究工作的发展。当时的语法教学主要是要教会学生准确地读、写古典拉丁文,语法研究的目的本身主要是实用和规范化。所以,中世纪早期的语法研究工作大多只局限于对狄奥尼修斯、多纳图斯、普里西安等人的著作的评论和注解,实际上并没有什么真正的研究。

大约在公元5至6世纪前后,基督教传到了爱尔兰和英格兰,基督教会在各地建立了教学和学术研究中心,从事基督教的传播和拉丁语的教学活动。对于这些岛上的居民来说,拉丁语是完全陌生的语言,因此,拉丁语的学习必须从零开始,研究拉丁语语法的教学方法是当时的当务之急。在英格兰,当时比较有名的拉丁语教师是7世纪的比德(Bede)和8世纪的阿尔昆(Alcuin),据说阿尔昆曾被查理大帝请到王宫中专门讨论如何提高拉丁语的教学水平。比德和阿尔昆都根据教学需要,沿用普里西安的语法体系,编写了拉丁语语法教科书。大约在公元1000年前后,牛津郡的因沙姆修道院院长阿尔弗利克(Aelfric)又根据对说古英语的儿童进行拉丁语教学的需要,编写了《拉丁语法》和《拉丁语会话》等教材,并且编制了与之配套的拉丁语-古英语词汇对照表。在阿尔弗利克的著作中,他已经意识到拉丁语和古英语之间的差别,如他发现了两种语言中词义相当的名词之间的性可能存在不同,格的体系也不完全对应,不过,他没有怀疑拉丁语语法体系对古英语是否合适,他声称他的著作也可以用作英语语法的入门书。阿尔弗利克的著作是后世可知的最早的专为说英语的人编写的语法书,所以有人认为,他的著作奠定了后世几百年受拉丁语语法影响的英语语法模式的基础。

二、经院哲学时期的语言研究

从1100左右到中世纪结束,是文化史上所谓的经院哲学时期。这一时期,整个欧洲社会基本上结束了人口大规模的迁移活动,建立了一批欧洲最早的大学,天主教取得了至高无上的权力,天主教会的活动成为其他一切社会活动围绕的中心,天主教教义的研究也成为当时学术活动的中心内容。由于经院哲学非常重视语言的研究,所以这个时期是整个中世纪语言研究最为发达的时期。

中世纪后期,拉丁语语法教学仍受到高度的重视。亚历山大(Alexander)于1200年左右写了一本《教学手册》,全书通篇是用韵文写成的,这本书以当时在知识界通行的拉丁语为研究对象(而不是像以往的语法著作那样以古典作品中的拉丁语为研究对象),就教学而言,具有很强的实用性,因此,这本书一经问世,很快就成为人们学习拉丁语的必读教材,直到文艺复兴时期才被人们抛弃。

值得一提的是,中世纪后期,除了拉丁语以外,其他民族语言也逐渐受到重视,出现了一些研究其他民族语法(如威尔士语法、爱尔兰语法、冰岛语法)研究的著作。其中比较著名的,是大约写于12世纪的研究冰岛语语法的论文《首篇语法专论》。该文的作者现已无从查考,人们便根据其著作的名称称其为"首位语法学家"。从内容上看,该论文的主要目的是讨论单词的拼写法问题,希望对当时正在使用的从拉丁字母演化而来的字母进行改进,以适应人们对冰岛语的拼写需求,也就是说,该论文主要研究正字法。因此该论文重点分析了冰岛语的语音问题。从作者对冰岛语语音的发音情况来看,论文闪现着现代音位学理论的思想火花。尽管音位学理论是在800多年后由布拉格学派提出来的,但在《首篇语法专论》对有关问题的分析中,已经蕴含了音位学的一些原理和基本分析方法。如,当时的冰岛语有36个元音音段,分9个类型,每个类型又可以区分为长短音或者鼻化和非鼻化音。作者比照拉丁字母a、e、i、o、u的音值,按照开/闭这一对区别特征,把9个元音类型排列出来,再用区别符号标示出长音和鼻化音,这样仅用11个符号就在书面上清楚地区分出36个元音。另外,作者还建议用大写字母表示冰岛语中的长辅音,以示和与其对立的短辅音的区别。如用N表示[nn],以区别于n[n]。文中还提出,如果不是区别意义,仅仅因为语境的不同而造成的语音差别就不必用不同的字母标注,如[θ]和[ð]发音不同,但仅是使用的场合不同,没有区别意义的作用,就只用一个字母þ来表示;同样,用组合字母ng来表示[n]和[ŋ]也是因为二者不区别意义。这实际上就是后来的音位变体理论的萌芽。尤为值得称道的是,该文还创造了一种采用在相同语音环境下通过替换的方式确定音位的方法,这种方法也是800多年后布拉格学派确定音位的主要方法。不难看出,《首篇语法专论》无论在理论上,还是在方法上都有着独特的魅力。不过,令人遗憾的是,该论文在很长一段时期内没有引起人们的重视,直到1818年才得以出版,并且大约又过了近100年的时间,才引起了近代理论先驱学者的注意。

中世纪后期最有意义、最有影响的语言研究成果是深受经院哲学影响的思辨语法。思辨(speculative)一词来自拉丁语speculum,意思为"反映现实的镜子",所以思辨语法主要探讨语法如何反映现实,思辨语法的内容也因此远远超出拉丁语教学的需要。

中世纪后期,主要是13、14世纪,是经院哲学的繁荣时期。经院哲学是亚里士多德哲学和天主教神学相结合的产物。经院哲学试图将人类所有学科和知识体系都纳入自己的体系当中,使理性的主张与宗教信仰和谐地统一起来。因此,经院哲学的最终目的是解决人的信仰和理智之间的矛盾,从逻辑的角度来思考和探讨各种事物之间的内在联系成为哲学家们的主要思维方式。经院哲学家们主张,逻辑学必须进入一切科研过程;人类所有的研究活动要想符合科学,首先要符合逻辑。

经院哲学认为人是通过语言来认识世界的,所以要给语言以足够的关注。和普里西安等人不同,经院学派已经不满足于对拉丁语进行描述,也不局限于直接的说明和注释。他们更注重对语法现象进行更深入的理论探讨,更注重建立一种包含在当时哲学体系内的语言理论。早期的经院哲学批评家们都经常发表对普里西安和多纳图斯的语法体系的评论,力图对普里西安等人制订的语法规则做出哲学的解释。同时,他们也开展了一些语法调查工作。当时比较著名的一些批评家主要有彼得鲁斯·赫利亚斯(Petrus Helias)、罗杰·培根(Roger Bacon)和彼得鲁斯·希斯班努斯(Petrus Hispanus)等人。

12世纪中期,赫利亚斯写了一篇关于普里西安的评论,提出用逻辑的方法研究语言问题,他把语法定义为"告诉我们如何正确说话和写作的科学……这种艺术的任务是把字母组成音节,把音节组成词,把词组成句子,避免出现语法错误和不规范现象"[①]13世纪中期,罗杰·培根则写了最早的一部思辨语法,他提出了普遍语法的主张,认为研究阿拉伯语和希伯来语与研究拉丁语、希腊语同样重要,因为所有语言的语法在实质上都是一样的,各语言之间的表面区别只是偶然的差异,其差别就像几何学的一致性在任何实际图形上也有形状和大小的差别一样。

13世纪,彼得鲁斯·希斯班努斯写了一部不朽的名著《逻辑学概要》。在这本书中,作者把语言的表达分成3个方面:词义(significātiō)、替代(suppositiō)和名称(appellātiō)。认为词义是符号或词同所指事物之间的关系。替代则是用某一特定符号充当某一特定事物或其集合的替代物,所以它们是词的两个不同但又相互联系的语义特性,词义先于替代,而名称则是对代表现存事物的词汇的理解。词义和替代可以表示现存的事物,也可以表示不存在的事物。有时候,一个词的词义、替代和名称可能是一致的(如一个活人的名字),但在很多情况下是不一致的(如死人的名字或神话中的名字)。可以看出,希斯班努斯看重以形而上的方式探讨语言的存在、表达和理解的方式,而不是对语言的具体描写,他的这种研究方式对经院派语言研究产生了很大的影响。

经院派语言研究的结果是形成了一个思辨语法学派,又称摩迪斯泰学派。在很长一段时间内,经院哲学内部继续着自古希腊以来关于名实关系和规律论与非规律论的争论。

---

① 刘润清.西方语言学流派[M].北京:外语教学与研究出版社,1995:22.

摩迪斯泰学派赞成"按规定派"的观点,认为语言是约定俗成的,认为词形和词义之间没有必然的、本质的联系;同时,他们又同意"规律论"的观点,认为自然界和语言结构都是有规律的,都有自己的规则系统,都是由有限的基本单位按照有限的规则组合而成的。也正因为此,人类才能认识自然和语言,才有可能对语言结构进行分析,并总结出语法。语言是用来表达自然的,如果能够证明大自然的规律与语言的结构规律有着一定的联系,那么我们就能够解释语言现象。据此,摩迪斯泰学派提出了关于3种方式的理论,即事物本身的存在方式(modi essendi)、精神的理解方式(modi intelligendi)、语言的表示方式(modi significandi)。他们认为,事物作为存在物具有各式各样的存在方式(也就是说,事物具有各种特性),其中有2种存在方式是一切事物都具有的基本存在方式:一种是持久存在方式,即在时间上具有永久或持续的特性(人们据此可以认识该事物);另一种是变动存在方式,即变化接替的特性(人们据此可以认识到持续的事物所经历的时间变化或过程)。人的理解方式又分为2种:主动的理解方式(指人的抽象能力)和被动的理解方式(指被精神所理解的事物的本质)。因此,相应的语言表示方式也分2种:主动的表示方式(指语音,即词的声音)和被动的表示方式(指词的意义,即对事物本质的表示方式)。人的认识过程是:心智从事物中抽象出存在方式,然后把它作为理解方式脱离事物进行考察,语言则借助表示方式使考察的结果得以交流。

思辨语法学派的代表人物要数托马斯。他于1310年前后写了一本研究语法的专著《论思辨语法》,该书主要研究的是形态学,但在句法方面也取得了重要的成就。在书中,托马斯为拉丁语的八个词类给出了自己的定义。

(1) 名词(nōmen):通过某个存在物的方式或具有明显特征的某物的方式来表意的词类。存在物的方式是一种稳定与永久的方式。

(2) 动词(verbum):通过独立于实体的时间过程的方式来表意的词类(用于对实体做出判断)。

(3) 分词(participium):通过不独立于实体的时间过程的方式来表意的词类(用于对实体做出判断)。

(4) 代词(prōnōmen):通过一个不具有明显特征的、存在物的方式来表意的词类(不具有明显特征的存在方式产生于基本物质的特性或存在方式)。

(5) 副词(adverbium):通过跟另一种以时间过程方式表意的词类相结合来表意,并对其做进一步修饰,但无其他句法关系的词类。

(6) 连词(coniunctiō):通过连接其他两个词语的方式来表意的词类。

(7) 介词(praepositiō):通过跟有格变化的词类组成句法结构,并把它与某一行为连接和联系起来的方式来表意的词类。

(8) 叹词(interiectiō):通过修饰动词或分词并表示感觉或情感的方式来表意的词类。

摩迪斯泰学派在西方语言学史上第一次提出了句法理论。托马斯的《论思辨语法》也有关于句法的精辟论述。他提出了可接受的句子需要满足的3个条件:第一,句子中的词类必须能够组成句法结构;第二,句子中的词语必须表现出适当的屈折范畴;第三,词作为个别词项可以组配。托马斯还使用了主语(suppositum)和谓语(appositum)这两个术语来表示句子内两个部分的句法功能,主语和谓语的关系体现了名词所表示的持久的存在方式和动词所表示的变动的存在方式之间的相互关系。这两个术语和逻辑学中的主项(subjectum)和谓项(praedicātum)相对应,但有着严格的区别。同时,托马斯还指出,在同一个句子中,句法结构中的词语之间存在着一定的依存关系,即句法结构中的一部分与另一部分之间的关系不是依存就是被依存。

总的来说,思辨语法学派开创了把逻辑研究与语法研究结合起来,从逻辑角度研究语法的新尝试。他们的主要贡献在于开辟了在理论上探讨语法的新模式,提出了普遍语法的概念,改变了语法作为学习标准语言规范的观念,尤为重要的是,他们把句法研究提到了重要的地位,初步建立了句法学的理论。这些对后来的语言学,尤其是对16、17世纪的唯理语法学派,产生了较大的影响。

第五节 自文艺复兴至17、18世纪的欧洲语言学

一、文艺复兴时期的语言研究的特点

14世纪,从意大利开始,掀起了一场以反对中世纪以来的封建宗教统治主要宗旨的文艺复兴运动。在这场运动中,以新兴资产阶级为主要力量的一批知识分子打起了"复古"的旗号,提倡研究古希腊和罗马的文化,反对中世纪的封建神学和经院哲学;提倡人文主义和世俗权利,反对以罗马天主教和教皇为代表的封建神权。这场运动很快席卷了整个欧洲,直到16世纪末,这场运动取得彻底胜利并宣告结束。

由于反对神权,中世纪以来作为传经布道的主要工具的拉丁语的地位受到冲击。世俗语言的地位得到了确认。从语言发展史来看,到文艺复兴时期,从古拉丁语发展而来的罗曼语系的诸语言已经发展成熟,成为各自独立的语言。同时,随着宗教集权势力的逐渐衰弱,以及民族国家的诞生,国家和民族的认同感得到了加强,爱国主义感情得到了激发,这都促使了某一地域的语言或方言被确立为官方语言。欧洲社会诸语言并立的局面开始形成。也正是在这一时期,印刷术传入欧洲,大大加快了欧洲文化的传播和世俗教育的发展,受教育的人数和机会也大大增加。人们不仅仅学习本民族的标准语言,也开始学习现代外语。这就促使了文艺复兴时期语言研究目的和对象的改变。

与此同时,欧洲的新兴资产阶级又开始了他们的海外探险和殖民扩张活动,当时,欧洲的主要国家纷纷在海外建立了自己的殖民地,随之而来的就是欧洲人接触到了他们前所未见的完全陌生的语言,这就加强了欧洲人对传统的印欧语系以外的语言的认识,触发了他们对异族语言进行探索和研究的兴趣。

因此,文艺复兴时期的西方语言学研究的内容主要集中在以下三个方面。一是恢复对古典希腊语和古典拉丁语的研究,研究的目的不是教学,也不是国际交往和学术交流,人们主要是为了研究灿烂的古典文化,以求得古代文明的伟大复兴。二是对世俗语言的

研究，主要是对新的罗曼（拉丁）诸语言的研究，研究的主要目的是确立各民族语言的新的规范和标准，为各民族语言的教育教学以及外语教学服务。三是对殖民地和其他异族语言的研究，研究的主要目的是增加认识和了解。

二、文艺复兴时期的语言研究的主要成就

自文艺复兴运动开始，活语言的地位就在一步一步地提高。14世纪前期，意大利诗人但丁(Dante)发表了他的著名的学术论著《俗语论》。在书中，但丁讨论了当时在人们口头流传的语言，并通过语法规则将其和书面的拉丁语进行比较，要求人们重视口语（俗语）的价值，主张确立一种统一的意大利地方语。同时，他还指出，不同的方言来自一种共同的语言，不同的母语来源于一种共同的母语，认为世界上的第一语言是希伯来语。他采用通过对相同词意在不同语言中的相应的词语进行比较的方法，来确定相关语言之间的亲疏关系，据此，他把当时欧洲的语言分成3个语系：北方的日耳曼语系、南方的拉丁语系、欧亚交界地区的希腊语系。可以看出，但丁的语言学理论实际上包含了后来历史比较语言学思想的萌芽。在但丁之后，人们纷纷转向活语言的研究，开始关注罗曼语言和拉丁语之间的关系。还有一部分人则重新研究古希腊和古罗马的语言。通过对古罗马语言的研究，人们发现，当时的西班牙语、法语、意大利语等现代民族语言的词汇和古拉丁语之间存在着对应关系，这种对应主要体现在语音的有规律的变化上面；罗曼诸语言的语法规则和古拉丁语语法规则之间也存在着系统的对应性，因此他们确信，罗曼语族的现代民族语言并不是退化的拉丁语，而是由古拉丁语发展而来的、具有较高价值的独立的语言。因此，不能再把拉丁语的语法范畴强加于其他语言，必须用新的理论和研究方法来研究新的语言。

文艺复兴时期语言研究的主要成就集中在语法研究方面。其中，最著名的代表人物是彼得罗斯·拉穆斯(Petrus Ramus)。他被称为现代结构主义的先驱者。他本人对古希腊和古拉丁语有较深入的研究，积极提倡用人文主义方法教授古典语言，否定亚里士多德学说，反对经院哲学进行的亚里士多德式的说教，主张通过文学作品进行语言教学。同时，他还主张对现代每一种民族语言都应该给以足够的重视。他对法语语法进行了充分的研究，著有《语法流派》一书。该书以讨论法语为主，但也较多地涉及拉丁语语法的内容。他强调，对于古代语言的研究，必须遵循古典作家作品的语言标准，而对于现代语言的研究，则必须以本族语使用者的习惯用法为标准。在描写语法时，拉穆斯以语法的形式为依据，充分考虑词语在结构上的关系，反对依靠意义或逻辑来对语法关系或语法结构做出判断。如，他把有没有数的词形变化作为区分词类的主要依据，并据此对名词、代词、动词和分词等词类进行了区分；在分析拉丁语的词的形态时，把名词或形容词的格形式的音节数是否一致作为区分二者的基本标准；对动词进行区分时，根据将来时是否由-b-构成，来考察动词的下位类型，这样就把传统的四种动词屈折变化的类型分为两类，用-b-的动词恰好相当于传统的第一和第二种类型，不用-b-的动词又正好与第三和第三种类型相当。在考察句法时，拉穆斯也以是否有数的词形变化这一区分为基础，并且建立了两个基本的

句法关系范畴:一致关系和制约(即支配)关系。拉穆斯将数的变化作为形式标准而不是像传统语法那样将格的变化作为标准来进行语法描写和语法分析是有意义的,因为到了拉穆斯时代,古代语法家们所重视的格的形态变化,在大多数的现代语言中已基本消失,但数的屈折变化形态却保留下来了,因此拉穆斯的语法描写方法对后来的语法研究尤其是英语语法产生了很大的影响。

除了拉穆斯对法语语法进行研究之外,在文艺复兴时期,人们对现代希腊语、德语、匈牙利语等语言都进行了深入的研究,分别写成了希腊语语法、德语语法、匈牙利语语法等一系列反映各民族语言的实际状况和特点的语法著作。

文艺复兴时期语言研究的另外一个重要方面是对印欧语系之外的语言的研究。事实上,在中世纪后半期,欧洲大陆的人们已经接触到印欧语之外的语言并进行了研究。当时人们接触到的主要是希伯来语和阿拉伯语。希伯来语是基督教圣经《旧约全书》使用的语言,曾经被认为是上帝的语言,因此也是世界上最古老的语言。对希伯来语的研究主要起源于对《旧约全书》的注释,大约到12世纪,有一批居住在西班牙的犹太人开始为他们的教友编写希伯来语语法书,比较有名的有伊本·巴伦(Ibn Barun)和启姆西(Qimhi)家族的一些成员。文艺复兴时期,德国人罗伊希林(Reuchin)写了一部《基础希伯来语》,他注意到希伯来语和拉丁语的不同,特别是词类体系的不同,希伯来语法学家在描写希伯来语时,只把词类分成名词、动词和小品词,动词和名词有词形变化,小品词则没有词形变化。罗伊希林又进一步把希伯来语的名词分为名词、代词和副词三类,把小品词分为副词、连词、介词和叹词。他指出,传统的拉丁语词类范畴以及一些相关的理论并不完全适用于希伯来语,因此,在研究希伯来语时,不必照搬拉丁语语法范畴。

阿拉伯语是伊斯兰教圣典《古兰经》使用的语言,也是阿拉伯帝国的官方语言。对阿拉伯语的研究一开始也是为了满足阐释宗教文献的需要。8世纪末,波斯人希伯维(Sibawaih)曾写过一本关于古典阿拉伯语语法的书,把阿拉伯语的词分成三大类:名词、动词和小品词,动词和名词有词形的屈折变化,小品词则没有词形变化。12世纪,伊本·巴伦曾写过一本将阿拉伯语和希伯来语进行比较的著作。14世纪,巴黎大学把阿拉伯语和希伯来语都列为正式课程组织教学。到1505年,一个叫彼得·德·阿尔卡拉(Pedro de Alcala)的学者写了一部被称为第一部阿拉伯语语法的著作。

对于希伯来语和阿拉伯语的研究,打破了传统的语言研究的局限性,使人们把研究的目光投向印欧语之外的陌生的语言。而新大陆的发现,更促使传统的欧洲人对新的土地上完全陌生的异族语言产生了研究的兴趣。一批关于美洲印第安人语言研究的著作纷纷出现。1558年,关于墨西哥的塔拉斯坎语的语法书出版;1560年,关于秘鲁的克丘亚语的语法书出版;1571年,关于墨西哥那瓦特语的语法书出版;1640年,关于巴西的瓜拉尼语的语法书出版。

三、17、18世纪的语言学研究

文艺复兴运动使西方社会摆脱了宗教神学的禁锢,使得整个欧洲无论在政治上还是在思想文化上都获得了彻底的解放,因此欧洲很快进入思想文化和科学技术的繁荣时期。科学技术的发展和文化的进步又有力地推动了哲学的繁荣和发展。到17、18世纪,在西方社会形成了两种影响比较大的哲学思潮:经验主义哲学思潮和理性主义哲学思潮。

17、18世纪的西方语言学研究深受这两种哲学思潮的影响。到文艺复兴后期,以实验和分析为主要研究手段的物理学、天文学、数学等自然科学在欧洲得到了较大的发展,取得了辉煌的成就,直接导致了经验主义哲学的产生。经验主义哲学家相信,只有通过实验得来的结果才是最可靠的,因此他们重视经验和感觉,认为只有感性认识是可靠的,人的一切知识都来自经验和感觉,理性认识由于缺少实验,因而是靠不住的。英国的著名科学家弗兰西斯·培根(Francis Bacon)就是经验主义的代表人物。经验主义的特点是对事物进行孤立地分析和研究,强调客观依据和实用价值。在经验主义的影响下,英国的正字法和正音法(相当于今天的语音学和音位学)研究得到了迅速的发展。当时关注这个领域并有一定研究成果的人很多,比较著名的人物有哈特(Hart)、布洛卡(Bullokar)、鲁宾逊(Robinson)、布特勒(Butler)、沃利斯(Wallis)、霍尔德(Holder)等。需要说明的是,当时英国的许多语言学家都是自然科学家,如沃利斯是牛津大学的几何学教授,语法学家普利斯特列(Priestley)同时也是化学家,著名的物理学家多尔顿(Dalton)曾经写过一本英语语法著作。这些学者常常把研究自然科学的方法运用到语言研究中去,这是当时英国语言学研究的一大特色。

当时的正字法和正音法研究主要是为了建立英语的词语书写标准和读音标准,以确立"标准英语"的各项规范。因此研究者投入了大量的精力对英语的语音进行全面的描写和深入的分析研究。其中最有成就的要数霍尔德。1669年,英国皇家学会出版了他的著作《言语要素》。霍尔德对语音的观察十分细致,对发音的描写简洁而准确。他认为,区别辅音时,要根据发音器官之间的堵塞程度来进行,塞音为全部堵塞,摩擦音和持续音则是部分堵塞;区别元音时,主要依靠开口的程度以及舌的前后部位的高低、嘴唇的圆与不圆等情况。他还指出,语音是气流通过喉头引起的,气流通过(喉部)缝隙引起软骨性物体的振动,使这种气流成为声音或噪音。气流通过的方式不同,就发出不同的语音。元音是气流不受阻碍地通过口腔而形成的,咽喉、舌和双唇的位置变化,使口腔产生不同的形状,从而形成不同的元音;气流受到阻碍发出的音就是辅音,当气流通过软骨组织时,发生振动,就产生浊辅音,不发生振动,就产生清辅音。他的这些语音学理论尽管在当时没有产生太大的影响,但从现代语音学的角度来看,确实是十分高明的。

经验主义对语法学的影响促成了对语法的形式分析。16、17世纪,英国开始有人重新修订英语语法,当时的研究者不断用观察的语言事实来检验传统语法理论提到的各种语法范畴。例如,当时人们发现,英语冠词a(n)和the在拉丁语中没有对应的词,于是本·约翰逊(Ben Johnson)就把英语中的冠词单独列为一类;语法学家吉尔(Gill)以是否有数的词形变化为标准,把名词和动词跟其他词类区别开来,称其他词类为"共现表意词类",认为这些词类的主要功能是表示同名词或者动词发生的从属关系。不过,从总体来看,经验主义在语法学方面取得的成就相对较小。在语法学方面取得较大成就的是在当时和经验主义相对立的理性主义哲学。

理性主义是传统的经院哲学和新的自然科学理念相结合的产物,自然科学发展到一定阶段,就需要在更高层次上进行概括和总结,需要从哲学的角度提出新的认识世界的理论和方法,这就产生了理论思辨的要求,这种要求部分地在经院哲学中找到了依托,不过,自然科学的高度发展,使人们不可能重复经院哲学的旧的理论和方法,于是便产生了理性主义的哲学思想。理性主义强调思维的重要性,认为没有经过理性思维的感性认识是靠不住的,感觉是不真实的,人的正确认识并不来源于感觉经验,而是来自理性的判断。所以要想获得真理,人们就必须要摆脱感觉器官的干扰。理性主义哲学的代表人物是法国的勒奈·笛卡尔(René Descartes)。在语言研究方面,笛卡尔的理性主义哲学思想产生了直接的影响,催生了法国的唯理语法学派。

1660年,由阿尔诺(A. Arnauld)和朗斯洛(C. Lancelot)等人合著的《普遍唯理语法》出版,标志着法国唯理语法学派的正式形成。由于该书是在巴黎郊区的波尔·罗瓦雅尔(Port-Royal)女修道院里编成的,所以,该学派又叫波尔·罗瓦雅尔语法学派。

《普遍唯理语法》又名《波尔·罗瓦雅尔语法》,是一部专门从逻辑角度研究语法的专著。该书以笛卡尔哲学为基础,认为人的理性高于一切,人类的理性和思维规律是一致的,而语言的结构是由理性决定的,因而所有语言的结构规律本质上应是相同的,它们在表面形式上的不同只是同一体系的变体而已。所以,语法研究的目的是寻找所有语言中共有的某些现象以及只是其中某些语言所特有的某些现象的原因,也就是说,要揭示语法的普遍原则,以及对不同语法中的个别差异进行解释。该书把词分两大类:一类表示思维的对象,包括名词、冠词、代名词、分词、前置词和副词;另一类表示思维的形式和方法,包括动词、连词和叹词。作者认为,在事物或实体和事物的样子或附属性质之间有这样的区别:实体独立存在,而附属性质的存在则依赖于实体。正是这种区别造成表示思维对象的词之间的主要区别。所以那些表示思维对象的词被称为实体名词,而那些指出含有这些附属性质的主体、表示附属性质的词则被称为附加名词(即形容词)。

《普遍唯理语法》试图揭示隐藏在不同语言的语法背后的共同的东西,希望建立起适用于所有语言的一般原理。当然这只是一种愿望,实际上是不可能实现的。

和法国普遍唯理语法学家类似,英国的唯理语法学家威尔金斯(John Wilkins)也认为人类的语言具有普遍性。因此,他企图创造一种哲学的语言,使世界上的各民族都能够互相交流思想。这种语言应该遵循一套普遍适用的语言原则,具有同样的词汇,句法规则尽量简单,句法关系明确(通过在词上角或两词之间做不同标记的方法来表示)。当然,他的努力没有成功。

18世纪,英国的詹姆士·哈利斯(James Harris)、霍恩·托柯(Horne Tooke)和詹姆士·伯尼特(James Burnett)等人也曾讨论过普遍语法的问题,不过他们的讨论更多地涉及语言起源的问题。

17、18世纪,由于经验主义哲学家和理性主义哲学家如弗兰西斯·培根、笛卡儿、洛克(J. Locke)、莱布尼茨(Gottfried Wilhelm Leibniz)等人都把语言视作思想的标记,因此在讨论知识的起源时,语言的起源问题又被重新提起。关于语言的起源问题,代表性的意见有以下几种。

（一）语言起源于观念

持这种意见的主要代表人物是英国哲学家洛克。1690年,洛克出版了《人类理解论》一书。在这本书中,洛克讨论了词语和观念的关系。他说,当儿童通过反复不断地感觉把概念固定于记忆之中,他们便逐渐地学会使用符号,而当他们一旦学会运用发音器官发出清晰语音的技巧时,他们便开始运用词语向别人表达自己的观念。因此他提出,"我自然承认,在语言初创时,原是先有了观念,然后才有名称,我自然承认,就是现在,也是先形成了新的复杂观念,然后才有新的名称,然后才有新的文字","在各种语言中,许多名称所表示的事物虽然不是被感官所知觉的,可是我们如果追溯它们的来源,就可看到,它们亦是由明显而可感的观念出发的。由此我们可以猜想初创语言的那些人心中所有的意念都是什么样的,都是由哪里来的。我们由此可以看到,即在事物的命名方面,自然亦于无意中给人指出他们一切知识的起源和原则来"。洛克的重要贡献是他发现了语言符号的任意性特征,他指出:"语言之所以能标记各种观念,并非因为特殊的音节分明的声音和一些观念之间有一种自然的联系,因为若是如此,则一切人的语言应该只有一种。语言之所以有表示作用,乃是由于人们随意赋予它们一种意义,乃是由于人们随便来把一个字当作一个观念的标记。"①

（二）语言起源于"自然的呼声"（即"感叹说"）

代表人物是法国哲学家孔狄亚克（Condillac）和卢梭（Rousseau）。1746年,孔狄亚克的哲学著作《人类知识起源论》出版,该书第二编是专论语言的,在谈到人类最初的语言的起源问题时,他认为,"自然符号,或者说自然为使人类表示快乐、恐惧、痛苦等情感而创立的各种呼声",使人类受到启迪,人类依靠自身具有的天赋的反省能力,从这种"自然的呼声"中得到启发,从而创造出具有任意性的声音符号来。当然,由于人类不可能因感叹而创造出语言中的所有的语词,因此孔狄亚克又提出把语言分为两种:一种是由本能（感叹等）产生的语言,另一种是由思考产生的语言。②

卢梭在他的著作《论人类不平等的起源和基础》(1755)的第二部分和《论语言的起源》(1782)一书中,专门讨论了语言的起源问题。跟孔狄亚克一样,卢梭也认为,人类最初的语言就是自然的呼声。只是后来人们的观念逐渐扩展和增多,人们之间的来往更加密切,人们便想要制定更多的符号和一种更广泛的语言,于是人们增加了声音的抑扬,并且加上了手势,由于手势受到种种限制,人们最终设法用声音的音节代替手势。同时,他认为语言符号是人们制定出来的,是人们自己选择的,与人们的思想只有任意性的关系。

---

① 洛克.人类理解论[M].北京:商务印书馆,1997.
② 孔狄亚克.人类知识起源论[M].洪洁求,洪丕柱,译.北京:商务印书馆,2011.刘思妗.对语言起源的哲学思考:从柏拉图到马克思[J].苏州科技学院学报(社会科学版),2014,31(3):1-7.

（三）语言起源于对自然的声音的摹仿（即"摹声说"）

代表人物是赫尔德（J. G. von Herder）。1769年，普鲁士科学院发起关于语言起源问题的有奖征文，赫尔德以一部题为"语言的起源"的专著得了奖。该书于1772年出版。赫尔德认为语言是人的反思。比如，当一个人看见一只羊时，就想从它那儿找出一个特征来，羊的"咩咩"的叫声突然给他留下了深刻的印象。这样反复多次之后，"咩"这个叫声就变成了羊的名字。不过，赫尔德又认为对自然的摹仿不过是手段，语言是心灵和它自己的契约，这个契约就像人之所以是人一样必要，人类是天生的语言生物。

（四）语言的三阶段说

语言的三阶段说主要是由意大利的历史哲学家维柯（G. G. Vico）提出的。在他所著的1725年出版的《新科学》一书中，维柯详细论述了语言起源问题。他认为，人类发展经历过三个阶段：神的时代、英雄的时代和人的时代。相应地，语言也就有神的语言、英雄的语言和人的语言。因此人类的语言实际上是由神的语言发展而来的。

以上这些关于语言的起源问题的探讨，虽然都没有给出语言起源的真正科学的答案，但给了后来的研究者很多有益的启示。因为这些讨论不仅涉及语言的起源问题，而且涉及对语言的本质的认识，涉及语言与思维的关系，这其间还有关于符号的任意性等问题的探讨，这些都能促使人们进行深入的思考，对科学的语言学的产生起到了一定的促进作用。

第六节 科学的语言学萌芽
——洪堡特及其语言学思想

当18世纪走向尽头，人们迎来19世纪的曙光时，西方语言学的历史天空中闪烁着一颗耀眼的启明星——洪堡特（Wilhelm von Humboldt）。站在世纪之交和西方语言学发展的历史门槛上，洪堡特成了那个时代不可多得的巨人。尽管从学术渊源来看，洪堡特的语言学研究属于唯理语法，但他的学术思想的火花却穿越了19世纪，在20世纪放出了夺目的光彩。他对语言的本质和功能、语言与思维的关系、语言的文化内涵等问题的探讨，具有普遍理论的意义，奠定了现代普通语言学的思想理论基础。

一、洪堡特生平

洪堡特于1767年6月22日出生于德国波茨坦（Potsdam）一个新贵族家庭，父亲曾任宫廷侍卫官，母亲是一位深受启蒙运动思想影响的新女性。洪堡特一生在政治、外交、文艺理论、人类学、语言学等领域都取得了辉煌的成就，是德国历史上著名的思想家、政治家、外交家、语言学家，也是现代高等教育的奠基人。

优越的家庭出身,使洪堡特从小就受到了良好的教育,母亲为他和弟弟请到了当时最好的家庭教师,到 13 岁时,洪堡特就会讲法语,并能够阅读拉丁语和希腊语书籍,表现出良好的语言天赋。1787 年 10 月,20 岁的洪堡特进入法兰克福大学学习法律,但由于对这所大学陈旧的教学方法不满,半年后他就转入哥廷根大学,学习哲学、政治、法律以及考古学等方面的课程。1789 年 7 月,结束大学学业的洪堡特前往巴黎,目睹了巴黎革命。巴黎革命的成果之一就是发表了《人权宣言》,这大大激发了他的政治热情和参政的欲望。从巴黎回国后,洪堡特先后报名参加了柏林市法院的初级法官及宫廷和议会法庭的候补官员考试,均获得资格并得到任命,同时他还获得了担任公使馆参赞的资格,但他都没有去上任,因为他觉得自己还必须得到进一步充实和完善,然后才能施展抱负,所以他决定先花几年时间来实施"自我教育"。

1791 年,洪堡特和妻子卡罗琳(Karoline)结婚,卡罗琳也是贵族出身,父亲曾任普鲁士议院主席,她是一名十分能干的激进的新女性。婚后,在妻子的支持和帮助下,洪堡特花了三年多的时间进行"自我教育",开始了学术探索。青年时期的洪堡特学术兴趣非常广泛,政治、法律、哲学、教育、美学、历史、文学、艺术、人类学、语言都是他关注的领域,但他早期的学术成就还是在政治方面。1791 年,他写了第一篇政治论文《关于国家宪法的思考:法兰西新宪法的启迪》,但此文直到 1851 年才正式发表;1792 年,他完成了第一部政治著作《关于确定国家之权限的尝试》;1793 年,他又写了一篇教育论文《人类教育理论》。这期间,对洪堡特产生重要影响的事情是他结识了著名学者席勒(Schiller)。洪堡特的妻子卡罗琳在婚前跟席勒的妻子就是好朋友,1794 年,两家商定到耶拿(Jena)市定居,此后的三年多时间内,洪堡特和席勒过从甚密,除了回老家探望生病的母亲外,洪堡特几乎每天都要去席勒的家里,在那里,他不仅和席勒本人进行学术交流和探讨,还结识了歌德(Goethe)、科尔纳(Korner)等当时非常有名的学者,这使他对美学产生了浓厚的兴趣。1797 年,洪堡特移居巴黎,在那里,他结识了大批艺术家,他以宣传德国古典文学的思想为己任,满怀深情地向法国介绍席勒和歌德的生活和作品。1798 年,洪堡特写了《论歌德的〈赫尔曼和窦绿苔〉》一书,该书在第二年得到出版。

1801 年 8 月,洪堡特从巴黎回到柏林,第二年被任命为普鲁士派驻罗马梵蒂冈教廷的使节。在那里,洪堡特被古希腊和罗马文化深深吸引,和当地的一些学者、艺术家保持了良好的关系,一方面,他了解了古希腊、罗马的文化艺术的精髓,另一方面,他把德国启蒙运动和古典文学的精神带到了意大利,这使他在外交工作上获得了极大的成功。

1809 年 2 月,普鲁士国王威廉三世任命洪堡特为内阁大臣、内政部文化教育署署长。在任职的一年多时间内,洪堡特在教育改革的舞台上大显身手,他发动了一场以培养完美人性为宗旨的全面教育改革,成功地创立起一所科研与教学相统一的新型高等学府——柏林大学,这是欧洲第一所现代意义上的大学,这所大学后来学术声望闻名遐迩,造就了不计其数的学术人才,使得欧洲的学术中心迅速由英法转移到德国。不过,在柏林大学刚刚建成,第一批新生还没有入学报到时,洪堡特就辞去了教育署长的职务,重新回到外交部。1810 年 8 月底,洪堡特赴任维也纳特命全权公使一职,此后,他曾多次代表本国出席国际会议。1817 年,洪堡特被任命为驻伦敦公使,上任一年后,于 1818 年 10 底回国。作为外交大臣的经历使得他有机会接触到大量的外族语言,同时他的弟弟到美洲探险时也为他收集到了许多美洲语言的材料,这为他进行语言研究提供了大量的素材。在出任外交官期间,洪堡特学术研究涉及语言方面的论述最多。代表性的有《拉丁与希腊,或关于古典文化的思考》(1806 年,该文第一次阐述了洪堡特的语言"世界观")、《总体语言研究导论》(1810—1811 年,该文把全部语言研究分成三个领域:一般的研究、特殊的研究和历史的研究)、《关于新大陆的语言》(1812 年,这是洪堡特最早谈到美洲语言的文章)。

1819 年 8 月,洪堡特被任命为普鲁士宪法部长,在此期间,他与几位内阁大臣联名向国王威廉三世提交了一份备忘录,呼吁革新宪法,保障个人法权和新闻自由,约束警察活动。这项备忘录遭到以首相哈登贝格为首的内阁保守派的反对。很快,备忘录被国王驳回,洪堡特本人也被免去了内阁职务。从此,洪堡特退离政坛,回到柏林近郊特格尔的本家庄园,以书为乐,潜心做起了学问。

从 1820 年到 1835 年,洪堡特专心致力于语言研究。1820 年,他在柏林科学院宣读了他的论文《论与语言发展的不同时期有关的比较语言研究》(简称《论比较语言研究》),该论文标志着他的语言和语言哲学研究工作的开端。

后来,他又先后发表了很多语言学论著,主要有:《墨西哥语试析》(1821)、《论不同语言的性质对文学和精神教养的影响》(1821)、《论词重音的最一般原理,特别是希腊人的重音学说》(1821)、《论语法形式的产生及其对观念发展的影响》(1822)、《论梵语里用后缀 twâ 和 ya 构成的动词形式》(1822)、《论语言的民族性》(今存残篇)、《在何种程度上可根据美洲语言的残余对美洲土著居民从前的文化状态做出评判》(1828)、《论文字与语言的关系》(1823—1824)、《关于一部出版于墨西哥的日语语法的概述》(1825)、《致阿贝尔-雷缪萨的信:论语法形式的通性以及汉语精神的特性》(1825—1826)、《论汉语的语法结构》(1826)、《美洲语言考察》(1826)、《普遍语言形式的基本特点》(1824—1826)、《论双数》(1827)、《关于梵文文句中词的分断》(1827)、《论太平洋南部诸岛屿的语言》(1828)、《致亚历山大·约翰斯顿爵士的信:论确证东方语言亲属关系的最佳手段》(1828)、《关于希腊语过去完成时、重复不定过去时、简单完成时与梵语时态构造的联系》(1828)、《论某些语言中方位副词与代词的联系》(1829)、《关于语言的语法结构》(1627—1829)、《论人类语言结构的差异》(1828—1829)①。

1830 年以后,洪堡特把他的全部精力都集中到《论爪哇岛上的卡维语》写作上来,该书的导言是一篇独立的论文,长达 300 多页,题为"论人类语言结构的差异及其对人类精神发展的影响"。在这部著作中,洪堡特完整阐述了他的语言学思想,使之成为他在该领域全部工作的总结。1835 年 4 月 8 日,洪堡特在柏林附近的庄园逝世,享年 68 岁。

二、《论人类语言结构的差异及其对人类精神发展的影响》

洪堡特生平最后一部著作是《论爪哇岛上的卡维语》。历史学家拉弗士(Thomas

---

① 威廉·冯·洪堡特.论人类语言结构的差异及其对人类精神发展的影响[M].姚小平,译.北京:商务印书馆,1999:IV-LI.

Stamford Raffles)在著作《爪哇史》(1817)中记述了爪哇岛上有一种为诗人牧师专用的语言,这种被称为卡维(kawi)语的古典语言具有奇特的混合构造:它的词汇多半借自梵语(kawi 本身就是个梵语词,意为"诗人、创造者"),但它的语法形式却是马来语的间架。洪堡特认为,判断语言的亲属关系时,首先要以语法为据,因此,尽管混杂着大量梵语词汇成分,卡维语仍然是一种马来语言,而不像巴利语那样与梵语有亲缘关系。对洪堡特从广泛的人类学以及宗教文化背景上进行的比较语言研究来说,卡维语是一个极有价值的例子,它的混成构造正反映了两种文化——印度文化和本地文化——密切的结合。在生命的最后岁月里,洪堡特全身心地投入到对卡维语的研究中去。但由于健康状况不佳,他最后只留下一部没有全部完成的手稿就与世长辞了。这部长达 2000 余页的三卷本巨著在洪堡特逝世后由其弟弟亚历山大和语言学者布施曼编定出版。

《论爪哇岛上的卡维语》有一篇长 300 余页的导论,题为"论人类语言结构的差异及其对人类精神发展的影响"(在下文中,该导论简称《论差异》),其中汇集了洪堡特数十年来关于语言问题的思考,充分显示出洪堡特式语言研究的特点:人类学、民族学、文化等的探索与语言哲学的讨论相融贯,宏观理论的阐发与具体入微的分析相结合,印欧语言的研究与非印欧语言的研究相补益。这篇导论被中国学者姚小平译成汉语,于 1997 年由商务印书馆印成单行本出版发行。

洪堡特宣称,《论差异》的目的在于考察人类精神的创造同民族划分和语言差异的关系。在他看来,人类分为许多不同的民族、部落和宗系,它们各有自己的语言或方言土语,这一切都是人类精神创造活动的结果。他从调查马来民族各部落的生活环境、文化发展程度及其语言的地理分布和文字的使用情况入手,把语言置于人类学、人种学的背景之中进行研究,从而确定了语言在人类社会发展进程中所起的关键作用。在《论差异》里,洪堡特详尽地阐述了一系列理论问题,如语言与精神的关系,使用一种语言的个人与民族的相互关系,语言的本质属性,语言的形式,等等。对语言结构,他也用专门的章节做了细致的分析,比如语音方面,包括"分节音的本质""语音变化""语音形式""重音"等节;语法方面,有"屈折和黏着""句子的划分""动词"各节;词汇语义方面,则有"概念的语音表达""内在的语言形式""同源关系和词形"等节。①

《论差异》全书共二十二章。第一章为"马来民族各部落的居住环境和文化状况";第二章为"导论的对象";第三章为"对人类发展过程的总的考察";第四章为"特殊精神力量的影响:文明、文化和教养";第五章为"个人和民族的协同作用";第六章为"对语言作更详尽的考察";第七章为"语言的形式";第八章为"语言的一般性质和特点";第九章为"语言的语音系统";第十章为"内在语言形式";第十一章为"语音与内在语言形式的联系";第十二章为"对语言方法的详细分析";第十三章为"词的孤立、屈折和黏着";第十四章为"对词的统一性的进一步考察";第十五章为"语言的复综型系统句子的划分";第十六章为"语言的语音形式与语法需求的一致关系";第十七章为"语言之间的主要区别:以语言构造原则

---

① 威廉·冯·洪堡特.论人类语言结构的差异及其对人类精神发展的影响[M].姚小平,译.北京:商务印书馆,1999.

的纯正程度为评判标准";第十八章为"各种语言的特性";第十九章为"诗歌和散文";第二十章为"语言成功地相互生成的能力";第二十一章为"对以上研究的总结";第二十二章为"偏离高度规律的形式的语言"。在此,笔者从如下几个方面来谈谈该书的核心思想。

(一)关于语言的性质

洪堡特没有给语言下一个明确的定义,但他对什么是语言进行了一系列的说明。他认为,语言是"具有确定目的的精神活动","语言是构成思想的器官",语言是"人类精神不由自主的发挥"。① 在洪堡特眼里,语言是一个充满种种矛盾对立,但又不失其终极统一性的研究对象。从这个角度出发,洪堡特论述了语言和人类精神的关系、语言的普遍性和特殊性、语言和言语的关系等问题。

洪堡特认为,语言是一种观念的、精神的存在,它依赖于语言使用者的精神创造活动。但语言也是一种客观的存在,它外在于主体,是把一个主体与其他主体维系起来的渠道;对于任何个人,语言都是一个先他而在、代代相继的客体。语言作为客体,持续不断地对主体产生着反作用。人类所有的智力活动或精神思维活动都要有语言的参与。因此,他断言,"没有语言,就不会有任何概念;同样,没有语言,我们的心灵就不会有任何对象","语言从精神出发,再反作用于精神"。② 正因为如此,每一个民族的语言都和那个民族的精神密切联系,民族的语言即民族的精神,民族的精神即民族的语言;二者的同一程度超过人们的任何想象。

关于语言的本质问题,洪堡特最为深刻的论述是普遍性和特殊性的关系问题。他指出,整个人类只有一种语言,每个人都拥有一种特殊的语言。在他看来,在语言里,特殊性(个别性)和普遍性(一般性)协调得非常完美。因为他始终坚信,人类具有统一的本性和统一的精神,虽然世界上民族众多,种类多样,但它们都是人类本质的表现形式。语言从表面上看千差万别,样式各异,但其本质归根到底是统一的,所以无论研究哪一种语言,都要把它看成人类语言的表现形式之一。但是,语言又是一种主观的存在,每个人作为思维的主体,都产生着语言并且在使用过程中将某种主观意识强加于语言;语言不仅是个人表现自我的手段,还是自我存在本身的一部分,因此语言具有个别性。但语言的个别性是以普遍性为前提的。他说道:"语言中的异物只有异于我暂时的个人本性,而非有异于我原来的真正本性。"言下之意,就是说语言在人类共同本质这个层面上并无"异物",只不过具体到"个人本性"或具体到某一民族时才产生差异。③

在语言的性质方面,洪堡特的最有开创性的论述是语言和言语的关系问题。尽管他没有从理论的高度将有关论述系统化,但从语言学史来看,将语言和言语区分开来,洪堡

---

① 威廉·冯·洪堡特.论人类语言结构的差异及其对人类精神发展的影响[M].姚小平,译.北京:商务印书馆,1999:63-78.
② 威廉·冯·洪堡特.论人类语言结构的差异及其对人类精神发展的影响[M].姚小平,译.北京:商务印书馆,1999:52.
③ 威廉·冯·洪堡特.论人类语言结构的差异及其对人类精神发展的影响[M].姚小平,译.北京:商务印书馆,1999:56-57.

特确实为第一人,因为当索绪尔(Ferdinand de Saussure)把区分语言和言语作为普通语言学的首要问题来论述时,洪堡特已经去世半个多世纪了。洪堡特关于语言和言语问题的观点散见于《论差异》的各章节之中。他指出,"语言不同于每次所讲的话,它是讲话产品的总和","语言就其真实的本质来看,是某种连续的、每时每刻都在向前发展的事物。即使将语言记录成文字,也只能使它不完善地、木乃伊式地保存下来,而这种文字作品以后仍需要人们重新具体化为生动的言语。语言绝不是产品,而是一种创造活动。因此,语言的真正定义只能是发生学的定义。语言实际上是精神不断重复的活动,它使分节音得以成为思想的表达。严格地说,这是每一次讲话的定义,然而在真实的、根本的意义上,也只能把这种讲话行为的总和视为语言。因为,在我们习惯于称之为语言的那一大堆散乱的词语和规则之中,现实存在的只有那种通过每一次讲话而产生的个别的东西;这种个别的东西永远是不完整的,我们只有从不断进行的新的活动中,才能认识到每一生动的讲话行为的本质,才能观察到活语言的真实图景。语言中最深奥、最微妙的东西,是无法从那些孤立的要素上去认识的,而是只能在连贯的言语中为人感受到或猜度到(这一点更能够说明,真正意义的语言存在于其现实发生的行为之中)。一切意欲深入至语言的生动本质的研究,都必须把连贯的言语理解为实在的和首要的对象,而把语言分解为词和规则,只不过是经科学剖析得到的僵化的劣作罢了","语言客观地、自主地发挥作用,另一方面它恰恰在同一程度上受到主观的影响和制约。因为,语言在任何场合,哪怕是在文字作品里,都不会停滞不动,那些仿佛僵死的语言成分始终必须在思维中得到重新创造,生动地转变为言语或理解,并最终全部转入主体","言语并不是由先于它而存在的词语组成的,相反,应该说词是从完整的言语中产生出来……语言只确定句子和言语的规则及形式,允许讲话者自由地构筑具体的句子和言语"。① 可以看出,洪堡特对语言和言语的区别以及二者的关系已经有了非常深刻的认识,其中最重要的有两点:第一,语言是抽象的、一般的、完整的,语言只确定句子和言语的规则及形式;第二,真实的语言只存在于实际发生的、个别的、不完整的言语之中,言语是语言在思维中的重新创造。

(二) 关于语言的形式

洪堡特指出,为了对不同语言的结构特征做有效的比较,必须细心地研究其中每一种语言的形式,从而了解一种语言以何种方式解决所有语言在创造过程中必然面临的主要问题。以往人们对语言的研究往往局限于语法形式,即把语言分解为词和规则,从而把语法和词汇区别开来。但实际上,语言的形式不仅仅是语法形式,虽然语法形式是语言形式构成的应有要素。所以,洪堡特提出了和以往不同的看法,他认为,"语言是一种精神劳动","在把分节音转化为思想表达的精神劳动中,存在着某种恒定不变的、同形的元素,而正是这种元素,就其全部关系和整个系统而言,构成了语言的形式"。这就意味着"语言形式的概念远远超越了词语组合的规则,甚至也超越了造词的规则"。他甚至更进一步认

---

① 威廉·冯·洪堡特.论人类语言结构的差异及其对人类精神发展的影响[M].姚小平,译.北京:商务印书馆,1999:76.

为:"语言内部不存在任何不具备一定形式的材料。"也就是说,语言内部的一切材料都是构成形式的元素。在他看来,语言内部真正的材料一是语音,二是语言外壳构成概念之前"全部的感觉印象和自觉的精神运动"。①

因此,语法形式只不过是外在的因素,语言研究还必须把内在形式发掘出来。在洪堡特看来,要产生同人类丰富多彩的精神(思维)相匹配的语言,必须有与语言相关概念的无比明晰性与语音形式有机巧妙的结合。而美妙的语言可以说完全是由语音形式"内在的和纯粹智力的部分构成"。其中,纯粹智力的部分能够通过"运用语音"完成观念的表达。同时,精神能力存活于言语活动中,并塑造出发音形式,从而将人类广袤心灵中博大精深的任何东西表述出来,所以语音形式才是真正的内在形式。②

洪堡特认为,语音形式"无法估量""无限多样化"。然而,语言的智力部分几乎彼此等同,而且"所有的人的目的和手段是相同的",因此,语言也应该保持"较大的同形性"。③ 但是,人类智力部分的差异以及创造力量程度的不同,加之民族的个性因素,从而造成表达同一类或相同内容时借用形式的多样性。

(三)对语言起源和发展的看法

在《论差异》中,洪堡特并没有系统地论及语言的起源。他常常在讨论语言本质、语言与思维的关系、语言差异等问题时顺带讲到语言的来源。具体到语言起源时,也只有零星的论述。

洪堡特指出,语言是人类本质的组成部分,它的萌发是由于人类的内在需要。他说:"人类划分为氏族和部族,人类具有多种多样的语言和方言土语,这两个方面不但相互关联,而且还关系到并且依赖于第三种更高层次的现象,那就是人类精神力量不断更新、频繁升华的创造。精神创造不仅提供了对上述两个方面进行评价的标准,而且,只要我们的研究能够深入这两个方面,把握它们的联系,精神创造就可以为之提供解释。"④在洪堡特看来,人类具有统一的精神力量,而这种精神力量就是一切民族及其语言产生、发展的源泉和动力。但是人类的精神力量是如何导致语言的产生的呢?对此,洪堡特持神秘主义的看法,他认为人类精神力量"从本质上说不可能被完全把握,从作用上说则不可能被预先测知"。它的创造正如神的创造一样,也是突然的、神秘的。人类之所以会形成许许多多民族、部族、部落,人类语言之所以会有成千上万种之别,都为普遍的人类精神力量所造就,每一个民族、每一种语言都是一种"精神个性"。

---

① 威廉·冯·洪堡特.论人类语言结构的差异及其对人类精神发展的影响[M].姚小平,译.北京:商务印书馆,1999:57.

② 威廉·冯·洪堡特.论人类语言结构的差异及其对人类精神发展的影响[M].姚小平,译.北京:商务印书馆,1999:294.

③ 威廉·冯·洪堡特.论人类语言结构的差异及其对人类精神发展的影响[M].姚小平,译.北京:商务印书馆,1999:103.

④ 威廉·冯·洪堡特.论人类语言结构的差异及其对人类精神发展的影响[M].姚小平,译.北京:商务印书馆,1999:47.

洪堡特特别强调语言的产生是一种自然而然的事实。他说,"我深信,语言必须被看作人类从一开始就固有的……语言的原型已经先存在于人类的理智之中,否则语言是不可能被发明出来的……因为有了语言,人才能成为人,但是为了发明语言,他就必须先成为人","在每一个人身上都必然存在着整个语言。就像人类的一个民族始终具有人类性一样,人也始终是他,并不是从动物的存在逐渐上升到人的存在……我只想把语言(的发生)比作这样一种现象:在一个美妙的春夜里,一棵大树的花朵一下子全部盛开了。在这以后,语言中很少再产生新的质料,而只是利用既存的质料进行构造、再构造"。① 这就是说,语言发生不是一个长期的过程,而是突然发生的,他还用闪电对语言的发生进行比喻,"人与世界的接触犹如闪电,从中便产生出了语言;不仅语言的发生如此,而且,人在思维和讲话的时候也一直如此。丰富多样的世界和深在的人类心灵是语言进行创造所依靠的两个力点","思想可比作一道闪电或一记猛击,它在爆发的瞬间将全部的想象力聚于一点,排斥所有其余的对象;同样,语音作为一个统一体,也以断续和明确的形式发出。正如思想控制着整个心灵,语音首先具备一种能够渗透和震撼全部神经的力量。语音的这个特点使它有别于所有其他的感觉印象……感觉的生物能发出非分节音,思维的生物还能发出分节音。正如最合乎人性的思维在黑暗中渴慕着光明,于囹圄中向往着无限的自由一样,声音从胸腔的深底向外冲出,在空气这种最精微、最易于流动的元素中觅得一种极为合适的媒质,而这一媒质从表面上看并不具备实体性,这使得它在感觉上也与精神相一致"。②

关于语言的初始状态,洪堡特认为最早的语言是歌唱。他把人称为"歌唱的生物"。他认为,人最初是在歌唱的时候无意识地迸发出了词语:"词不是迫于需要和出于一定目的,而是自动地从胸中涌出的,任何荒原上的游牧人群,都有自己的歌曲。因为人作为动物的一类,乃是歌唱的生物,只不过他的曲调与思想相联系。"③

(四)关于语言与精神、民族的关系

洪堡特认为,语言是精神的外部表现,精神是语言的动力和内核。他把语言置于具体民族的文化背景之中,由于民族精神个性决定着民族语言的特点,民族语言又强烈地影响着民族精神,二者就有着紧密交融、相互渗透的关系。他说,"每一种语言都通过民族性而获得确定的特性,并且也以同样确定的方式对民族性产生反作用","要给一个民族下定义,首先就必须从这个民族的语言出发。人所具有的人类本性的发展取决于语言的发展,因此,民族的定义应当直接通过语言给出:民族,也即一个以确定的方式构成语言的人类群体","一个民族的精神特性和语言形成这两个方面的关系极为密切,不论我们从哪个方面入手,都可以从中推演出一个方面……语言仿佛是民族精神的外在表现;民族的语言即

---

① 姚小平.洪堡特论语言的起源和发展[J].外语教学,1992(3):3-11.
② 姚小平.洪堡特论语言的起源和发展[J].外语教学,1992(3):3-11.
③ 威廉·冯·洪堡特.论人类语言结构的差异及其对人类精神发展的影响[M].姚小平,译.北京:商务印书馆,1999:74.

民族的精神,民族的精神即民族的语言,二者的同一程度超过了人们的任何想象","人类语言结构之所以会有种种差异,是因为各个民族的精神特性本身有所不同"。① 洪堡特相信,语言是民族的最大特征,民族差异主要表现在语言上,"一个民族怎样思维,就怎样说话,反之亦然,怎样说话,就怎样思维",所以"在所有可以说明民族精神和民族特性的现象中,只有语言才适合于表现民族精神和民族特性最隐蔽的秘密"。②

洪堡特提出,语言这个词应包含两种相互联系的含义:一是"(单数)语言",即人类语言;二是"(复数)语言",即具体的、个别的语言,民族语言。③ 他特别强调,做这样的区分绝不是咬文嚼字。一方面,人类的语言应该是统一的,因为人类本身就是一个统一体,个人与个人、民族与民族有共通之处,所有的民族都具有语言,语言是"自动、自发地"从人类的内在本性中产生出来的,它是全人类的共同财富,反映了人类统一的存在本质。另一方面,语言是一种民族现象,各民族的语言在结构形式、意义内涵上有所不同,一定的民族语言与一定的民族性和文化特征相维系。人类语言与民族语言的关系,是一般与个别或本质与现象的关系。

民族语言相对人类语言而言是个别,进一步说,个人对语言的运用相对于人类语言或本民族的语言而言也是个别。不管是具体的民族语言还是个人的言语,在洪堡特看来都是人类语言本质的表现形式,或者说,是寓于普遍一致性中的个别化。一方面,所有人类都具有一种共同的语言(确切地说,当然是具有共同的语言本质);另一方面,每个人都有自己的语言。这两个论断看起来那么互不相容,但放到一般与个别的关系中去理解,就不难看出其间的联系:一个人说某种语言,将该语言作为表达手段,因此他是主动者,语言为他所有,但他又受到该语言和听者的限制,于是他便成为被动的一方,而语言和听者则转化为主动的一方。然而,对说话者起限定作用的因素来自每一个人的人类本性,这一本性把说话者和理解者联系起来。洪堡特就这样辩证地说明了语言中的主观与客观、主动和被动、个人与集体的对立、转化和统一。

(五)关于语言的类型

洪堡特认为,不同的语言形成了不同的思考问题的方式以及观察世界的视角,每种语言都有它自己内部一致的和独立的结构系统,正是这种结构系统使该语言不同于或相似于其他语言。因而他主张根据语言的结构类型为语言分类。他根据作为语法单位的词的主要结构状况,将人类语言划分为孤立型、屈折型和黏着型三种语言。他认为,语言的特性"既涉及词的相互关系,又部分涉及词的构造……一种情况是,把一个适用于整个一类词的一般概念附加到语根上,就可以派生出一个词;另一种情况是,根据一个词在言语中

---

① 威廉·冯·洪堡特.论人类语言结构的差异及其对人类精神发展的影响[M].姚小平,译.北京:商务印书馆,1999:57.
② 威廉·冯·洪堡特.论人类语言结构的差异及其对人类精神发展的影响[M].姚小平,译.北京:商务印书馆,1999:54.
③ 威廉·冯·洪堡特.论人类语言结构的差异及其对人类精神发展的影响[M].姚小平,译.北京:商务印书馆,1999:61.

的位置对这个词加以表述。在此,起着积极促进作用或消极阻碍作用的语言特性,就是人们通常所说的词的孤立、屈折和黏着"①。这种三分法,既从共时的角度为语言描写提供了一种尺度和方法,又从历时的角度指出了某些语言的历史演变趋势。另外,他还根据句子结构的类型,提出了一种四分法:第一类像汉语这样的语言,语法关系的表达依靠词序或者其他词的添加;第二类像梵语这样的语言,句子的语法关系由词形变化表示;第三类像美洲印第安语这样的语言,语法关系被编插在一个单词之中;第四类像土耳其语那样的黏着型语言,语法关系由语言成分的自由组合来表示。

以上述分类为基础,洪堡特提出了语言阶梯式发展说。他认为语言沿着一条阶梯式的道路向前发展,处在第一至第四阶段的分别是初民语言、孤立型语言、黏着型语言和屈折型语言。他认为语言的发展是不平衡的,有些语言在第一、二级便停滞不前,比如汉语;有些语言发展到了第三级;而语言只有到达到了像梵语、希腊语、拉丁语等这样的最后一级,才能称得上是最完善的语言。一切语言之间(例如汉语和梵语)存在着一个由低级向高级、由不完善到完善的阶梯式发展过程。

可以看出,洪堡特对屈折型的梵语、希腊语等古典语言有特殊的偏爱,这和他早在青年时期就形成的对欧洲古典文化的崇尚有着很大的关系。他曾相信,只有通晓古希腊文化,才能接触到真正的、完整的人类智慧,因为古希腊文化是人类理智和人性的基本模式。屈折语言,特别是梵语、希腊语和拉丁语,在他看来是"完美的语言",他断言,在屈折形式、黏着形式和复综形式"三种抽象形式中,屈折形式可以被称为唯一恰当的形式,这一点恐怕是无可辩驳的",而汉语等孤立型语言则只有"不大完善的"结构。②

洪堡特是语言学史上首次对世界上的语言类型进行探讨的语言学家,他的语言的类型观念和划分类型的方法奠定了语言类型学的理论基础,因此,洪堡特是当之无愧的语言类型学的鼻祖。

三、洪堡特语言学研究的地位和影响

在西方语言学发展史上,洪堡特是一座丰碑,他是他所处的那个时代的一位非常杰出并且非常另类的语言学家。在他之前,从来没有一个语文学家或语言学家将研究的目光投向世界上如此众多的语言,并且能够取得如此丰富的研究成果,同时还站在哲学的高度,提出了科学系统的理论。他的研究和思考,几乎涉及当代语言学所关注的所有的热门领域,他研究语言的方法至今仍为人们所推崇。他在语言理论方面的探索,如关于语言的本质属性、语言的普遍性和个别性、语言和言语的关系、语言的类型、语言的起源与发展、语言与民族精神的关系、语言的结构与形式的关系等方面问题的论述,基本上涉及了现代语言学体系的各个方面,并且他在其中提出了很多开创性的思想,实际上已经构成了普通

---

① 威廉·冯·洪堡特.论人类语言结构的差异及其对人类精神发展的影响[M].姚小平,译.北京:商务印书馆,1999:129.

② 姚小平.洪堡特论语言的起源和发展[J].外语教学,1992(3):3-11.

语言学的理论基础。

但是,由于洪堡特处在一个特殊的历史时代,他在语言学研究方面所发出的声音被19世纪的历史比较语言学所掩盖,以至于他的学说在当时及其去世后很长一段时间内都得不到重视。甚至在19世纪末、20世纪初,索绪尔在创建现代意义上的普通语言学理论时,也没有提及洪堡特的影响,即使索绪尔的理论所涉及的许多问题洪堡特早就有所论述,甚至洪堡特对许多问题的看法和索绪尔有着较大的一致性。洪堡特的语言学研究最先产生影响的地方不是在他的故乡,而是在美洲大陆。19世纪末,美国描写语言学家们在研究美洲语言时,接触到洪堡特的有关研究成果,从辉特尼(W. D. Whtney)到萨丕尔(E. Sapir)都对洪堡特推崇备至。而转换生成语言学的创始人乔姆斯基则认为洪堡特对语言形式和内在形式的区分已经闪耀着"生成原则"和"深层结构"等与转换生成语言学理论有关的学说思想的光辉。而近20多年来,中国的语言学家们又对洪堡特关于汉语方面问题的研究和论述产生了浓厚的兴趣。在洪堡特逝世一个半世纪以后,在欧美和中国大陆掀起的"洪堡特热"说明,洪堡特的学说思想犹如掩埋在历史尘埃中的珍珠,在洗尽岁月的砂砾之后,重新显现出绚烂的光彩。

 思考与练习

一、名词解释

传统语文学　斯多葛学派　摩迪斯泰学派　唯理语法学派

二、填空题

1. 西方语言学的发源地是(　　)。
2. 古希腊哲学家们关于语言的争论主要集中在(　　)与(　　)的对立和(　　)与(　　)的对立这两个问题上面。
3. 《对话录·克拉底洛篇》的主题是有关(　　)和(　　)的争论。
4. 柏拉图对希腊语的各个音段音位进行了区分,划分出最小的语音类型,即(　　)和(　　)。
5. 斯多葛学派认为应区分三类不同的语音序列,即(　　)(　　)(　　)。
6. 德谟克利特从逻辑原理出发对语句进行分析,区分出(　　)(　　)两种形式的语言表达式。
7. 柏拉图认为语句具有(　　)和(　　)两个基本要素。
8. 亚里士多德把词分为(　　)(　　)(　　)三类。
9. 在《语法术》中,狄奥尼修斯提出描写语法的两个基本单位:(　　)和(　　)。
10. 瓦罗被认为是第一位有著作留下来的、认真研究拉丁语的学者,他的研究成果主要集中在(　　)一书中。
11. 帕莱蒙的主要贡献是把(　　)从其他词类中独立出来。
12. 普里西安的主要成就集中在形态研究方面,他的著作(　　)被认为是汇集古希腊、罗马语法研究成果的集大成之作。

13. 中世纪后,出现了研究其他民族语法的著作,比较著名的是写于 12 世纪的关于冰岛语法的论文(   )。

14. 摩迪斯泰学派在西方语言学史上第一次提出了(   )。

15. (   )的出版标志着法国唯理语法学派的正式形成。

16. 1690 年,洛克出版了《人类理解论》一书,讨论了(   )和(   )的关系。

17. (   )对语言的本质和功能、语言和思维、语言的文化内涵等问题的探讨,具有普遍理论意义,奠定了现代普通语言学的思想理论基础。

三、简答题

1. 简述古代印度人进行语言研究的成就。
2. 简述古希腊语法学研究成就。
3. 简述古希腊语言学历史上两次有名的论战及其影响。
4. 简述拉丁字母的形成和发展。
5. 简述中世纪基督教关于原始语言面貌的看法。
6. 简述思辨语法的主要观点。
7. 简述文艺复兴时期语言研究的成果。
8. 简述洪堡特在语言学方面的理论贡献。

四、论述题

1. 西方语言学早期(19 世纪以前)的语言研究有怎样的特点?请结合具体史实加以述评。
2. 洪堡特提出:"整个人类只有一种语言;每个人都拥有一种特殊的语言。"①请你谈谈对这句话的理解。

---

① 威廉·冯·洪堡特.论人类语言结构的差异及其对人类精神发展的影响[M].姚小平,译.北京:商务印书馆,1999:61.

第二章
历史比较语言学时期

第一节 概述

一、历史比较语言学产生的背景

　　文艺复兴运动使得欧洲的科学文化得到飞速的发展,自然科学的成果又使得人们开始重新思考外面的世界以及人在世界中的地位,对语言起源问题的重新探讨就属于这种思考的一部分。而对语言起源问题的争论,又促发人们对语言发展和演变情况进行研究的热情,研究的结果又促使人们对传统的语言发展观产生了怀疑。

　　文艺复兴以前,由于基督教《圣经》的影响,人们一直认为,希伯来语是人类最早的语言,一切语言都是由此发展而来的。另外,从近期来看,古希腊语又是拉丁语的源头。这种观点在文艺复兴后不断受到人们的挑战。很多人认为,原始语言应该是流传很广的、幸存的语言。当时著名的学者格洛乌斯·贝卡纽斯(Becanus)发表了一系列关于词源学的论文,他得出的结论是,幸存于荷兰弗兰芒语族中的"西米利亚语"才是真正的原始语言。16世纪末,另外一个著名的学者J.J.斯卡利杰(J.J.Scaliger)对当时人们所知的欧洲语言进行了研究,他把欧洲大陆的语言分为11个语族,其中大语族4个,小语族7个,并认为语族内部各语言有亲缘关系,而语族之间的亲缘关系则无法确立。他发现"上帝"这个词在同一语族内部各语言之间的词形明显相似,可是在不同语族之间则明显不同,因此,他用各语族表示"上帝"的词给各语族命名,他把四大语族分别命名为 Deus 语(相当于罗曼语族)、Theos 语(相当于希腊语族)、Godt 语(相当于日耳曼语族)和 Boge 语(相当于斯拉夫语族)。他认为这4个语族之间不存在任何词汇和语法上的联系。因此,斯卡利杰的研究是对传统语言史观的强有力的挑战。

　　在研究各种不同语言之间的亲缘关系时,人们开始用比较的方法考察各语言之间的异同,很快,比较法便成为当时语言研究特别是历史语言研究的重要方法。例如,17世纪末,瑞典语言学家斯提尔希尔姆(Stiernhielm)就把拉丁语的 habere(有)和哥特语的 haban(有)的各种屈折变化的形式列在一起进行比较。在比较之后,他认为,这两种语言有着密切的联系,它们一定来自同一母语。瑞典另一位学者雅杰(A.Jager)在一次演说中提出,在远古时期,存在着一种古老的语言,由于人口的迁移而传播到欧洲和亚洲的部分地区,慢慢产生了分化,形成了"女儿语",从"女儿语"中又产生了波斯语、希腊语、罗曼语、斯拉夫语、凯尔特语、哥特语、日耳曼语等语言,但早先的那个原始母语却完全消失了。

　　在这之后,有更多的人把研究的目光转向了历史语言学。17世纪后半期,德国著名的数学家和哲学家莱布尼茨提出了一些历史语言学研究的原则和方法。他认为词源学研究对历史语言学研究十分重要,主张学者们应该编写世界上各种语言的语法书和辞书,绘制语言分布图,创立一套以拉丁字母为基础、可以转写非拉丁字母文字的通用字母。他鼓励俄国人调查俄国境内的非欧洲语言,搜集这些语言的词汇和有关文献。他认为形态和词汇是探求不同语言之间历史关系的重要证据。他提出,可以根据地名和河流的名字来探究语言发展和演变的历史。某一种语言,其使用者被赶离故土,原先的地方就可能被新的占领者的语言占领,因而这种语言离开了原来的地方,但用原先语言命名的地名和河流的名称往往会保留下来,这就为人们探明过去这种语言分布的地区提供了线索。他的这种方法曾被认为是历史语言研究的有效方法之一。他本人在历史语言学研究方面的成果也十分突出。他把希伯来语归入阿拉伯语族,这就彻底否定了希伯来语是人类始祖语言的观点。他认为芬兰语和匈牙利语之间有一定的历史联系。另外,莱布尼茨还根据所谓的共同词根构拟了原始母语的两个分支:一支为雅弗语(Japhetic),这支语言主要分布在北方;另一支为阿拉米语(Aramaic),主要分布在南方。

语源问题研究的兴盛,推动了语言调查和语料收集工作的开展。比较著名的是俄国女皇叶卡捷琳娜二世(即凯瑟琳二世,Catherine Ⅱ)和德国学者阿迪龙(Johann Christoph Adelung)。叶卡捷琳娜二世对俄国境内的语言有着浓厚的兴趣,曾组织人员在全境范围内进行语言调查工作。她让德国学者帕拉斯(P. S. Pallas)编写了200种语言的比较词汇表,通过285个词对各种语言进行比较,这些比较表在1786年至1789年间陆续发表,最后集中出版,书名为《全世界语言词汇对比》,1791年,该书出了第二版,又增加了380种语言。阿迪龙写了著作《米特里德》,在这部书中,作者用500种语言和方言把主祷文表达出来,并且对语言进行分类,按照区域远近的原则划分了语言谱系,认为希腊语和拉丁语属于一个语族;同时他还指出梵语和欧洲的主要语言有着一定的亲缘关系。

17、18世纪,印度完全成了西方的殖民地,欧洲的学者、政治家、商人等对这个神秘的东方古国产生了浓厚的兴趣,纷纷来到这块土地上开展活动,古印度在语言学上所取得的辉煌成就使得西方的学者十分惊奇,以《班尼尼语法》为代表的古印度的语言学被介绍到西方,人们开始了对梵语的研究。这给西方语言学的研究带来了新视野和新方法,从而使西方语言学的研究取得了前所未有的成就。

1786年,英国东印度公司官员威廉·琼斯(William Jones,时任加尔各答最高法院的法官)在印度加尔各答举行的皇家亚洲学会上宣读了一篇题为"三周年演说"的论文,认为梵语同欧洲的许多古代语言有着共同的来源。他主要是通过对梵语和欧洲的一些语言中的相对应的词语进行比较后得出结论的,如希腊语、拉丁语和梵语的"母亲""二""三"这3个词的对应如表2-1所示。

表2-1 希腊语、拉丁语和梵语的"母亲""二""三"这3个词的对应

语言	词		
	母亲	二	三
希腊语	mētēr	duo	treis

续表

语言	词		
	母亲	二	三
拉丁语	māter	duo	trēs
梵语	mātā	dvāu	trayah

琼斯宣布:"梵语,不论其历史如何,有绝妙的结构,比希腊语更完善,比拉丁语更丰富,比二者提炼得更高雅,但它与二者在词根和语法形式上都非常相似,这种相似不可能是偶然的。这种相似如此明显,任何哲学家在研究梵语、希腊语和拉丁语时都不能不认为,这些语言来自同一始源语,而这种始源语也许不存在了。"①

琼斯的这篇论文被认为具有划时代的意义,琼斯的发现掀起了梵语研究的高潮,促使一大批研究梵语的学者和著作出现了。德国的施莱格尔兄弟是当时研究梵语成就比较突出的学者。哥哥 F. 施莱格尔(F. von Schlegel)是德国浪漫派诗人,他于 1803 年开始研究梵语,1808 年,他发表了《论印度人的语言和智慧》一文,认为梵语和欧洲的许多语言存在着渊源关系,他首次提出了"比较语法"这个术语,认为比较语法将会给人们带来崭新的关于语言谱系的知识。弟弟 A. 施莱格尔(A. W. von Schlegel)1819 年成为波恩大学的梵语教授。当时的德国政府对梵语的研究非常支持,许多德国大学都设立了梵语教授和历史语言学教授等职位。与此同时,英国的梵语研究也取得了显著的成绩,分别于 1806 年出版了凯里(Carey)的《梵语语法》、1808 年出版了维尔金(Wilkins)的《梵语语法》,这是欧洲最早的两部用英语写的梵语语法。梵语研究对西方语言学史的发展是具有重要意义的。梵语研究是激发 19 世纪比较语言学产生的主要因素,梵语与欧洲语言的比较,成了比较语言学的第一个阶段的研究内容;同时,也正是通过研究梵语,欧洲人才认识到梵语语言学的伟大成就,并将梵语研究的理论和方法运用到西方语言学研究活动中去,形成了和传统语言学研究不同的理论和方法,从而催生了科学意义上的现代语言学研究。

二、历史比较语言学的发展概况

从语言学发展史来看,整个 19 世纪,可以说是历史比较语言学的世纪。在这个世纪中,历史比较语言学从诞生走向发展,并达到了全盛,直到 20 世纪初其地位被结构主义所取代。从发展的过程来看,以 19 世纪 70 年代为界,历史比较语言学大致可分为早期和后期两个阶段,每个阶段体现出不同的特点。

1816 年,德国语言学家弗兰兹·葆朴发表了他的著名论文《论梵语动词变位系统——与希腊语、拉丁语、波斯语和日耳曼语相比较》,标志着历史比较语言学的诞生。葆朴也就被认为是历史比较语言学的第一个奠基人。在葆朴之前,尽管琼斯、F. 施莱格尔等人都已确认梵语与许多欧洲语言之间存在着亲属关系,但他们还只是开始发现这种关系,并未进

---

① 冯志伟.现代语言学流派[M].西安:陕西人民出版社,1999:6.

行仔细的比较,也未能找出梵语和欧洲语言的语音对应规律。所以他们只能被看成历史比较语言学的先驱者。在葆朴的这篇论文中,作者认为梵语与希腊语、拉丁语、波斯语、日耳曼语等都来自同一种原始语言,不过,梵语比其他语言保存着更多的原始形式,因此,他用梵语的形式来解释拉丁语和希腊语的许多形式,找出了它们的动词变位系统的对应关系。葆朴的研究在当时的语言学界引起了很大的轰动,获得了极大的成功。他的这篇论文也就被认为是历史比较语言学的奠基之作。

事实上,早在两年前,即1814年,丹麦语言学家拉斯姆斯·拉斯克(R. Rask)就向丹麦科学院提交了他的那篇著名的论文《古代北方语或冰岛语起源的研究》。1811年,丹麦科学院发起了一次论文比赛,规定比赛的论题是"用历史的批判方法,用确切的例证,探讨并说明怎样才能最有把握地推求古斯堪的那维亚语的渊源",主要是研究丹麦语的来源。拉斯克于1814年在冰岛完成了这一论文,提交给丹麦科学院,获得了这次比赛的大奖。这篇论文于1818年正式出版。拉斯克从研究冰岛语入手,将冰岛语与欧洲的许多语言进行比较,得出冰岛语或古代北方语来源于"古色雷斯语"的结论,而希腊语和拉丁语是"古色雷斯语"的"最古老的和唯一的"残余,因此,这两种语言应该可以被看成是冰岛语的来源。由于拉斯克的这篇论文是用丹麦语写的,未被当时欧洲大陆的其他学者所认识,其正式发表又稍晚于葆朴的论文,所以拉斯克未能被尊认为历史比较语言学的鼻祖。

1819年,另一位德国语言学家雅可布·格里姆[Jacob Grimm,在文学界通常翻译为"格林",和他的弟弟威廉·格里姆(W. Grimm)共同编写了《格林童话》]出版了《德语语法》一书,这是一部研究日耳曼语发展史的比较语言学著作。在书中,格里姆详细探讨了日耳曼语和其他印欧语之间在语音上的对应规律,创造了"音变"这个术语。1822年,《德语语法》第二版出版,在书中,格里姆又系统地论述了日耳曼语和其他印欧语之间的辅音的一致性,这就是著名的"格里姆定律"。由于格里姆的杰出贡献,他和葆朴、拉斯克一起,被认为是历史比较语言学的三大奠基人。

此后,历史比较语言学在德国蓬勃发展起来。1833年,德国语言学家波特(A. F. Pott)出版了他的著作《词源探讨》,他指出,某个语言形式的词源就是这个形式发展变化的历史。因此,要发现某个语言形式的词源,不仅要找到它在该语言里较古的形式,而且还要找到它在各亲属语言里的形式,因为这些形式都是同一母语形式的变体。这样通过对各种形式的比较,找出其共同的形式要素,就可以构拟出原始母语中的语言形式。在波特之后,关于古印欧语的构拟和重建工作得到了普遍的重视,成了这个时期历史比较语言学的主要内容。1861—1862年,德国语言学家施莱歇尔(August Schleicher)在总结了前人的研究成果的基础上,出版了《印度日耳曼语比较语法纲要》。这是历史比较语言学前期最重要的理论著作。根据已有的研究成果,施莱歇尔描绘出了印欧语系语言发展的谱系树,第一次明确地提出了关于亲属语言谱系的分类问题,这是早期历史比较语言学的最重要的成就。

不过,早期历史比较语言学研究存在着一些明显的缺点。首先就是缺乏可靠的理论基础。19世纪前半叶的语言学家,尤其是德国的比较语言学家,在理论方面过于仰仗哲学和其他科学,缺乏认真概括和独立思考的精神。他们生搬硬套生物学理论,将语言演变与生物的演化相提并论，从而提出了语言衰退论。其次，他们将研究的目光停留在语言的最古阶段，而忽视对活的口语的考察与研究。由于受到语言衰退论的影响，他们认为语言形式发展的最完美的阶段是他们所假定的所谓印欧"母语"的阶段。所以他们的研究目的要么是探溯语法形式的源头，要么就是要重建"原始母语"的形式。因此，已死的、书面的语言被视为最可靠的根据，越是古的语言，越受到他们的重视。这就导致了梵语在很长一段时间里被放在不恰当的位置上，不少学者认为梵语是历史比较中唯一的推论基础，也是构拟母语形式的理想模式。至于各种现代语言和方言，往往被视为"退化的语言""腐朽的语言"，而得不到重视。这样毫无疑问会影响到比较的科学性。这些缺陷，给历史比较研究的进一步发展造成了很大的阻碍。因此，必须有新的突破才可能有新的发展。到19世纪70年代，就产生了新的语法学派——青年语法学派。

19世纪70年代，勃鲁格曼（K. Brugmann）和其他几位青年学者在莱比锡发动了一场学术运动，对老一辈语言学家的观点进行了激烈的抨击。1876年，勃鲁格曼用"青年语法学派"来称呼包括自己在内的这批年轻人，从此这个称呼就正式成了一个学派的名称。1878年，勃鲁格曼与他的朋友奥斯脱霍夫（H. Osthoff）创办了一个刊物，名叫《形态学研究》。在创刊号上的由勃鲁格曼、奥斯脱霍夫联合署名的序言里，提出了"青年语法学派的倾向""青年语法学派的方法""青年语法学派的原则"等带有宣言性质的内容，这标志着青年语法学派的正式成立。该学派的主要成员有德国学者雷斯琴（A. Leskein）、勃鲁格曼、奥斯脱霍夫、保罗（H. Paul）、德尔勃吕克（B. Delbruck），以及丹麦学者维尔纳（K. Verner）等人。

青年语法学派认为语言并非一个有生长、衰老和死亡过程的独立机体，所以他们不同意语言衰退论。因此，他们彻底转变了语言研究的目标和重点。老一辈的比较学者的研究兴趣集中于从书面材料探溯语言的最古阶段，目的在于确定印欧语的原始形式；青年语法学派则强调现代语言和方言的重要性，力求尽量精确地观察历史发展中的语言事实，并坚持在分析语言现象时不超过已证实的材料的范围，拒绝对史前时期的无文字记载的语言状况提出任何假设。这标志着历史比较语言学从青年语法学派开始重新确立了研究方向。青年语法学派也就成了历史比较语言学的重要代表。

但是，青年语法学派也有自身的不足，他们认为语言存在于个人心理之中，坚持语言的"个人心灵"观，过于相信机械推理的作用，忽视了语言是一种社会现象的事实，也没有看到在人类的语言中普遍存在的一些共性特征。因此，青年语法学派后来受到了来自法国的社会心理学派的批评和修正。

三、历史比较语言学产生的历史意义

历史比较语言学的产生，是语言科学发展史上的第一个里程碑。它使语言研究从为解经服务和经学附庸的状态下解放出来，而成为一种独立的科学。在语文学时期，语言研究只能以过去的经典作品为对象，因此语言研究者们所面对的是早已过去（甚至是已经死亡）的语言，历史语言学第一次把当时的活语言纳入研究领域，使语言研究具有了真正科学的对象。同时，历史比较语言学的跨语言比较研究也第一次超越本民族语言的范围，去关注其他民族的语言，把语言研究带入更为广阔的领域，语言研究从此转变为以探索语言之间的联系和发展规律为宗旨的独立科学，形成了新的语言观和方法论。因此，历史比较语言学的产生，标志着语言研究进入了一个新的历史阶段——科学语言学阶段。

第二节 历史比较语言学前期代表人物施莱歇尔的理论和成就

一、施莱歇尔的生平和著作

奥古斯特·施莱歇尔于1821年2月19日生于德国迈宁根城。他早年主要从事哲学和生物学的学习，对黑格尔哲学思想和达尔文的生物进化学说有着较深的研究。但他对语言一直有着浓厚的兴趣，他本人懂得好几种欧洲语言，因此，他把语言学研究作为他的主要研究方向，他的研究对象主要是日耳曼语、斯拉夫语和立陶宛语。自1846年起，他先后在波恩、布拉格和耶拿等地的大学任教，1855年起兼任彼得堡科学院通讯院士。1868年12月6日，施莱歇尔去世，年仅47岁。他的一生十分短暂，但留下了多部非常有影响力的研究著作。主要有《语言比较研究》(1848—1850)、《德语》(1860)、《印度日耳曼语比较语法纲要》(1861)、《达尔文学说和语言学》(1863)。施莱歇尔十分重视语言理论的建设。他以黑格尔哲学思想和达尔文的生物进化论作为自己研究历史语言学的理论基础，提出了自然主义语言观，因此他被认为是历史比较语言学中自然主义学派的开山祖。

二、施莱歇尔的主要学说和观点

施莱歇尔在历史比较语言学方面的主要理论有如下几个方面的内容。

（一）自然主义的历史语言观

施来歇尔是学生物出身的，这促使他十分认真地把语言与植物、动物相比，因而提出了语言有机体理论。在自然界中，任何一个动物或植物都是一个生命有机体，施莱歇尔认为和自然界中的动植物一样，语言也是天然的有机体，其形成和发展是不以人们的意志为转移的，语言按照一定的规律成长、发展，并且也会逐渐地衰老和死亡。由于作为语言学研究对象的语言是自然有机体，因此他认为，语言学家应该是自然主义者，语言学家与语言的关系就如同植物学家与植物的关系一样，语言学的方法也与其他自然科学方法相通。因此，在为语言进行分类的时候，完全可以采用动物学和植物学中所采用的分类原则，因为无论是动物学还是植物学，在对研究对象进行分类的时候，一般依据的都是对象的形态学特征，而语言的分类也是从形态特征出发的。自然科学中的"属—种—亚种—变种—个体"的分类体系,在语言学中就表现为"语系—语系内各不同语言—方言、土语—次方言、小方言—个人语言"。他把达尔文主义引进语言学,认为达尔文用来解释动植物起源的进化论完全适用于语言学,语言的变化和发展同样可以用生存竞争观点来解释。

在施莱歇尔看来,作为有机体,语言的生命和其他有机生命并没有什么本质上的区别。一切有生命的机体都有成长的时期和衰老的时期。在成长时期,机体的结构由简单的形式变成更复杂的形式;在衰老时期,机体的生命由它所达到的最高点逐渐衰退,机体的形式也会逐渐受到损害。语言的生命当然也不例外。他认为,语言发展的上升阶段是在人类的史前时期,从有史时期开始,语言的历史就是一部衰落史。那么,语言发展的最高点在哪儿呢?就印欧语来说,他把他所构拟的印欧"母语"看作最高阶段。按他的想法,进入有史时期后,这一"母语"就连续不断地分化,它的形式结构逐渐解体,也就是说开始不断退化。因此,他把注意力集中于研究"母语"阶段,力图恢复印欧"母语"的原始状况,然后再分析随后的衰退变化。这就是由葆朴等人提出、施莱歇尔给以充分论证并加以完善的,在早期的历史比较语言学理论体系中占有非常重要地位的语言生命的"两个时期"的假说。

施莱歇尔以"语言有机体"理论为依据,根据达尔文生命进化论的观点,认为语言也是从低级向高级自然发展的,由此形成了一种语言进化类型学观点,即语言的发展是由一个低级的类型向更高级的类型发展的。施莱歇尔认为,世界上的语言有着共同发展的道路,各种语言都是循着共同的轨迹,依照一定的阶段发展的。他认为语言的发展经历了三个阶段。语言在每个阶段都表现为一种类型。他主张把所有的语言分为孤立语、黏着语和屈折语三类,认为一切语言的形式和起源都是相同的。就像生物是由简单的生命细胞,经过各个发展阶段,然后产生了各类物种一样,一切比较复杂的语言形式都来源于比较简单的语言形式,语言的黏着形式产生于孤立形式,而屈折形式又产生于黏着形式。在施莱歇尔看来,原始的印欧"母语"的词根就好比是具有更复杂的发展和变异潜力的生命细胞。所有的语言都发端于词根语,然后通过辅助词的黏着,最后发展到高级阶段,即印欧语开始衰落时那样的屈折结构形式。因此,施莱歇尔所划分出来的语言的三个类型(孤立语、黏着语和屈折语)实际上是语言结构类型发展的三个连续阶梯,后一个语言类型要优于前一个语言类型,孤立语(如汉语)是最低级的语言形式,屈折语是高级的语言形式。施莱歇尔的这种观点被称为"语言发展阶段论",对早期的历史比较语言学产生了很大的影响。

(二)语言谱系树理论

施莱歇尔对历史比较语言学的最大贡献是建立了语言的亲属关系学说,并根据这一学说描绘了反映各种语言之间亲属关系的语言谱系树。施莱歇尔认为,语言的发展和生物的进化过程是一样的,因此他运用生物学的分类方法来研究语言的历史亲属关系。他根据语言所具有的共同特征(如词汇的对应关系、语音变化情况)把当时人们认识的现存语言分成语系、语族、语支,并给每个语系、语族都找出一个"母亲",然后再追溯其始源语,如,拉丁语是日耳曼语的母亲,其始源语是原始印欧语。在描述印欧语系时,施莱歇尔把整个印欧语系比作一棵树,描绘了一幅语言谱系树形图,如图 2-1 所示。①

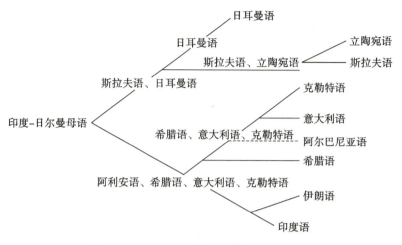

图 2-1　语言谱系树形图

从图 2-1 中的谱系树可以看出,施莱歇尔把语言的发展过程看作不断分化的过程,现代印欧语系的诸语言都是从由他假定的"印度-日耳曼母语"(即"原始印欧母语")通过不断一分为二地分化演变的结果。

施莱歇尔的谱系树理论第一次用简洁明了的方法展示出一个语系所包括的各种语言之间的关系,使各亲属语言的演变和发展的历史关系一目了然,因此他的语言谱系树形图被认为解决了从发生学的角度对语言进行分类的重大难题,是历史语言学研究史上的重要成果。谱系树理论作为一种解释语言关系的方法是有用的,它对谱系分类的研究确实也起过一定的推动作用。不过,由于施莱歇尔认为,语言在分化前,内部是完全统一的,而一旦分化,则完全分裂为两种语言,并且这两种语言也没有任何联系。这实际上是一种语言发展"突变论"的观点,与语言变化的实际情况并不相符。所以就有人对他的谱系树理论提出了质疑和批评。比较有代表性的批评意见是他的学生施密特(J. Schmidt)在 1872 年发表的《印欧语言的亲属关系》一文中提出的。在该文中,施密特认为,在施莱歇尔所说的"母语"时期,实际上已经存在各种方言,因此认为语言的分化起源于统一的母语的观点不能成立;同时,就现存的语言来看,每种印欧语都与另外两种印欧语有密切的关系,如波罗的海语与斯拉夫语和日耳曼语之间,日耳曼语与波罗的海语和哥特语之间,都存在着逐渐过渡的现象,因此施莱歇尔的语言连续分化的理论和语言事实是不相符的。所以施密特提出"波浪说",来修正他老师的谱系树理论。施密特把语言形式的扩展看作从某一中心开始的"波浪",即语言的影响始于一个特定的地理和社会的空间,其影响像波浪一样从发源地向四周移动,形成许多同心圆,不断向外传播,离发源地较近的社会阶层和地区受到的影响比较大,离发源地较远的社会阶层和地区受到的影响比较小。施密特的这篇论文,揭示了印欧语系各语言之间的各种复杂关系,在一定程度上纠正了施莱歇尔的谱系树理

---

① 冯志伟.现代语言学流派[M].西安:陕西人民出版社,1999:10.

论所带有的幼稚和简单化的毛病,使人们在对待语言发展的问题上,抛开先验主义做法,重新回到语言事实上来,有着十分积极的作用。

(三) 语言构拟的方法

施莱歇尔在历史比较语言学方面的另一项重要成就是对 19 世纪初以来印欧语言学的研究成果做了系统的总结,并且在总结前人成果的基础上,创造了通过比较的方式构拟原始印欧语的方法,推进了语言的历史比较工作。

早期的历史比较语言学的一个重要目标就是构拟"原始母语",即通过对现存的活语言成分进行比较,推断出其共同母语的原始形式。施莱歇尔在《印欧语比较语法纲要》里首创了采用加星号(*)标明构拟形式的方法。具体做法是,先列出现存的已确定有亲属关系的语言的相关的词的形式,然后通过确定对应关系,确立母语的对应形式,并在构拟的形式的左上角加星号,表示这是推断的而非事实的形式。施莱歇尔相信用这套方法有可能推导出语言的原始形式。表 2-2 中是重建出来的原始印欧语中的"一、二……十"的词形与几种语言的词形比较。[①]

表 2-2 原始印欧语中的"一、二……十"的词形与梵语、希腊语和拉丁语的词形比较

原始印欧语	梵语	希腊语	拉丁语
oykos	ékas	heîs	ūnus
dwō(w)	dvaú	dúō	duó
treyes	tráyas	treîs	trēs
k^{w}etwōres	catvāras	téttares	quattuor
penk^{w}e	páñca	pénte	quinque
seks	ṣát	héx	sex
septm̥	saptá	heptá	septem
oktō(w)	aṣṭaú	oktô	octō
newm̥	náva	ennéa	novem
dekm̥	dáśa	déka	decem

施莱歇尔用这种方法构拟了印欧"母语"的元音、辅音、词根、词语结构、名词变格、动词变位等。从方法论的角度看,构拟方法确实是一种简明有用的方法,因为构拟"原始母语"的过程不仅是全面深入比较各种语言的历史状态的过程,而且也是解释各种语言不同之处的过程,它促使研究者注意语音演变的细节,并把研究结果归纳到构拟的形式中去。同时,有了构拟的形式,也便于人们说明语言历史演变的情况。正因为如此,构拟方法很快成了历史比较研究中不可缺少的方法,被后来的历史比较语言学家广泛采用。

[①] 刘润清.西方语言学流派[M].北京:外语教学与研究出版社,1995:62.

第三节 青年语法学派

一、青年语法学派概说

青年语法学派又叫作"新语法学派",这个名称来自"Junggrammatiker",原来是人们给莱比锡大学里一批跟古尔替乌斯(Georg Curtius)的观点有分歧的学生所用的绰号。古尔替乌斯是德国莱比锡大学的希腊语和拉丁语教授,在当时的德国,他是历史比较语言学的权威,因此,把那些和他观点不同的学生称为青年语法学派(有"尚未入门的青年人"的含义),本来就具有嘲弄的意味。但以勃鲁格曼和奥斯脱霍夫为代表的一群年轻人却愉快地接受了这个称呼,并把它作为自己组成的学派的名称。1876 年,勃鲁格曼首次用"Junggrammatiker"来称呼自己以及莱比锡大学里与自己志趣相投的一批青年学者,于是就形成了以他们为中心的学术团体,因此,青年语法学派也被称为"莱比锡语言学派"。该学派对 19 世纪后期的历史比较语言学产生了重大影响。

1878 年,《形态学研究》的创刊号上发表了由勃鲁格曼、奥斯脱霍夫联合署名的序言,这是一篇被认为是青年语法学派纲领的文章。在这篇序言里,作者对老一辈语言学家的观点进行了激烈的抨击,全面阐述了青年语法学派的观点和行动纲领。

他们认为,长期以来,人们只注意研究语言,而对说这种语言的人则漠不关心,这种做法是不正确的,因为人类言语机制包含着心理和物理两个方面,尽管人们对言语活动的物理方面的研究已经取得了一定的成就,但如果忽视了言语机制的心理方面,人们就无法真正弄清影响言语机制的内在因素。由于人们对言语机制缺乏认真的研究,就给语言的比较研究造成了障碍。因此,青年语法学派所要解决的首要问题是关注人和人的心理在言语机制中的作用。

他们指出,以往的比较语言学还有一个更为根本的毛病,那就是始终把重建印欧语母语作为语言研究的中心和主要目的,而把语言发展的晚近时期视作语言的衰败、毁坏和老化的时代,将其排除在语言研究之外。这就导致了人们把研究的方向总是集中在原始语言这一点上。这是极其错误的做法。语言并非一个有生长、衰老和死亡过程的独立机体,施莱歇尔所信奉的"语言有机体"理论,以及与此密切相关的关于语言发展的"两个时期"的假说等纯属无稽之谈。因此,他们提出应该把视线由远古的语言转向现代的语言,转到现代日耳曼语、罗曼语、斯拉夫语的领域里来,尤其应该注意研究活的民间语言和方言,因为活的语言更易于人们直接观察,更适合于比较方法的应用。只有这样,研究语言的最近的发展状态和活的方言,同时具体观察言语活动的心理的和物理的机制,人们才有可能得到直接的可靠的信息,获得语言生命的真实形象。

在序言中,他们旗帜鲜明地提出要革新比较语言学的研究方法。他们认为,历史语言学必须是解释性的,而解释必须以语言事实为依据,必须精确地观察历史发展中的语言事实,分析语言现象时,不能超过已证实的材料的范围,对史前时期的无文字记载的语言状况提出任何假设都是不可取的。因此,施莱歇尔等人的先验主义做法是靠不住的。语言研究一方面要描写语言变化,另一方面要找出语言变化的原因。语言变化的第一类原因是发音方法,即生理方面的原因。由于受生理机制的影响,当一种语言发生某种变化时,没有一个词能够逃脱这种变化。也就是说,语音变化没有例外。语言变化的第二类原因是心理方面的原因。从心理的角度看,说话者常常把发音或意义上相仿的词和句子归为一类,常以类推原则创造新词和句子。这就是类推倾向。因此他们确立了"语音规律无例外"和"类推作用有普遍性"两个原则,并且认为这是历史比较语言学的两个最重要的方法论原则。因为语音规律是历史比较语言学作为一门科学的主要基础,只有密切注意语音规律,语言学家们在进行自己的研究时,才会有稳固的立脚点;而类推方法则是一种能广泛观察心理因素的方式,不仅适用于分析现代语言,而且适用于古代直至最古代语言形式的分析。

可以看出,青年语法学派与以往的比较语言学家的根本分歧是语言本质观和语言发展过程观的不同。在青年语法学派看来,语言不是有机物,没有成长、发展和衰亡的过程。语言存在于组成语言社团的说话者之中,语言的变化是说话者的讲话习惯的变化所引起的。因此从书面材料探溯语言的源流、重建"原始母语"的做法是徒耗精力。他们坚持材料第一、理论第二的主张,反对先入为主的、猜测性的理论,重视数据和调查材料,尤其重视对活语言和方言进行调查的材料。这种重事实、轻理论主张的后果就是他们拒绝接受以往的研究成果,因而放弃了前辈语言学家们合理的研究成果和理论精华。因此,他们在批判前辈的理论之后,并未能提出一种可以替代它们的正确理论,尽管他们提出了言语机制的两面性,希望根据生理和心理原则,对语言发展做出圆满的解释。这种理论实际上是非常片面的,过分强调生理和心理的作用,也必然对寻找语言变化的真实原因和规律造成新的障碍,妨碍历史比较语言学自身的进一步发展。

二、勃鲁格曼在历史比较语言学上的贡献

卡尔·勃鲁格曼于1849年3月生于德国威斯巴登。1867年,他进入哈勒大学,1868年转入了莱比锡大学,师从著名的历史比较语言学家格奥尔格·古尔替乌斯,研究比较语言学。1872年春,他在波恩通过了语文学国家考试。之后,他先后在威斯巴登和莱比锡的高级文科中学任教。1877年,勃鲁格曼放弃了在中学的职位,到莱比锡大学就梵语和比较语言学问题撰写论文,取得在大学授课的资格。1882年,他任莱比锡大学的副教授,1884年应聘至弗赖堡大学任正教授。1887年,他又回到了莱比锡,成了该校新设立的印度日耳曼语言学专业的教授,此后就一直在莱比锡从事科研和教学工作,长达32年。在此期间,他广泛交友,结交了来自各国的研究语言学的学者,使莱比锡成了当时印度日耳曼语的研究中心。1912年,印度日耳曼语学会成立,勃鲁格曼当选为首任主席。1919年6月,勃鲁格曼在莱比锡去世,享年70岁。

勃鲁格曼一生著述甚丰,代表性作品主要有:《印度日耳曼基础语中构成音节的鼻音》

(1876)、《关于名词性后缀-as-、-jas-和-vas-的历史》(1879)、《印度日耳曼语范围中的形态研究》(与奥斯脱霍夫合作,1887年发表第一部分)、《论语言学现状》(1885)、《希腊语语法》(1885)、《印度日耳曼语比较语法概要》(与德尔勃吕克合作,1886年出版,1916年出齐)、《印度日耳曼语中"全体"概念的表示方式》(1894)、《关于所谓的复合词的实质》(1900)、《简明印度日耳曼语比较语法》(1902—1904)、《印度日耳曼语的指示代词》(1904)、《印度日耳曼语的分配数词和集合数词》(1907)、《论印度日耳曼语中表示"今天"、"昨天"和"明天"的词》(1916/1917)、《形式主语"es"在日耳曼语和罗曼语中的起源》(1917)、《印度日耳曼语中按照精神基本功能的标准来区分句子的形态》(1918)等。另外,自1892年始,他还与威廉·斯特莱特勃格(W. Streitburg)共同主编《印度日耳曼语研究》,该杂志在勃鲁格曼生前共出了38卷,成了青年语法学派的主要学术阵地。

　　勃鲁格曼是古尔替乌斯的学生,他在莱比锡大学念书的时候,就深得古尔替乌斯的赏识。当时,古尔替乌斯正在主编《希腊语和拉丁语语法研究》这本刊物,在出了8卷后,他邀请勃鲁格曼跟他合编。在第9卷即将付印的时候,古尔替乌斯刚好有事外出,就把编辑的责任交给了勃鲁格曼。勃鲁格曼就在里面登了他的一篇论文《印度日耳曼基础语中构成音节的鼻音》。在这篇文章中,勃鲁格曼把构成音节的鼻音也归入印度日耳曼基础语,通过这一假设解开了印度日耳曼语元音系统和印度日耳曼语词干构成中的一系列的谜题。文中提出:印度日耳曼语的流音(如r和l)、鼻音(m和n)在非重读时可以构成音节。这种观点不为传统历史比较语言学家所接受。古尔替乌斯回来后看见了这篇论文,他很不满意,但是因为稿件已经排好,没有抽下来,但古尔替乌斯在卷末加了一个声明,声称他因事不在莱比锡,对这篇论文来不及提出意见,其中结论应由作者自己负责。勃鲁格曼看了这个声明很不高兴,以后再不肯为这个刊物撰写文章,他和朋友奥斯脱霍夫等出了一个刊物——《形态学研究》,正式和古尔替乌斯分道扬镳,组成了青年语法学派。

　　勃鲁格曼的主要成就在语音方面。他在《印度日耳曼基础语中构成音节的鼻音》这篇论文中,发现鼻音和流音也可以作为共鸣音,即半元音,因此他认为古印欧语中存在两个可以成为音节的、做领音的鼻音n和m。许多现代印欧系语言中表示否定的前缀,如梵语的a-、希腊语的a-、拉丁语的in-、峨特语的un-等,都是由n变来的;希腊语中的déka(十)、拉丁语的decem,峨特语的taihun,以及英语的ten,在古印欧语中应为 * dekm。此外,古印欧语中还有两个不能自成音节的、做领音的流音r和l,这两个音在英语和一些斯拉夫族语言里还保存着,但在其他语言里一般已经在它们的前面加上了一个元音,例如梵语的rkša-s(熊)=希腊语的árktos=拉丁语的ursus,梵语的Vrka-s(狼)=峨特语的wulf-s=捷克语的vlk,等等。

　　关于在语言发展变化中的元音演变,施莱歇尔曾经提出过假设,认为原始印欧语中只有三个基本元音,即a、i、u,随后经历了两次增长,第一次增长为ā、ai、au;第二次增长为ä、āi、āu。勃鲁格曼则认为这个假设是错误的,他从分析希腊语和日耳曼族语言动词的元音交替情况入手,认为其中的ai、au至少应该可以分为ei、oi和eu、ou,因为希腊语中保存了这几个古老的复合元音,而日耳曼族语言已经产生了一定的有规律的变化。从下面的比较中,我们可以看出其中的规律性,如表 2-3 所示。①

表 2-3　希腊语和峨特语中的复合元音

语言	复合元音					
	ei	oi	i	eu	ou	u
希腊语	peithomai（我服从）	pépoitha（我相信）	e-pépithmen（我们曾相信）	peúthomai（我问）	—	e-puthómen（我们曾问）
峨特语	beidan（等候）	baid（我从前等候）	bidum（我们从前等候）	biudan（命令）	baud（我从前命令）	budum（我们从前命令）

e、o 这两个音不仅可以跟 i、u 搭配,还可以和 n、r、l、t 搭配,如表 2-4、表 2-5、表 2-6、表 2-7 所示。

表 2-4　e、o 和 n、r、l、t 的搭配(1)

语言	不同的搭配		
	en	on	n
希腊语	teinō(＜*tenjo)（我伸出）	tónos（自能伸出的）	tatós(＜*tntos)（能伸出的）
古冰岛语	finna（我找到）	fann（我从前找到）	fundum（我们从前找到）

表 2-5　e、o 和 n、r、l、t 的搭配(2)

语言	不同的搭配		
	er	or	r
希腊语	derkomai（我看）	dèdorka（我已看）	é-drakon（我从前看）
古高德语	werdan（变成）	ward（我从前变成）	wurtum（我们从前变成）
梵语	vártē（我转到）	varárta（我已转动）	vavrtmá（我们已转动）

表 2-6　e、o 和 n、r、l、t 的搭配(3)

语言	不同的搭配		
	el	ol	l
峨特语	hillan（帮助）	halp（我从前帮助）	hulpum（我们从前帮助）

---

① 岑麒祥.语言学史概要[M].北京:北京大学出版社,1988:149.

续表

语言	不同的搭配		
	el	ol	l
古高德语	helpan （帮助）	halp （我从前帮助）	hulfum （我们从前帮助）
古英语	helpan （帮助）	healp （我从前帮助）	hulpon （我们从前帮助）

表 2-7　e、o 和 n、r、l、t 的搭配（4）

语言	不同的搭配		
	et	ot	t
希腊语	pétomai （我飞）	pepótēmai （我已飞）	é-ptómēn （我从前已飞）

通过比较，人们可以推断原始印欧语至少有五个元音：a、i、u、e、o。

另外，勃鲁格曼还运用类推作用的理论，考察了梵语和希腊语中的一些语音现象，认为梵语中的一些语音也不是最古的形式，如梵语中的 bhárā-mi（我带）、ŕ-mi（我去）、dádā-mi（我给），以及希腊语中的 phēr-ō（我带）、ei-mi（我去）、dido-mi（我给）。

以往人们认为梵语中的表示第一人称单数的动词词尾 -mi 是最古的形式，希腊语中没有 phērō 这个词尾，它是后来出现的，但勃鲁格曼在考察印欧语系的其他语言时发现，拉丁语有 fer-o 形式，峨特语有 bair-a 形式，而古爱尔兰语存在 ber-u 形式，因此他断定梵语的 bhárā-mi 实际上可能是由 ŕ-mi、dádā-mi 等形式类推出来的，因此，希腊语 phērō 中的 -ō 倒可能是一个最古的形式。这就说明，梵语中的一些语音现象，甚至在其他方面并不像以往人们所认为的那样，它们是印欧语的最古老的形式。

三、青年语法学派的贡献和缺点

（一）青年语法学派的贡献

青年语法学派的贡献主要表现为以下三点。

其一，对语言的本质和语言的发展有了较为科学的认识。青年语法学派彻底批判了老一辈历史比较语言学家的"语言有机体"理论和语言生命的"两个时期"的假说，认为不能用生物学的观点对语言进行简单的比附，语言不是有机物，语言的变化不是成长、发展和衰亡的过程，而是由说话者的讲话习惯的变化引起的。因此他们抛弃了从书面材料探溯语言的源流、重建"原始母语"的做法，把研究的重点转向了对活语言和方言的研究。他们论证了语音规律和类推作用这两个具有方法论意义的研究原则，使人们对语言变化的研究进入了科学的阶段。

其二，对历史比较法重新进行了定位。老一辈的历史比较语法学家认为人类语言来自一个原始母语，这个原始母语是最完美的规范的语言，因此语言研究就是通过历史比较的方法来构拟原始母语。但是，青年语法学派从历史主义的原则出发，认为在原始印欧语时期就必然存在着方言的区别，而现存的保存着印欧语原始特征的那些语言材料则有着年代上的不同层次。因此，他们对构拟原始母语的真实形式不抱任何奢望。这样，在青年语法学派那里，比较法和构拟只不过是研究手段，他们通过这些手段来确立亲属语言形式之间的对应关系，这和前辈学者为比较而比较，或把比较当成目的的研究有着根本的不同。

其三，改变了历史比较语言学的研究方向，使之走上了健康的轨道。19世纪早期的历史比较语言学家们对抽象的假设十分迷信，提出了许多先入为主的、猜测性的理论，忽视对语言历史事实的分析，追求对原始语言的完美形式的探讨，因此许多研究结论都是一些毫无根据的主观臆测，经不起语言事实的验证和推敲。青年语法学派则坚持材料第一、理论第二的原则，重视数据和调查材料语言，重视探究语言变化的原因。他们强调研究语言现状，研究日耳曼语、罗曼语、斯拉夫语具体语言的实际变化过程，在这些方面，他们获得了较大的成功。

（二）青年语法学派的缺点

青年语法学派的缺点主要有以下三点。

一是个人生理-心理主义的语言观。青年语法学派认为语言是个人的生理、心理现象，语言的变化是由生理和心理两个方面的原因造成的。他们甚至提出只有个人的语言才是真正的存在，有多少个人，就有多少种语言，语言的一切变化都是在个人的言语活动中完成的。他们完全不了解语言的社会性质，忽视社会对语言的制约和影响。这必然导致他们对语言看法上的片面性，因而不可能对语言的本质、发展规律等基本问题形成正确的认识。

二是研究方法的机械性。青年语法学派以经验主义的态度来对待语言研究，他们迷信自己提出的语音规律和类推作用这两个研究原则，相信类推的万能作用。在具体的操作过程中，他们总是机械地把语言分解为物理的、生理的、心理的几个方面，从一个个孤立的、不相关联的局部去探究语言的变化，看不到语言的统一性和完整性，因此无法探寻语言发展的真正原因和内部规律。

三是重事实、轻理论。青年语法学派过分强调生理和心理的作用，希望在语言事实中得到印证，因而他们十分重视对语言事实的调查和分析。当然，这种做法本身并没有什么错误，但是他们却因此轻视理论的概括，他们不仅不对自己的研究进行理论上的总结，反而还把以往的学者得出的概括性的理论成果看作无用的思辨，拒绝接受前辈语言学家们合理的研究成果和理论精华。因此，尽管他们对前辈的理论提出了猛烈的批评，但并没有能够提出可以替代它们的自己的理论。虽然他们也提出语音规律和类推作用这些研究原则，也对语言发展的原因问题进行过一些理论思考，但由于缺少系统化的理论论证，他们不可能完全正确地理解语音规律和类推作用的实质，从而妨碍了自身的进一步发展。

第四节 社会心理学派的历史比较语言学研究

一、社会心理学派概说

社会心理学派是以青年时期的索绪尔为首,与他的一群学生一起组成的语言学派。1876年,年轻的索绪尔从日内瓦来到莱比锡大学,跟随古尔替乌斯学习历史比较语言学。当时,勃鲁格曼和他的老师古尔替乌斯不和,随后勃鲁格曼自立门户,成立了青年语法学派。索绪尔与青年语法学派的主要成员都是好朋友,经常和他们聚集在一起讨论问题。那时候,索绪尔的研究兴趣也集中在历史比较语言学方面。1878年,他发表了论文《论印欧系语言元音的原始系统》,在这篇论文中,索绪尔用系统观念分析印欧语言的古代语音成分,巧妙地解释了印欧语系中被当时的人们一致认为很难解决的 a:ē:ō 和 a:ā:ō 几个元音交替这个历史比较语音学研究中的一个难题。这篇文章实际上成为索绪尔学派在历史比较语言学研究方面的开山之作。1880年,他以《论梵语绝对属格的用法》一文获得莱比锡大学博士学位,这篇论文是索绪尔在历史比较语言学方面研究的代表作。此后,索绪尔先后在巴黎和日内瓦任教,培养了一批杰出的学生,如法国的梅耶(Antoine Meillet)、格拉蒙(Maurice Grammont),瑞士的巴利(Ch. Bally)、薛施蔼(Albert Sechehaye)。这些人是以索绪尔为首的社会心理学派的主要成员。

社会心理学派反对青年语法学派的个人心理主义语言观,他们认为语言是一种社会事实,作为一种社会制度而存在。所以,语言学就是一种社会科学。语言的变异不过是社会变化的结果,这种变化有时是立刻的、直接的,但很多情况下是渐进的、间接的。唯一能够改变语言存在条件的只有社会结构的变化。语言研究就是要认识语言发展和其他社会事实间的关系,确定语言变化的原因。因此,他们强调,在语言变化中,特别是词义变化中,有关民族社会文化和社会心理因素的巨大作用,主张语言研究应该考虑社会现象和社会心理对语言的制约和影响。

我们一般认为,社会心理学派对语言学研究的主要贡献是在普通语言学方面,实际上,他们在历史比较语言学方面的成果也是非常突出的(索绪尔生前发表的两篇论文都是关于历史比较语言学方面的研究),尤其是他们把普通语言理论和方法运用到历史比较语言学的研究当中,开创了历史比较语言学的新局面。在这方面,梅耶的成就最大。

二、梅耶的理论及其贡献

梅耶是社会心理学派在历史比较研究方面的代表人物。他于1866年生于法国的木兰(Moulins),父亲是一名公证人。1877年,梅耶进入中学。法国当时的中等教育采用双执制:古典中学偏重古代语文和人文科学的教学,实用中学偏重现代语文和科学技术的学习。梅耶就读的是班维尔古典中学,学习古希腊文、拉丁文和各种人文科学。1884年,他到了巴黎,在路易古典中学继续学习了一年。以后,他分别到巴黎大学文学院和高等研究学院注册听课,1986年开始选听索绪尔的课程,同时到法兰西学院听勃雷阿尔的语义学课程;他还先后学习了梵语、伊朗语、爱尔兰语、罗曼族语言和斯拉夫族语言。1887年,他考取硕士学位。1899年,他取得国家语法教师资格,被接受为巴黎语言学会会员,并当了四年秘书,1891年,他到高加索小住,这使他对东部的印欧系语言,特别是亚尔明尼亚语,有了许多实际的、深入的认识。1897年,他取得文科博士学位;1905年,他被正式任命为法兰西学院比较语法教授;从1906年开始,他担任巴黎语言学会常任秘书和该会会报的编辑,这一年,他还被选为巴黎科学院院士和俄国彼得堡科学院院士(后为苏联科学院院士)。他还是其他许多国家科学院的成员。我国著名语言学家李方桂先生、岑麒祥先生都曾师从过梅耶。

梅耶著述甚丰,一生留下了24部专著和540多篇论文,大部分是关于历史比较语言学方面的。其中代表性的有:《印欧系语言比较研究导论》(1903)、《印欧语方言》(1908)、《希腊语史概观》(1913)、《日耳曼族语言的一般特性》(1917)、《新欧洲的语言》(1918)、《历史语言学和普通语言学》(1921)、《共同斯拉夫语》(1923)、《历史语言学中的比较方法》(1925)等。

梅耶的主要贡献是借助历史比较法,阐明了印欧共同原始语的系统及历史;坚持语言的社会性,重视社会因素对语言变化所起的作用;揭示和研究语音变化的心理机制。梅耶始终强调语言是一个可以单独研究的系统,并从每个学派的理论中汲取合理的因素加以提炼,将它们融汇一体,为语言的历史比较研究勾画出了一个清楚的轮廓,使历史比较法的原则和使用条件得到了明确的确定。

1924年,梅耶应挪威比较文化研究所的邀请,前往奥斯陆(Oslo)做学术演讲,后来将讲稿整理成《历史语言学中的比较方法》一书出版。在该书中,梅耶概述了历史比较语言学100多年来所取得的成就,并且以通俗的语言深入浅出地论述了历史比较语言学中一些行之有效的理论、方法和原则,提出了不少有创见的观点。该书是对历史语言学中的比较方法进行的一次全面的讨论,也是对历史语言学的一次科学的总结。该书简明扼要,深入浅出,所以深受读者的欢迎,被认为是关于历史比较语言学的为数不多的参考书中的一本好书,成为一部历史比较语言学的经典入门著作,比较适合初学者使用。

该书共十章:第一章是"比较法的定义";第二章是"共同语";第三章是"所用的证明";第四章是"共同时期和有史时期的语言发展";第五章是"方言";第六章是"语言地理";第七章是"混合语的概念";第八章是"语言变化的一般公式";第九章是"特殊的创新";第十章是"新的精密的研究之必要性"。从内容来看,该书大致可分为四个部分:第一部分是第一至第四章,这一部分主要讨论历史比较语言学的理论成就和局限,总结和确定历史比较法的一般方法论原则;第二部分是第五至第七章,主要讨论方言研究、语言间的相互影响以及共同语与地方语言的关系等问题;第三部分是第八、第九两章,集中分析语言变化的一般公式和共同趋向;第四部分即最后一章,阐述了历史语言研究的新方法,强调研究当前语言变化的重要性。①

这本书的主要贡献表现在以下几个方面。

第一，阐述了历史比较法的一般原则。梅耶认为，历史比较法的客观根据是语言符号的音义结合的任意性和亲属语言之间的有规律的语音对应。因此，如果以任意性为基础的语言符号之间表现出有规律的语音对应关系，那么我们就可以肯定，这种有规律的语音对应关系绝不是偶然的，而是同源成分分化的结果，我们也就可以根据语音对应去探索语言的发展规律，构拟同源语言的共同原始母语。不过，梅耶指出，构拟原始母语的意义并不在于重现原始母语的模样，而是将历史比较的成果用简单、明确的方式巩固在原始共同语的构拟之中。现代亲属语的种种差异，也可以通过构拟出来的共同语得到合理的解释。梅耶说，我们必须在所比较的语言中尽量找出这种古代语言的那些被保留下来的特征。梅耶从形态、语源、词汇三个方面来寻找原始语保存下来的特征，他认为：①形态是用来变化词、组合词以构成句子的全部规则，是语言中最稳固的方面，所以，他特别重视形态，认为对于形态不发达的语言，要想研究他们的亲属关系就很困难，如想从形态特点上找出汉语或越南语的各种土语中有亲属关系的语言就没有依据；②亲属语言的语音系统可以存在很大的差别，但如果其中存在着有规则的对应，我们就可以据此建立原始共同语，从语言的纵向发展中找出语音发展的规律，可以为亲属语言之间的横向对应关系提供音理上的阐释；③同源词的确定要有语音和语义两个方面的根据，语音上要有严格的对应，语义上如有分歧，必须找出具体的原因，还要特别小心避开偶然的借用成分，只有从形态、语音和词汇三个方面得到证明，才可以确定语言的同源关系。这样，梅耶就在这本书中为语言的历史比较研究勾画出了一个清楚的轮廓。

第二，将谱系树理论和"波浪说"一同纳入历史比较研究的框架。谱系树理论认为，语言是不断分化的，假定曾经存在一种原始共同语，经过变故，这种共同语分化为几种不同的语言，而这些语言又进一步分化，直到形成现在世界上存在的各种各样的语言。谱系树理论将复杂的语言现象简单化了，该理论的弱点是只考虑语言的分化，而没有考虑语言的统一和语言之间的相互影响。"波浪说"的提出者施密特认为，在分化以前的原始共同语内部，就存在着方言分歧，分歧方言的特点会像波浪一样向四面扩散，使不同的语言具有某些相同的特点。分化后的语言也不是在真空中发展，它们之间也会产生影响。梅耶认为，"波浪说"的某些精神有助于历史比较法的改进。如果一种语言现象在现代语言中的差异表现为一系列渐变的阶梯，那很可能是由一种统一的原始共同语在地域上分化的结果，如果某些现代语言的特征在地域上的分布呈现出断裂的、矛盾的、参差的特点，那就说明它们的原始共同语有方言的差别。日耳曼语在语言特征的分布上处于一种矛盾的地位，说明原始印欧语内部存在方言分歧。（按"百"词头辅音看，日耳曼语属于西群；而按 o 与 a 的分合看，日耳曼语又属于东群。）梅耶认为，我们可以将在"波浪说"理论影响下出现的方言地理学的一些方法用于改进历史比较法，使之成为语言历史比较研究的一种有效的工具。这就使语言学家有了一整套可以拿来直接做比较的材料，从而能使比较法更精

---

① 梅耶.历史比较语言学中的比较方法[M].岑麒祥,译.北京:世界图书出版公司,2008:22.

密、普遍和便利。但是他反对方言地理学的"每个词都有自己的历史"的口号，主张在语言系统中研究词的历史和特性，反对孤立研究。这样，梅耶不仅看到了谱系树理论和"波浪说"的各自的长处和不足，而且在二者的对立中看到了它们的内在联系，把它们一起纳入历史比较研究的统一框架之中。

第三，提出了混合语的概念，讨论了语言融合问题。梅耶指出，"普通话（或书面语）"是那些最有势力和最有教养的人的语言，只有普通话才能够适应文化的新需要，而且威信也比地方语言高，因此，对于地方土语会产生重要影响，一些地方土语会在普通话的影响下逐渐消失，而将一些残迹保留在普通话中"①。鉴于此，梅耶提出了"混合语"的概念，指出"一种普通话，从它的构成方式和里面所渗入的复杂成分来看，多少总是一种混合语"。在语言的融合中，实际上也有类似的问题。"一种普及化的语言，在它所传播到的各个区域里，多少总是一种混合语，因为我们在那里除掉普遍的规范之外，还可以找到一些本地用法，本地习惯（毫无疑问是很深刻的）影响。"另外，语言的借用也会造成语言的混合。不过，梅耶认为，语言的混合成分大多数属于词语方面的，"我们还没有遇到过任何例子，可以使我们断定某种语言的形态系统是由两种不同的语言的形态混合而成的"，"语言的形态系统无论如何都只有一个单一的传统"。②

第四，论述了历时演变的普遍现象。梅耶指出，不同的语言尽管有不同的特点，但在语言变化的方式方面却有许多共同的特点。他先从具体的语言研究中找出语言变化的这些共同的特点，并将其上升为一般规律，用来分析语言的发展。例如，对于所有语言来说，如果音节的重读与非重读的区别在音强，则非重读音节的元音趋于央化；如果区别在音长，则非重读音节的元音趋于高化。当然，梅耶并没有因为这些共性而忽视了某些语言的特殊音系结构对音变的制约，但这并不能否定音变现象之间的联系和音变的某些普遍规律，"趋势的统一性有时为特殊的情况所掩盖"③。

第五，主张加强对当前正在进行中的变化的研究。梅耶认为，"要使历史语言学得到进步，我们必须使我们的研究精密化、系统化，并且扩大范围。因为现有的理论与其说是以经过选择的材料为基础，不如说是以一些不完备的、模糊的和偶然的材料为基础"，"更为严重的是，对于各种语言的情况，差不多从来没有人做过准确的、细致的、完备的观察和描写"，因此，语言研究要向着精密化、系统化的方向发展，就必须注意"当前正在进行中的变化"。④

当然，该书也存在一些不足，主要表现在以下几个方面。

一是夸大了形态的作用。梅耶认为，"可以作为确定'共同语'和后代语间的连续性的证据的，只有那些表现形态的特殊规则"，"因此，一种形态繁杂的语言，包含着很多的特殊事实，它的亲属关系自然比较容易得到证明；反过来，一种形态简单的语言，只有一些一般的规则，如词的次序，要找出有力的证据就很不容易了……远东的那些语言，如汉语和越

---

① 梅耶.历史比较语言学中的比较方法[M].岑麒祥,译.北京:世界图书出版公司,2008:77.
② 梅耶.历史比较语言学中的比较方法[M].岑麒祥,译.北京:世界图书出版公司,2008:84.
③ 梅耶.历史比较语言学中的比较方法[M].岑麒祥,译.北京:世界图书出版公司,2008:102.
④ 梅耶.历史比较语言学中的比较方法[M].岑麒祥,译.北京:世界图书出版公司,2008:112-113.

南语,就差不多没有一点形态上的特点……想根据汉语、西藏语等后代语言构拟出一种'共同语',是要遇到一些几乎无法克服的阻力的"。① 可以看出,梅耶把狭义形态看成确定语言亲属关系的唯一依据,因而才得出这种言过其实的结论。事实上,人们完全可以从语素、音节甚至词的构成方式等方面来研究汉藏语系诸语言间的亲属关系。

二是过分强调历史比较法的作用。梅耶认为,"语言的历史是要比较语言的各种情况才能建立起来的","比较研究是语言学家用来建立语言史的唯一有效的工具","因此,一种语言只要是孤立的,就没有历史可言"。这个结论显然是十分荒唐的。意大利语言学家蓬凡特(Giuliano Bonfante)在1945年曾提出用内部准则来确定形态简单的语言的发展,即通过把一种语言的不同要素进行相互比较来判定其中哪一种语言是属于前一阶段的。这就是内部重建法(internal reconstruction method)。如汉语的"干"和"艰"在现代汉语中的声母分别是[k]和[tɕ],但在古代汉语中声母相同,都属"见"母,"干"读"古寒切","艰"读"古闲切","干"的声母由于与开口一等的"寒"韵相配,现在仍读古"见"母音[k],而"艰"的声母由于与开口二等的"山"韵相配,变成现在的[tɕ],因此,人们无须和亲属语言或方言比较,就可以断定现代汉语的[tɕ]是从古汉语中的[k]演变来的。

三是对"当前正在进行中的变化"没有进行深入的论述。虽然梅耶敏锐地提出,要推动历史语言学的发展,就必须要加强对语言的"正在进行中的变化"进行研究,但是他没有对什么是"当前正在进行中的变化"②给出解释性的说明,也没有论述对"当前正在进行中的变化"如何开展研究。从梅耶所举的例证来看,他所关注的"当前正在进行中的变化"主要是指儿童如何学习语言和共同语如何代替地方土语之类的变化,而忽视了语言系统中能够体现"正在进行中的变化"的各种形式的变异。同时,他只对变化的结果感兴趣,忽略了变化的过程,这对研究语言发展变化规律的探讨也会产生不利影响。

不过,话说回来,以上所说的不足,只是我们站在今天的立场上回望历史时所得出的结论,丝毫不影响对梅耶作为杰出的语言学家在那个时代对语言学发展所做出的贡献和他本人在语言学发展史上的地位的评价。

 思考与练习

一、名词解释

历史比较语言学　谱系树理论　青年语法学派　社会心理学派

二、填空题

1. 1816年,德国语言学家葆朴发表了(　　),标志着历史比较语言学的诞生。
2. 历史比较语言学的三大奠基人是(　　)、(　　)、(　　)。
3. 1861—1862年,德国语言学家施莱歇尔出版了(　　),这是历史比较语言学前期最重要的理论著作。

---

① 梅耶.历史比较语言学中的比较方法[M].岑麒祥,译.北京:世界图书出版公司,2008:27.
② 梅耶.历史比较语言学中的比较方法[M].岑麒祥,译.北京:世界图书出版公司,2008:112-113.

4. 早期历史比较语言学的一个重要目标就是构拟(　　),推断共同母语的原始形式。

5. 在语音方面,勃鲁格曼发现鼻音和流音可以作为共鸣音,即(　　)。

6. 青年语法学派论证了(　　)和(　　)这两个具有方法论意义的研究原则,使人们对语言变化的研究进入了科学的阶段。

7. (　　)是社会心理学派在历史比较研究方面的代表人物。

三、简答题

1. 简述葆朴对于历史比较语言学研究的理论贡献。
2. 简述施莱歇尔语言生命的"两个时期"假说。
3. 简述新语法学派的主要学术观点及其理论贡献。
4. 简述梅耶的主要学术观点。

四、论述题

1. 试述历史比较语言学产生的背景。
2. 试述威廉·琼斯《三周年演说》的内容及其意义。
3. 什么是自然主义语言观?试述其对施莱歇尔历史比较研究的影响。
4. 试述历史比较语言学前期和中期的成就及其缺点。

第三章
结构主义主导期

第一节 概述

一、发展概况

尽管经过19世纪的努力,历史比较语言学取得了前所未有的辉煌成就,确立了语言学作为一门独立的科学的学科地位,但随着语言学研究的深入和发展,历史比较语言学在理论和方法上存在的问题暴露得越来越明显。主要表现在如下几个方面。

首先,历史比较语言学只关注语言的历时演变和发展,而对语言的共时存在状况研究不够。这就必然导致研究面的狭窄和视野的单一,研究者很难真正认清语言的性质和特点,难以弄清语言的结构规律,也难以对语言的发展变化做出科学合理的解释。

其次,历史比较语言学过于依赖具体的语言材料,重视书面的或调查得来的语料的局部对比,而忽视语言材料之间的系统关联,对具体的语言材料在语言系统中的地位和作用不感兴趣,所以不利于对语言形成系统而清楚的认识。

最后,历史比较语言学只满足于在局部语料的基础上进行演绎性研究,不重视对具体语言的全面系统的调查和归纳,这就很难保证其通过推理所得出的结论的可靠性。

历史比较语言学的这些缺点和不足受到了索绪尔的猛烈抨击。在教学活动中,索绪尔开始讲授与历史比较语言学截然不同的全新的语言学理论。1916年,在索绪尔逝世3周年时,当年在索绪尔的讲堂上听课的几名学生将他的讲课内容整理出版,这就是具有划时代意义的不朽著作《普通语言学教程》。在《普通语言学教程》中,索绪尔提出了和以往完全不同的语言观、语言研究观和语言研究方法论。他把语言分成历时和共时两个层面,指出共时的研究尤其值得重视;他把语言和言语分开,认为语言学的研究对象应该是语言而不是言语;尤其重要的是,他揭示了语言的符号性质,认为语言是一个有价值的符号系统,明确提出语言研究主要是研究语言的结构和关系。这部著作彻底改变了人们关于语言和语言研究的观念,打破了100多年来历史比较语言学一统天下的局面和自鸣得意的状态,开辟了语言学研究的新时代——结构主义时代,对后来的语言学研究产生了深远的影响。因此,《普通语言学教程》就成为结构主义语言学的奠基之作,索绪尔本人不仅被誉为结构主义的开山鼻祖,也被誉为现代语言学的奠基人。

不过,《普通语言学教程》刚刚出版时,并没有立即产生强烈的影响。结构主义语言学的高速发展是从1929年才开始的。1926年,特鲁别茨柯依(Н. С. Трубецкой)、马德修斯(V. Mathesius)、雅各布逊(R. Jakobson)等在布拉格成立了布拉格语言学会(Cercle

Linguistique de Prague),从事音位学、文学语言和语言修养等方面的研究。1929 年,他们出版了《布拉格语言学会会刊》,并在第 1 期发表了宣布布拉格学派纲领的《纲目》和特鲁别茨柯依的论文《论音位学上元音系统的一般理论》,强调要把语言看作一种功能体系,重视共时研究,并把音位研究作为他们研究的重点内容,奠定了布拉格结构主义理论的基础。布拉格学派成了第一个将索绪尔的理论运用到研究实践中去的结构主义语言学流派。

1931 年,丹麦语言学家叶尔姆斯列夫(Luois Hjelmslev)、布龙达尔(Viggo Brøndal)等人在首都哥本哈根成立了语言学学会,并于 1939 年出版《语言学学报》,作为结构语言学的国际评论阵地,在第 1 卷第 1 分册里发表了布龙达尔的《结构语言学》一文。这篇论文就是哥本哈根学派的行动纲领。该学派继承了索绪尔的关于语言是符号系统的学说,在理论上加以完善和进一步发展,主张从形式的角度研究语言的结构,形成了和布拉格学派风格不同的结构主义语言学派——语符学派。

1933 年,美国语言学家布龙菲尔德(L. Bloomfield)出版了他的著作《语言论》,开创了美国的结构主义语言学派,他本人也就成了美国结构主义语言学的奠基人。在《语言论》中,布龙菲尔德运用索绪尔的语言学论理,对美国本土自鲍阿斯(Franz Boas)、萨丕尔以来的语言学理论加以改造和发展。鲍阿斯、萨丕尔等人曾长期从事美洲印第安人语言的调查研究工作,在研究实践中建立和发展了一系列行之有效的对陌生语言进行描写分析的方法,其后他们还采用这种方法去研究英语和其他印欧系语言以及土耳其语、闪族语等语言,积累了丰富的成果和经验。布龙菲尔德成功地将这些研究方法和结构主义理论结合起来,从而创立了美国的描写语言学派。

在传统理论中,人们把以上三个语言学流派称为结构主义的三大流派。事实上,在索绪尔之后,受结构主义理论影响从事语言研究并自创一说的并不止这三派。1948 年,英国语言学家弗斯(J. R. Firh)在伦敦语文学会上宣读了他的一篇论文《语音和韵律成分》,提出了韵律分析法,创立了韵律音位学理论,并使一个学术派别——伦敦学派——在其周围形成。弗斯的理论主要是建立在索绪尔的系统和结构学说,以及马林诺夫斯基(B. Malinowski)的语言是社会过程的学说基础上的,注重从社会的角度观察语言,强调语言环境对语言和语言结构分析的意义。这一学派的理论当时没有引起人们的重视,直到 20 世纪六七十年代,弗斯的学生韩礼德(M. A. K. Halliday)创立的系统功能语言学产生了较大的影响,人们在追溯学术来源时,才发现了弗斯学说的价值。这也许是伦敦学派当时没有被纳入结构主义学说派别的原因。

另一个没有被纳入传统的结构主义流派之列的是法国与结构主义有关的语言学。其代表人物为马丁内(André Martinet)、特思尼耶尔(Lucien Tesnière)和纪尧姆(G. Guillaume),他们虽然没有形成统一的学术理论和派别,但他们在结构主义理论基础上各自提出了自己的理论和主张,尽管他们的理论声音被当时的其他结构主义学派所掩盖,但对当代的语言学都产生了较大的影响。马丁内是索绪尔的弟子梅耶的学生,也曾跟随叶尔姆斯列夫学习过,他继承了布拉格学派的基本思想和原则,建立了自己的理论体系。他提出了功能语言观,认为功能应该是语言研究的基本依据,并提出语言的经济原则是语言运转的基本原理。马丁内提出的经济原则被当代功能语言学公认为是最重要的语用原则之一。特思尼耶尔则建立了从属关系语法,他的理论是后来出现的配价语法的理论基础。纪尧姆则认为,人的心理活动中存在着一套特有的语言机制,他主张通过研究思维活动来确定语言的价值,提出了心理机械论学说。

受过结构主义影响,但又独立于结构主义之外的是丹麦语言学家叶斯柏森(Otto Jespersen),在他的最重要的语言理论著作《语法哲学》(1924)中,叶斯柏森把语言学分成两个部分:历史的语言学和描写的语言学,并坚持两者并重,主张应该重视二者之间的联系,认为历史语言学应该以描写为基础,而在描写共时结构时,应该有效地利用大量有助于更为完整、全面地阐明语法现象的历时材料。这就使得叶斯柏森的理论区别于任何一个结构主义流派而显得独树一帜。

二、结构主义总的特点

尽管结构主义各个学派的侧重点有所不同,但他们存在一些共同的特点。它们都是以索绪尔的关于语言系统的理论为基础的,都十分重视语言的结构关系,都十分重视作为相互关系的要素在语言系统中的价值。同时,几乎所有的结构主义者都看重共时的语言研究而轻视历时的语言研究,这就使得19世纪以来的历史比较语言学受到了沉重的打击。

在语言观上,结构主义坚持如下几种看法。

一是语言的符号性,即语言是音义结合的符号,语音是语言的符号形式,语义是符号的内容,二者直接的结合具有任意性和强制性(约定俗成)的特点。

二是语言符号具有系统性,即语言符号是由各要素和单位组成的系统。语言单位可以分成不同的层级,最大的单位是句子,最小的单位是音位,每个层级的单位都具有组合和聚合两大特征。正是这两大特征把语言组成了一个有机的系统。

三是人们通过学习语言而不是言语来掌握语言,即儿童在进行语言习得时,学习的不是具体的话(言语),而是通过学习具体的话中体现出来的语言规则来掌握语言。因此语言学的任务就是要通过研究具体的句子而归纳出语言的结构方式和规则。

在方法上,结构主义语言学家采用归纳法研究语言材料,他们重视具体的语料的采集、整理和分析,重视通过材料分析而得出的规则。在具体的操作过程中,他们坚持如下三个方法论原则。

(一) 同一性原则

同一性原则即当人们用一些事实解释另一些事实时,这些事实就理论的对象方面看必须是同类性质的;在这个理论的范围内,不能用它的对象以外的事实来做科学的解释。

(二) 一贯性原则

一贯性原则即当人们用某种理论概括或解释某些语言现象时,在该理论的范围内,不容许有逻辑上的矛盾。如果人们承认了理论中的某些原理是真理,那么也必须承认由这些原理引申出来的一切结论都是真理,不管有没有经验的事实来证实这些结论。这就要求人们在归纳的同时进行适当的推理:从被承认为真理的原理中引出结论,这种结论虽没有经验的事实予以证实,但在原则上应该是可能的。这种方法使人有可能排除现象的外部表现,深入到现象的实质中去。

(三) 统一性原则

所谓统一性原则,就是人们运用某种理论研究某种语言现象时,应当把所研究对象的各个部门依照统一的原则联系起来。为了联系一种科学的各个部门,人们就必须找出这些部门固有的共同规律。如在结构语音学里,因为无论在组合关系方面还是在聚合关系方面,音位系统单位和语法系统单位在作用上都存在着同类的关系,所以人们可以应用统一性原则,通过分析这些关系,发现与音位系统和语法系统有关的同类的规律。

三、结构主义语言学的历史功绩和存在的不足

结构主义语言学的诞生是人类语言学史上的一次大飞越。在此之前,无论是语文学阶段的语言研究,还是历史比较语言学的研究,都未能揭示语言的真正本质,结构主义第一次明确了语言的符号性质,第一次把语言的要素的关系和结构作为语言的研究对象,第一次对活的语言进行了大规模的描写和分析,并取得了辉煌的成就。在具体的研究中,各个不同流派由于兴趣和侧重点不同,在各自不同的领域都进行了深入研究和探讨,取得了前所未有的丰硕成果,这些理论和成果互为补充,形成了系统的研究语言结构的理论和方法,从而构成了结构主义语言学的整体理论大厦,为现代语言学的发展奠定了坚实的基础。当代语言学的许多理论和方法都发端于结构主义某个学派的思想萌芽。结构主义在共时层面对语言现象的各个方面不遗余力地进行了开拓和研究,为人们认识语言的结构规律提供了极有价值的研究成果,而这些成果又成了人们进一步研究和创新的基础。

在哲学上,结构主义继承了经验主义语言学的历史传统,重视感性材料的分析和整理,这一方面使得结构主义语言学研究建立在大量的丰富的语言材料的基础上,增强了研究成果的可信性。但结构主义对感性材料的直接描写和分析必然存在一些缺陷。首先,任何语言都存在着能产性,这就意味着人们永远无法实现对语言进行穷尽性的分析和描写,所以,结构主义的研究永远建立在不完全归纳的基础上,这就使得结构主义研究所总结出的规律或得出的结论经常会面对许多例外现象的考验。其次,结构主义过分重视语言现象和语言结构形式的分析,只注重客观地记录人们从外部观察到的语言事实,不重视对影响语言结构的内在因素或机制的探讨,因而难以探明语言结构形成的原因。最后,由于只重视归纳和描写,不重视演绎和解释,结构主义无法建立一个完善的、高度概括性的理论体系来解释各种语言规律之间的内在联系和形成的理据。结构主义在理论和方法上存在的这些不足,也是促使转换生成语言学和当代其他一些语言学流派产生的主要原因。

第二节　结构主义语言学之父索绪尔和他的《普通语言学教程》

一、索绪尔生平

费尔迪南·德·索绪尔 1857 年生于瑞士日内瓦。他的祖先是法国人,祖父、父亲都是自然科学家。1875 年,他进入日内瓦大学,遵照家庭的意愿,起初学的也是自然科学。然而索绪尔从小就对语言研究有浓厚的兴趣,14 岁时,他就撰写过一篇题为"论语言现象"的论文,因此他很想转学语言学。在他的坚持下,父母终于同意了他的要求,1 年后,他便转到德国的莱比锡大学去学习语言学,1879 年,他又转入柏林大学,1880 年,他回到莱比锡大学,考取了博士学位。1876—1880 年,索绪尔一直在德国学习,结识了青年语法学派的代表人物勃鲁格曼、奥斯脱霍夫、保罗等人,并且过从甚密,在这期间,索绪尔开始从事历史比较语言学的学习和研究工作。1878 年,在他 21 岁时,他发表了题为"论印欧系语言元音的原始系统"的长篇论文,在这篇论文中,索绪尔用系统观念分析印欧语言的古代语音成分,成功地构拟了一个在印欧语言元音的原始系统中起着重大作用的音,解决了印欧语历史比较语音学研究中的一个难题。这篇文章在当时被认为开辟了印欧语语音研究的新道路。1880 年,索绪尔完成了博士论文《论梵语绝对属格的用法》。1880 年秋季,他到巴黎大学进修,学习比较语法、伊朗语文学、拉丁语文学等课程。1881 年 10 月,索绪尔被巴黎高等研究学院任命为哥特语和古高地德语讲师,从此开始了他的教书生涯,讲授日耳曼语比较语法、拉丁语和希腊语比较语法、立陶宛语等课程。索绪尔在法国任教 10 年,取得了非常卓越的教学成果,培养了一批后来成为语言学大师的学生,如帕西(Paul Passy)、格拉蒙、梅耶等。

1891 年冬,索绪尔离开巴黎,回到了日内瓦,在母校日内瓦大学任教授,自此直至 1913 年去世,他一直在该校任教。在这 20 多年的时间里,索绪尔开设过许多课程,如梵语、希腊语与拉丁语语音学、印欧语言的动词、希腊方言与古希腊碑文、荷马史诗的词源与语法研究、法语语音学、欧洲地理语言学、英语与德语的历史语法、日耳曼历史语言学、古英语、古高地德语,等等。特别重要的,是他于 1906—1907 年、1908—1909 年、1910—1911 年,先后 3 次开设了普通语言学课程。从前面所开的各种课程来看,索绪尔在开设普通语言学之前,已经把整个印欧语系的主要语言都教遍了,这不仅使他看出了历史比较语言学的不足,也为他总结对各种具体语言事实的研究成果、提出系统的新的理论体系奠定了坚实的基础。

索绪尔在生命的最后阶段开设的这 3 门课程,汇聚了他一生钻研的成果,反映了当时语言研究的最高水平。但索绪尔一直不满意自己已经提出的理论,始终在修正和完善它们,以至于直到 1913 年去世,他也没有把他的讲稿整理成书出版。索绪尔死后,巴利(C. Bally)、薛施蔼和里德林格(A. Riedlinger)共同协作,根据学生们的课堂笔记,对他在 3 门普通语言学课程教学中所讲授的内容加以整理,编成了《普通语言学教程》一书,于 1916 年出版,至此,这部划时代的伟大著作得以问世。

二、《普通语言学教程》的主要内容

索绪尔一生著述极少,《普通语言学教程》是他留下的最重要的一部著作。尽管在 1922 年,他的学生曾把他发表过的全部论文整理成一部厚约 600 页的论文集出版,但这些论文主要是资料性质的,不能表现出他的独特的学术思想,因此人们要研究索绪尔的语言学说,必须以这部《普通语言学教程》为依据。

《普通语言学教程》由绪论和分为 5 个部分的正文组成。在绪论中,作者简单地叙述了语言学的历史,论述了语言学的材料和任务,语言学和其他相关学科的关系,语言学的对象,言语行为的内部要素和外部要素,语言与文字以及音位学等方面的问题和内容。

正文的 5 个部分简要介绍如下。

第一部分是"一般原则"。这一部分主要阐述语言符号的性质,符号的不变性和可变性,静态语言学和演化语言学及相关理论。

第二部分是"共时语言学"。这个部分又分为八个方面,除概述外,分别论述语言的具体实体,同一性、现实性和价值,语言的价值,句段关系和联想关系,语言的结构,语法及其区分,抽象实体在语法中的作用等内容。

第三部分是"历时语言学"。这个部分也分为八个方面,除概述外,分别阐述语音演变、语音演变在语法上的后果,类比作用,类比和演化,流俗词源,黏合作用,历时的单位,同一性和现实性等内容。

第四部分是"地理语言学"。这个部分分为四个方面,分别阐述语言的差异,地理差异的复杂性,地理差异的原因,语言波浪的传播等内容。

作者在第五部分回顾了语言学的问题和结论。这个部分分为五个方面,分别阐述历时语言学的两种展望,最古的语言和原始型,重建,人类学和史前史中的语言证据,语系和语言的类型等问题。

从涉及的范围来看,《普通语言学教程》的内容是非常广泛的,其中,绪论、"一般原则"和"共时语言学"这三个部分是索绪尔语言理论的核心,"历时语言学"和"地理语言学"基本延续了前人的观点,但索绪尔将它们纳入了他自己的理论框架,"地理语言学"属于外部语言学。统观全书,索绪尔的主要学术思想大致可以概括为如下几个方面的内容。

(一)关于语言和言语的论述

语言与言语的区分是索绪尔语言理论的基本出发点。语言学研究的对象,顾名思义,就是语言。但是,一方面,语言有多个侧面、多个层次、多重属性;另一方面,语言在各种具体的时间和空间里的交际行为中,都呈现出复杂的变异。这使得严肃的语言学者难以对语言研究的完整而具体的对象做出界定。

为了为语言学研究确定一个明确的对象,索绪尔在《普通语言学教程》的绪论中提出,要在人类的言语活动(langage)中区分语言(langue)和言语(parole),认为"这就是我们在建立言语活动理论时遇到的第一条分岔路。两条路不能同时走,我们必须有所选择;它们应该分开走"。① 他说道:"把语言和言语分开,我们一下子就把(1)什么是社会的,什么是个人的;(2)什么是主要的,什么是从属的和多少是偶然的分开来了。"②

这样,索绪尔就用三个概念——"言语行为""言语"和"语言"来说明在以往的人们观念中的笼统的语言现象。

索绪尔认为言语是人们所说的话的总和,其中包括:①以说话者的意志为转移的个人的组合;②实现这些组合所必需的同样是与意志有关的发音行为。所以在言语中没有任何东西是集体的;它的表现是个人的和暂时的。它既是动态的说话行为的总和,又是静态的说话结果的总和;既是个人言语行为的总和,也是社会言语行为的总和。"因此,言语活动的研究就包含着两个部分:一部分是主要的,它以实质上是社会的、不依赖于个人的语言为研究对象,这种研究纯粹是心理的,另一部分是次要的,它以言语活动的个人部分,即言语,其中包括发音,为研究对象,它是心理-物理的。"③

语言则是指一个社会共同体中每个说话者和听话者共同运用和遵守的规则。这种规则是抽象的、一般的、相对稳定的。语言作为一套规则,包括个别民族语言的规则和普遍语法的规则。索绪尔指出,语言"是言语活动事实的混杂的总体中一个十分确定的对象……它是言语活动的社会部分,个人以外的东西;个人本身不能创造语言,也不能改变语言,它只凭社会的成员间通过的一种契约而存在"④,"(语言)是某一社会集团全体成员通过言语实践而获得的一种宝库,是可能存在于每一个人的脑子里,或者说得更正确些,是存在于一群人的许多脑子里的一个语法系统,因为在任何一个人的脑子里,语言总不是完整的,它只有在群众中才是完整的"⑤。

"语言以许多储存于每个人脑子里的印迹的形式存在于集体中,有点像把同样的词典分发给每个人使用。所以,语言是每个人都具有的东西,同时对任何人又都是共同的,而且是在储存人的意志之外的,语言的这种存在方式可表以如下的公式:1+1+1+……=1(集体模型)。"⑥

这就是说:语言是全社会约定俗成的、共同使用的部分,是均质的、有规律可循的,又成系统的那一部分;而言语则是个人意志的组合,具有个人特色,因而难以有规律可循。

对语言和言语的不同作用和二者之间的相互关系,索绪尔发表了深刻的见解:"(言语和语言)这两个对象是紧密联系而且互为前提的:要使言语为人所理解,并产生它的一切效果,必须有语言;但是要使语言能够建立,也必须有言语。从历史上看,言语的事实总是在前的。如果人们不是先在言语行为中碰到观念和词语形象的联结,他怎么会进行这种

---

① 费尔迪南·德·索绪尔.普通语言学教程[M].高名凯,译.北京:商务印书馆,1980:42.
② 费尔迪南·德·索绪尔.普通语言学教程[M].高名凯,译.北京:商务印书馆,1980:35.
③ 费尔迪南·德·索绪尔.普通语言学教程[M].高名凯,译.北京:商务印书馆,1980:41.
④ 费尔迪南·德·索绪尔.普通语言学教程[M].高名凯,译.北京:商务印书馆,1980:36.
⑤ 费尔迪南·德·索绪尔.普通语言学教程[M].高名凯,译.北京:商务印书馆,1980:35.
⑥ 费尔迪南·德·索绪尔.普通语言学教程[M].高名凯,译.北京:商务印书馆,1980:41.

联结呢？另一方面，我们总是听见别人说话才学会自己的母语的；它要经过无数次的经验，才能储存在我们的脑子里。最后，促使语言演变的是言语，听别人说话所获得的印象改变着我们的语言习惯。由此可见，语言和言语是互相依存的；语言既是言语的工具，又是言语的产物。但是这一切并不妨碍它们是两种绝对不同的东西。"①

索绪尔把语言比作乐章，把言语比作演奏，把语言和言语的关系比喻为乐章和演奏的关系。他说："在这一方面，我们可以把语言比之于交响乐，它的现实性是跟演奏方法无关的，演奏交响乐的乐师可能犯的错误绝不会损害这种现实性。"②

这样，他就自然地提出了他的那个著名的公式：言语活动＝语言＋言语。索绪尔指出，语言学研究的对象是语言而不是言语，因为语言是从言语活动中抽象出来的一个实体，在抽象的过程中，必须把所有的个人要素和个人杂质全部排除出去，语言学只有纯化自己的研究对象，把对象建立在有着内在一致规律并成系统的语言的基础上，才能真正建立起一门现代意义上的科学。他特别强调："语言科学不仅可以没有言语的要素，而且正是因为没有这些要素掺杂在里面，才能够建立起来。"③

（二）关于语言的符号性的论述

索绪尔指出："语言是一种表达观念的符号系统，因此可以比之于文字、聋哑人的字母、象征仪式、礼节形式、军用信号，等等。它只是这些系统中最重要的。"④

"语言符号联结的不是事物的名称，而是概念和音响形象。后者不是物质的声音、纯粹物理的东西，而是这声音的心理印迹，我们的感觉给我们证明的声音表象。"他进一步指出："言语活动是异质的，而这样规定下来的语言却是同质的。它是一种符号系统，在这系统里，只有意义和音响形象的结合是主要的；在这系统里，符号的两个部分都是心理的。"⑤

索绪尔把概念和音响形象的结合叫作符号，把概念叫作所指（signifié），把音响形象叫作能指（signifiant）。他说："我们建议保留用符号这个词表示整体，用所指和能指分别代替概念和音响形象。后两个术语的好处是既能表明它们彼此间的对立，又能表明它们和它们所从属的整体间的对立。"⑥

由索绪尔的定义可以看出，能指和所指都是心理的东西，而由能指和所指组成的符号，本质上也只是心理的东西。它们在本质上是心理的语言符号具有的两个特点：任意性和系统性。

1. 语言符号的任意性

在索绪尔的语言学理论中，语言符号的任意性是作为第一重要的原则被讨论的。索绪尔说，"这个原则支配着整个语言的语言学，它的作用和影响是不胜枚举的"，"人们经过

---

① 费尔迪南·德·索绪尔.普通语言学教程[M].高名凯,译.北京：商务印书馆,1980:41.
② 费尔迪南·德·索绪尔.普通语言学教程[M].高名凯,译.北京：商务印书馆,1980:40.
③ 费尔迪南·德·索绪尔.普通语言学教程[M].高名凯,译.北京：商务印书馆,1980:36.
④ 费尔迪南·德·索绪尔.普通语言学教程[M].高名凯,译.北京：商务印书馆,1980:37-38.
⑤ 费尔迪南·德·索绪尔.普通语言学教程[M].高名凯,译.北京：商务印书馆,1980:36.
⑥ 费尔迪南·德·索绪尔.普通语言学教程[M].高名凯,译.北京：商务印书馆,1980:102.

许多周折才发现它们,同时也发现了这个原则是头等重要的","这条真理按等级排列处于最顶端","它的意义是无法估量的"。①

所谓语言符号的任意性,用索绪尔的话来说,就是"能指和所指的联系是任意的,或者,因为我们所说的符号是指能指和所指相联结所产生的整体,我们可以更简单地说:语言符号是任意的"。②

为了避免人们有可能对任意性产生误解,索绪尔又补充说道:"任意性这个词还要加上一个注解。它不应该使人想起能指完全取决于说话者的自由选择。我们的意思是说,它是不可论证的,即对现实中跟它没有任何自然联系的所指来说是任意的。"③这里就涉及语言符号的任意性与约定俗成性的关系。任意性和约定俗成性是无法分割的,它深刻地反映了符号的两面性:因为能指和所指的结合缺乏合理的基础,不存在一种结合比另一种更合理,所以存在一种结合被另一种结合代替的可能,任意性决定了能指、所指的联系是自由的、松懈的,因而也是可变的。但是同时,能指和所指的结合由于是任意的,必须经过约定俗成才能获取其社会意义,而约定俗成的符号又决定了个人失去了在能指和所指之间建立任意联系的自由,即能指和所指的结合成了一种不可变的事实。所以索绪尔说:"能指对它所表示的观念来说,看来是自由选择的,相反,对使用它的语言社会来说,却不是自由的,而是强制的。语言并不同社会大众商量,它所选择的能指不能用另外一个来代替。"因此,"人们对语言说:'您选择罢!'但是随即加上一句:'您必须选择这个符号,不能选择别的。'已经选定的东西,不但个人即使想改变也不能丝毫有所改变,就是大众也不能对任何一个词行使它的主权;不管语言是什么样子,大众都得同它捆绑在一起"④。

这样,任意性使符号同时具备了两种性质:不变性和可变性。但事实上语言符号基本上是不变(突然变化)的。所以索绪尔又说:"符号的任意性使我们不能不承认语言的变化在理论上是可能的;深入一步,我们却可以看到,符号的任意性本身实际上使语言避开一切旨在使它发生变化的尝试。"⑤

在索绪尔看来,语言的不可变性是由以下两点决定的:能指与所指这一组心理实体最初在社会交际的某个场合任意结合,形成了传情达意的语言符号;此后,这种任意结合而成的语言符号在交际中被语言集体认同、强化,最终固定下来,作为共同语法的一部分,对语言的使用者产生约束。能指对它最初所表达的观念来说,是自由选择的,但对使用它的语言共同体来说,却是固定的、不自由的。任意性这个术语的含义并不意味着能指的选择完全由说话者自由决定,因为社会所使用的每一种表达方式,原则上都是以集体行为或符号为基础的,即说话者必须按规定使用语言。因此,任意性可以进一步概括为能指与所指间的不可论证性,即认知范畴的能指与人的内部心理范畴的所指之间的关系并不存在天然的联系,不可推证,具有任意性。符号不可变的另一原因来自系统内部,符号系统是由

---

① 费尔迪南·德·索绪尔.普通语言学教程[M].高名凯,译.北京:商务印书馆,1980:102-105.
② 费尔迪南·德·索绪尔.普通语言学教程[M].高名凯,译.北京:商务印书馆,1980:102.
③ 费尔迪南·德·索绪尔.普通语言学教程[M].高名凯,译.北京:商务印书馆,1980:104.
④ 费尔迪南·德·索绪尔.普通语言学教程[M].高名凯,译.北京:商务印书馆,1980:107.
⑤ 费尔迪南·德·索绪尔.普通语言学教程[M].高名凯,译.北京:商务印书馆,1980:109.

差别织成的关系网络,它构成自己的独立世界。由于符号之间的相互交织关系,改变其中的一个成分势必引起一系列变化,扰乱原有的系统平衡,这样,试图使符号发生改变的任何努力除了受约定俗成之力的制约外,还会受到符号系统本身的抵制。

索绪尔有关任意性原则的论述道出了任意性原则的三个要点:第一,任意性是从语言符号的产生层面上来讲的,指最初的能指和所指结合时的情况,超出这个范围,就属于语言符号的运用层面;第二,这个任意性有特定的范围,仅指语言符号的能指和所指的关系,二者之间没有自然联系,不能超出这个范围来运用任意性原则;第三,能指和所指都是语言符号的构成要素,索绪尔指的是符号中构成要素之间的结合是任意的,而不是说符号与符号的结合是任意的。

2. 语言符号的系统性

语言符号的任意性很容易让人们产生语言符号的运用是零散的、或然的错觉,因此,索绪尔在确立了语言符号的任意性这一原则后,又进一步论述了语言符号的系统性。

所谓语言符号的系统性,指的是一旦语言符号的任意性被这个语言社团规约化之后,每个符号的能指与所指的关系就被确定下来了,不能任意改变了,他们之间构成了一个互相并列、互相依存、互相制约而自成一体的符号系统,进入系统中的符号的功能,是由系统的组成成员的各个要素之间的相互关系来决定的。在这个符号系统中,每个符号的能指与怎样的所指的结合不是随意的,而是受制于它们在整个符号系统之中的价值。语言体系就是一系列语音上的差别和一系列意义上的差别放在一起时所产生的价值体系。

索绪尔认为,成分之间的关系决定成分的价值,符号首先是关系,只有放在一定的系统中才能确定它的价值。索绪尔用下棋说明这种纯形式、纯差别的关系,"下棋的状态与语言的状态相当。棋子的各自价值是由它们在棋盘上的位置决定的,同样,在语言里,每项要素都由于同其他各项要素对立才能有它的价值","比方一枚卒子,本身是不是下棋的要素呢?当然不是。因为只凭它的纯物质性,离开了它在棋盘上的位置和其他下棋的条件,它对下棋的人来说是毫无意义的。只有当它披上自己的价值,并与这价值结为一体,才成为现实的和具体的要素。假如在下棋的时候,这个棋子被弄坏了或者丢失了,我们可不可以用另外一个等价的来代替它呢?当然可以。不但可以换上另外一枚卒子,甚至可以换上一个外形上完全不同的卒子。只要我们授以相同的价值,照样可以宣布它是同一个东西"。也就是说,他把语言比作象棋,棋子的意义或者价值存在于象棋的规则之中,"这种规则在开始下棋之前已经存在,而且,在下每一着棋之后还继续存在"。① 离开具体的象棋规则,任何棋子都毫无意义。同样,语言符号的价值不在于它本身的意义,而在于它在整个符号系统中,因为相互之间的差别而承担的区别性任务。

索绪尔指出,语言是一个纯粹的价值系统,"语言是形式而不是实体",语言的存在不依靠声音或思想的实体,而依靠两者结合的等价方式,正如任何价值的存在都不依靠实体而依靠等价的方式一样。他指出,任何价值的存在要有两个条件:①人们可以拿它来和某种分量的别的事物相交换,例如一角钱的价值不依靠铸成货币的金属的价格,而依靠它所

---

① 费尔迪南·德·索绪尔.普通语言学教程[M].高名凯,译.北京:商务印书馆,1980:128.

能换到的一盒火柴;②人们可以拿它来和系统中的其他价值单位相比较,例如一角钱等于十分之一的一块钱。语言符号正是这样,语言中的一个词可以和某一概念相交换;它可以和语言系统中其他的词相比较。首先,我们可以从其概念方面的情况来考察。作为语言符号中的所指的价值并不等于它所指明的某一意义,英语 sheep(羊)和法语 mouton(羊)可以指明同样的意义,但并不具备相等的价值,因为当人们可以用法语的 mouton 去指摆在桌上的煮熟了的羊肉的时候,人们却不能用英语的 sheep 去指明同样的东西。之所以如此,是因为语言符号中所指方面的价值要依靠它和系统中其他符号的所指方面的关系和差别。例如,法语 mouton 和英语 sheep 可以有相同的意义,但不是等价的。英语除了 sheep 之外,还有 mutton,而法语则不然。也就是说,mouton 一词在法语词汇系统中的地位与英语 sheep 一词在英语词汇系统中的地位不一样。正因为如此,不同语言中可以指明同一意义的词,在所指方面的价值不是相等的。可见,词的价值不是由标志它的客观对象的关系来确定的,而是由它和其他词的关系及其在该语言中的地位来决定的。价值就是系统的功能,价值就是语言事实在该语言系统中的意义。

(三)关于内部语言学和外部语言学的区分

语言学的研究对象是语言,由于语言有它的内部要素,也有它的外部要素,所以语言学也可以有内部语言学和外部语言学之分。

内部语言学研究语言本身的结构系统。索绪尔指出,"语言是一个系统,它只知道自己固有的秩序。把它跟国际象棋相比,将更可以使人感觉到这一点。在这里,要区别什么是外部的,什么是内部的,是比较容易的;国际象棋由波斯传到欧洲,这是外部的事实,反之,一切与系统和规则有关的都是内部的。例如,我把木头的棋子换成象牙的棋子,这种改变对于系统是无关紧要的;但是假如我减少或增加了棋子的数目,那么,这种改变就会深深地影响到棋法","在任何情况下,人们都会提出有关现象的性质问题,而要解决这个问题,我们必须遵守这条规则:一切在任何程度上改变了系统的,都是内部的"。①

外部语言学研究语言与民族、文化、地理、历史等方面的关系。外部语言学要研究的内容有以下几点。

第一,语言学和民族学的一切接触点,语言史与种族史或文化史之间的关系,一个民族的风俗习惯在语言中的反映等。

第二,语言和政治史的关系,如一个民族征服另一个民族并对它进行殖民化等重大的历史事件,对许多语言事实有无可估量的影响,高度的文明有利于某些特殊语言(如法律语言、科学术语)的发展。

第三,语言和各种制度如教会、学校等的关系。这些制度和一种语言的文学发展又有密切的联系。文学语言在任何方面都超越了文学为它制定的界限,例如沙龙、宫廷、科学院都对它产生影响。此外,还有文学语言同地方方言发生冲突的问题。语言学家还应该考察书面语和口语的相互关系,因为任何文学语言都是文化的产物,到头来都会使它的生

---

① 费尔迪南·德·索绪尔.普通语言学教程[M].高名凯,译.北京:商务印书馆,1980:46.

存范围脱离口语的范围。

最后,凡是与语言在地理上的扩展和方言分裂有关的一切,都用于外部语言学的范围。

索绪尔主张,研究语言学,首先要研究语言的系统(结构),即将语言和言语区分开来,这样有助于我们明确语言学的研究对象和任务。

(四)关于共时语言学和历时语言学的论述

索绪尔认为,语言是一个具有价值的符号系统,而任何研究价值的科学,在研究自己的对象时,都要把它们放在同时轴线和连续轴线上来研究,因此他提出了共时语言学和历时语言学的概念。他说:"我们要分出两种语言学。把它们叫作什么呢?现有的术语并不都同样适宜于表明这种区别。例如历史和历史语言学就不能采用,因为它们提示的观念过于含糊。正如政治史既包括各个时代的描写,又包括事件的叙述一样,描写语言的一个接一个的状态还不能设想为沿着时间的轴线在研究语言,要做到这一点,还应该研究使语言从一个状态过渡到另一个状态的现象。演化和演化语言学这两个术语比较确切,我们以后要常常使用;与它相对应的,可以叫作语言状态的科学或者静态语言学。但是为了更好地表明有关同一对象的两大秩序的现象的对立和交叉,我们不如叫作共时语言学和历时语言学。有关语言学的静态方面的一切都是共时的,有关演化的一切都是历时的。同样,共时态和历时态分别指语言的状态和演化的阶段。"①

索绪尔区别共时和历时,为的是排除各种历时的变异,强调语言的同质系统性,得到一个理想状态的共时平面,以便于分析语言的系统和结构。他指出:"我们研究语言事实的时候,第一件引人注目的事是,对说话者来说,它们在时间上的连续是不存在的。摆在他面前的是一种状态。所以语言学家要了解这种状态,必须把产生这状态的一切置之度外,不管历时态。他要排除过去,才能深入到说话者的意识中去。历史的干预只能使他的判断发生错误,要描绘阿尔卑斯山的全景,却同时从汝拉山的几个山峰上去摄取,那是荒谬绝伦的,全景只能从某一点去摄取。语言也是这样:我们要集中在某一个状态,才能把它加以描写或确定使用的规范。要是语言学家老是跟着语言的演化转,那就好像一个游客从汝拉山的这一端转到那一端去记录景致的移动。"②因此,他特别强调共时的研究,他指出,"历时系列的事实是否至少与共时系列的事实属于同一秩序呢?决不,因为我们已经确定,变化是在一切意图之外发生的。相反,共时态的事实总是有意义的,它总要求助于两项同时的要素;……在历时事实中,情况恰好相反:它只涉及一项要素,一个新的形式出现,旧的形式必须给它让位。所以,要把这样一些不调和的事实结合在一个学科里将是一种空想。在历时的展望里,人们所要处理的是一些跟系统毫不相干的现象,尽管这些现象制约着系统","语言是一个系统,它的任何部分都可以而且应该可以从它们共时的连带关系方面去加以考察。变化永远不会涉及整个系统,而只涉及它的这个或那个要素,只能

---

① 费尔迪南·德·索绪尔.普通语言学教程[M].高名凯,译.北京:商务印书馆,1980:119.
② 费尔迪南·德·索绪尔.普通语言学教程[M].高名凯,译.北京:商务印书馆,1980:120.

在系统之外进行研究。毫无疑问，每个变化都会对系统有影响，但是原始事实却只能影响到一点；原始事实和它对整个系统可能产生的后果没有任何内在的关系。前后相继的要素和同时存在的要素之间，以及局部事实和涉及整个系统的事实之间的这种本质上的差别，使其中任何一方面都不能成为一门单独科学的材料"，而"历时事实是个别的，引起系统变动的事件不仅与系统无关，而且是孤立的，彼此不构成系统"，"任何共时事实都有一定的规律性，但是没有命令的性质；相反，历时事实却是强加于语言的，但是它们没有任何一般的东西。语言中凡属历时的，都只是由于言语"。①

不过，索绪尔也并没有否认历时研究的作用，他说，"实际上，语言状态不是一个点，而是一段或长或短的时间，在这段时间内，变化的数量很小。那可能是十年、一代、一世纪，甚至更长一些的时间。一种语言可能长时期差不多没有什么改变，然后在几年之间却发生了很大的变化。同一时期内共存的两种语言中，一种可能改变了许多，而另一种却几乎没有什么改变。在后一种情况下，研究必然是共时的，而在另一种情况下却是历时的。人们常把绝对状态规定为没有变化。可是语言无论如何总在发生变化，哪怕是很小的变化，所以研究一种语言的状态，实际上就等于不管那些不重要的变化，正如数学家在某些运算，比如对数的计算中，不管那些无限小数一样"，"在共存的变异形式中，浓缩着漫长的时间量，着眼于变异的分析可以对时间做出综合性和全局性的判断"。②

共时语言学仅仅与语言有关，而历时语言学则与言语有关。"于是，语言学在这里遇到了它的第二条分岔路。首先，我们必须对语言和言语有所选择；现在我们又处在两条道路的交叉点上：一条通往历时态，另一条通往共时态。"③

"共时语言学研究同一个集体意识感觉到的各项存在并构成系统的要素间的逻辑关系和心理关系。历时语言学相反地，研究各项不是同一个集体意识所感觉到的相连续要素间的关系，这些要素一个代替一个，彼此间不构成系统。"④

可见，在索绪尔的学说中，共时语言学与历时语言学的区分在客观上来源于语言与言语的区分。

我们能够既在共时态中，又同时在历时态中来研究语言及其现象吗？索绪尔做出了否定的回答："这两种观点——共时观点和历时观点——的对立是绝对的，不容许有任何妥协。"⑤

那么，共时语言学与历时语言学哪一种更为重要呢？索绪尔认为，共时观点比历时观点更为重要，因为对说话者来说，"它是真正的、唯一的现实性"。换句话说，如果语言学家只注意历时的背景，那么，他看到的绝不是语言，而只是一系列在形式上变化着的语言现象。他批评历史比较语言学："自有近代语言学以来，我们可以说，它全神贯注于历时态方面。印欧语比较语法利用掌握的资料去构拟前代语言的模型；比较对它来说只是重建过

---

① 费尔迪南·德·索绪尔.普通语言学教程[M].高名凯,译.北京:商务印书馆,1980:137.
② 费尔迪南·德·索绪尔.普通语言学教程[M].高名凯,译.北京:商务印书馆,1980:144-145.
③ 费尔迪南·德·索绪尔.普通语言学教程[M].高名凯,译.北京:商务印书馆,1980:141.
④ 费尔迪南·德·索绪尔.普通语言学教程[M].高名凯,译.北京:商务印书馆,1980:143.
⑤ 费尔迪南·德·索绪尔.普通语言学教程[M].高名凯,译.北京:商务印书馆,1980:122.

去的一种手段。对各语族（罗曼语族、日耳曼语族等）所做的专门研究，也使用同样的方法；状态的穿插只是片段的、极不完备的。这是葆朴所开创的路子，他对语言的理解是混杂的、犹豫不定的。"①

他也批评传统语法："传统语法对语言的有些部分，例如构词法，毫无所知；它是规范性的，认为应该制定规则，而不是确认事实；它缺乏整体的观点；往往甚至不晓得区别书写的词和口说的词，如此等等。"②

"古代语法只看到共时事实，语言学已揭露了一类崭新的现象，但这是不够的，我们应该使人感到这两类事实的对立，从而引出一切可能的结果。"③

（五）关于句段关系和联想关系的论述

索绪尔指出，语言中的关系有句段关系（rapports syntagmatiques）和联想关系（rapports associatifs）两类，这两种关系相当于我们心理活动的两种形式，在语言的结构中，一切要素都是这两种关系运行并产生各种不同的语言价值。

句段关系指语言系统的不同单位在运用中可以连续出现的直接关系。在话语中，各个词，由于它们连接在一起，彼此便结成了以语言的线条性为基础的关系，排除了同时发出两个要素的可能性，这些要素一个挨着一个排列在言语的链条上面，它们之间形成的关系，叫作句段关系。这些以长度为支柱的结合，叫作句段（syntagmes）。所以，句段总是由两个或两个以上连续的单位组成的。"一个要素在句段中只是由于它跟前一个或后一个，或前后两个要素相对立才取得它的价值。"④

联想关系由心理的联想而产生，指语言系统中具有共同特征的单位在心理联想中可以替换形式的间接关系，即在话语之外，各个有某种共同点的词会在人们的记忆里联合起来，构成具有各种关系的集合，这种不在前后相续的环境中出现，而是在说话者的脑子里出现的联系，叫作联想关系。

句段关系和联想关系是语言系统中两种最基本的关系，是打开语言系统的两把总钥匙，因为语言中的所有单位和规则都不能离开这两种关系，句段关系和联想关系纵横交错，把分布在言语中的各种成分毫无遗漏地网罗起来，构成一个多层次的关系网络，同时带动整个语言体系正常运转。这样，这两种关系就代表纵横两条轴线，成为每个语言单位在系统中的坐标。

索绪尔认为，在整个语言机构中，不外乎就是这两种关系的运用。"语法的传统区分可能有它们的实际用途，但是不符合自然的区别，而且缺乏任何逻辑上的联系。语法只能

---

① 费尔迪南·德·索绪尔.普通语言学教程[M].高名凯，译.北京：商务印书馆，1980：120.
② 费尔迪南·德·索绪尔.普通语言学教程[M].高名凯，译.北京：商务印书馆，1980：121.
③ 费尔迪南·德·索绪尔.普通语言学教程[M].高名凯，译.北京：商务印书馆，1980：121.
④ 费尔迪南·德·索绪尔.普通语言学教程[M].高名凯，译.北京：商务印书馆，1980：171.

建筑在另一个更高的原则上面。""每一事实应该都可以这样归入它的句段方面或联想方面,全部语法材料也应该安排在它的两个自然的轴线上面,只有这样分配,才能表明我们对共时语言学的通常框架应该做哪些改变。"[①]句段关系是一种有顺序的单一方向的链条关系,它是线条性和层次性的对立统一。联想关系是一种没有顺序的多方向的辐射关系,它是有限性和无限性的对立统一。有联想关系的语言单位,一般可以在组合关系的同一位置替换,共同特征越多,替换的可能性就越大。通过研究语言单位之间的句段关系和联想关系,我们就可以建立这个语言的结构系统。

从上面的介绍中我们不难看出,索绪尔构建了一套完整的语言学理论体系,这个体系包含了现代语言学的核心内容,构成了普通语言学的理论基石,因此他本人也就被视为现代语言学的开山祖。

三、索绪尔的贡献和影响

索绪尔的语言研究开辟了语言研究的一个新的历史时期。从语言学发展的历史来看,传统的语文学研究长期处于其他学科特别是哲学的附属地位,很难做到为语言而研究语言,因此对语言本体的把握难以全面深入,一直缺乏一套独立的语言学研究方法。19 世纪的历史语言学开始真正就语言自身做规律性的探究,总结出许多语言历史发展的一般性规律,但由于其理论落脚点是语言成分历时变化的语言事实,因此不可能从整体上把握语言成分间的结构关系。

索绪尔第一次明确地提出了语言学研究的确定的对象,区分了内部语言学与外部语言学以及语言的共时研究和历时研究,确定了语言系统的符号性质。在方法上,他为语言研究确立了由句段关系和联想关系构成的坐标体系,为语言的结构分析提供了一个方便有效的标尺。因此,索绪尔的理论把语言研究引入新的轨道,为后人开辟了一条新的可行的研究道路。

索绪尔的理论思想对后人产生了深远的影响。自 20 世纪 20 年代末、30 年代初,在欧美大陆,布拉格学派、哥本哈根学派、描写语言学派的形成和发展都是对索绪尔语言学理论的继承和发展,西方语言学史从此迎来了结构主义新时代。即使到了 20 世纪五六十年代,生成理论逐渐取代了早期结构主义语言学理论,成为左右语言学潮流的主导学派,尽管生成学派在研究目标与方法上不同以往,但其语言观念与索绪尔仍有一致之处,作为语言学研究对象的语言始终是从复杂的言语活动中抽象出来的一套单纯的体系。索绪尔语言研究的基本思想至今仍是各种语言学流派的存在前提。因此,从这个意义上来说,索绪尔的学说标志着现代语言学的开端。

---

① 费尔迪南·德·索绪尔.普通语言学教程[M].高名凯,译.北京:商务印书馆,1980:189.

第三节　布拉格学派

一、布拉格学派概述

1926年10月,马德修斯、特鲁别茨柯依、雅各布逊在布拉格成立布拉格语言学会,马德修斯被选为该学会的第一任主席。1928年,第一次语言学家国际会议在海牙召开,早在头一年的10月,在筹备这次大会时,雅各布逊等人就向大会组委会提出了一份题为"什么是最适宜于阐述任何一种语言的完备而实用的方法?"的建议书,从而使音位学研究成了这次大会的主要议题之一。在这份建议书中,他们第一次从结构和功能的角度论述了自己对音位学的认识,引起了各个语言学家的重视。1929年,在布拉格召开的第一届国际斯拉夫语文学家大会上,他们又做了题为"语言学现代研究的行动纲领"的报告(该报告后来被称为"布拉格论纲"),首次提出把音位学作为语言学中的一个独立分支来研究,引起了强烈反响,因此,这个学派也被称为布拉格音位学派。1929—1939年,他们出版了《布拉格语言学会会刊》。1935—1953年,他们出版季刊《词与文》,该刊物的副标题是"布拉格语言学会机关刊物"。1953年,布拉格语言学会在组织上解体后,《词与文》变成捷克科学院的刊物。

布拉格学派的语言学理论,主要受到了索绪尔的影响,但在很多问题上,该学派也有自己的看法,因此布拉格学派和后来的其他结构主义主要派别有着较大的不同。

布拉格学派特别注重音位的研究,他们的突出贡献是创建了音位学(phonology)。特鲁别茨柯依的《音位学原理》一书,在西方语言学界非常出名,是布拉格学派的代表性著作。

在音位学研究方面,布拉格学派主张历史和共时研究并重,十分重视历时音位学的研究,和索绪尔不同,他们认为系统的概念同历时的变化并非水火不相容,主张历时也构成系统。

在跨语言研究方面,布拉格学派最早提出了"语言联盟"的理论。他们指出,邻近地域的语言也可能获得一些共同特征,因而语言的共同特征不一定完全来源于亲属关系。雅各布逊1931年在《论音位的语言联盟》一文中指出:在语言学里,由于对来源问题特别感兴趣,而把对存在于相邻语言的结构中并且没有共同来源的那些现象的研究推到后面去了。其实,语音学应当考虑的不仅是各个语系,而且也要考虑到语言联盟(Sprachbünde)。在讨论语言联盟的问题时,音位学的方法似乎成了最有效的方法之一。音位体系的许多组成成分具有极大的普遍性,远远超出了个别语言或语系的界限。

另外,布拉格学派还十分重视语言的文体的研究。他们认为,"诗的语言"(即文学作品的语言)有特殊的不同于标准语言的规范,因此,它应该成为语言学的一个特殊研究项目。

在语言观方面,布拉格学派特别重视语言的交际功能和语言成分的区分功能,强调要把语言看成一种功能体系,主张评价任何语言现象时,都要从其所在的功能和所达到的目的着眼。因此,他们又被称为功能主义者或功能语法学派。

二、布拉格学派的主要理论

布拉格学派的理论基础在1929的"布拉格论纲"中有着集中的表述,可归纳为以下几个方面。

(一)结构-功能语言观

布拉格学派直接继承了索绪尔的结构主义思想,但又吸收了波兰语言学家博杜恩·德·库尔特内(J. Baudion de Courtenay)的思想。和索绪尔不同,库尔特内重视语言与社会的关系,强调语言的外部历史与内部历史的相互作用,索绪尔认为,语言是形式而不是实体,而库尔特内强调语言既是形式,也是实体,所以他十分重视对语言单位的实体研究。因此库尔特内的语言学包含了功能主义思想的萌芽。布拉格学派则将二人的思想结合起来,提出了自己的结构-功能语言观。具体内容如下。

第一,布拉格学派认为语言既是一个符号系统,也是一种具有合目的特性的功能系统,主张区分不同功能的语言。他们认为语言是人类活动的产物,语言和人类活动一样,具有合目的性。语言活动是人们进行表达或交际的活动,因此有着明确的目的和用途,这就是语言的功能。在这个意义上,语言系统是一种功能系统,因此,在语言分析中,应该采取功能的观点,即把语言看作服从于一定目的的表达手段的系统。若我们不考虑到语言材料所隶属的系统,就不可能理解任何语言材料。布拉格学派主张评价任何语言现象时,都必须从功能和目的着眼。因此,他们依据语言的理性因素和感情因素,把语言区分为交际功能的语言和诗歌功能的语言,认为每种功能的语言都有其社会约定的系统(交际功能朝向意义,诗歌功能则朝向符号本身)。布拉格学派特别重视对不同语体的研究。

第二,布拉格学派强调共时分析的优先地位,但反对将共时分析和历时分析对立起来。他们认为,认识语言本质和特性的最好的方法是对现代语言做共时分析,因为只有语言现状才能提供详尽的材料,使人们对语言形成直观的认识。但是他们又认为,共时描写也不能绝对排除进化概念,因为当人们在进行共时分析的时候,也总能察觉到正在消失的现象、现存的现象和正在形成中的现象。语言的历时变化也构成系统,对语言进行共时研究不能完全不顾历时的事实,因此布拉格学派主张把历时的分析作为共时分析的重要辅助手段来对待。

第三,布拉格学派主张"形式"和"实体"并重。他们认为,"实体"不仅仅属于言语,也并非和"形式"无关,"实体"是语言价值系统的重要组成部分,是体现语言功能的基本单位,"实体"的意义影响语言的形式,因此他们主张把语义也纳入语言研究的范围之内,这是布拉格学派和别的结构主义学派不同的地方。

（二）广义"比较"方法论

历史比较语言学把比较的方法主要用于对亲属语言的研究，比较的目的主要是确定语言的亲缘关系和对原始母语的构拟。布拉格学派认为，比较研究不应只局限于发生学问题，如谱系问题和构拟问题，比较方法可用来发现语言系统的结构规律和演变规律，所以，结构比较的方法既可以在亲属语言之间进行，也可运用于分析非亲属语言，既适用于历时分析，也适用于共时分析。就共时分析来说，可比较各语言系统的结构规律，比较不同语言为了适应交际需要而运用的不同的表达手段等。因此，布拉格学派提出了一种意义更广泛的"结构比较法"的概念。与历史比较法不同，他们的结构比较法的重要目的之一是进行语言结构类型的研究，为后来的语言类型学奠定了基础。

（三）语言的区域联盟论

布拉格学派对历史比较语言学所普遍持有的语言起源于一种原始母语的"单源论"提出了不同看法，他们认为，邻近地域的语言通过相互接触可获得共同特征，因此语言之间的相类似并非一定源于语言的亲属关系，这种现象被称为"语言的区域联盟"（简称"语言联盟"）。因此，在对不同语言进行研究和做结构比较的时候，我们必须考虑区域联盟的情况。语言的区域联盟论为语言的共性研究提供了一个新的视角，成为当代语言类型学的重要理论基础之一。

（四）音位学理论

布拉格学派认为，必须把客观物理事实（即自然的音响）和作为功能系统的成分（即区别意义的语音）区分开来。他们指出，就音位系统的结构原理而言，客观物理事实（即音响现象）和语言学只有间接关系，因此不能把它们和语言价值等同起来；而主观的音响形象，也只是当它们在系统中执行某种区别意义的功能时，才成为语言系统的成分。他们认为，这种音位成分的感觉内容远不如它们在系统内部的相互关系重要。

布拉格学派对语音的这种区分说明了他们对语音的认识较以往有了重大的突破，即对语言来说，具有重要作用的并非声音的自然性质，而是声音的辨义功能以及这种有辨义功能的声音在系统内部的相互关系。因此，这种区分具有重要的意义，使得布拉格学派的新的音位学与旧的语音学之间具有根本的区别：语音学研究客观的物理声音，音位学则研究有辨义功能的声音。布拉格学派正是以这种区分为基础，提出了系统的音位学理论，这是布拉格学派在语言学研究领域的突出成就和重要贡献。

三、特鲁别茨柯依和他的《音位学原理》

布拉格学派在语言研究方面涉及的范围较广，包括音位学、语法学、文体学等多个方面，但成就最大的主要是音位学。布拉格学派关于音位学的主要观点，集中地体现在特鲁别茨柯依的《音位学原理》一书中。

特鲁别茨柯依1890年4月16日生于莫斯科,他的父亲曾任莫斯科大学校长,因此他从小就有机会参加各种学术活动,13岁时,他就经常参加莫斯科人种学协会的集会,15岁时,他就已经发表了民俗学方面的论文。1908年,特鲁别茨柯依进入莫斯科大学,起初学习哲学和心理学,但由于对语言学有着浓厚的兴趣,从第三学期开始,他便转入历史语文学系学习语言。他先后学习了芬兰-乌戈尔语系、高加索语系和印欧语系的多种语言。同时,他也学完了印欧语历史比较语言学理论方面的一些课程。1913—1914年,特鲁别茨柯依到德国莱比锡进修,学习梵语和阿吠陀语,有机会听到了当时著名语言学家勃鲁格曼和雷斯琴等人的讲课。1915年,特鲁别茨柯依回国,先后在莫斯科大学和罗斯托夫大学任教,讲授历史比较语言学的课程。1917年夏天,特鲁别茨柯依到了高加索,不久,十月革命爆发,贵族出身的他不得不逃亡国外。1919年末,特鲁别茨柯依到了索非亚;1922年,他来到维也纳,在维也纳大学任教。这个时期,他的兴趣在历史比较语言学及斯拉夫学方面。

1926年,布拉格语言学会成立,特鲁别茨柯依积极参加学会的活动,成为该学会的核心人物,他的学术活动转到了音位学方面。1930年,特鲁别茨柯依任国际语音协会(International Phonological Association)会长。在这个时期,他发表了一系列音位学方面的文章,其中最重要的有:《元音音位的一般理论》(德文版,1929)、《论语素音位学》(法文版,1929)、《关于语素音位学的一些想法》(德文版,1931)、《摩尔达维亚语与俄语音位系统的比较》(德文版,1932)、《论当前音位学》(法文版,1933)、《俄语的语素音位系统》(德文版,1934)、《音位描写指南》(德文版,1935)、《音位对立的理论》(法文版,1936)、《音位对立的中和》(德文版,1936)。①

进入20世纪30年代以后,特鲁别茨柯依因反对希特勒而遭到打击和迫害,失去了大学教职,生活变得很不安定,健康状况也变得很糟糕。他不顾精神和病痛的双重折磨,继续进行音位学的研究,决心对自己多年的研究成果进行总结,写成《音位学原理》一书。由于健康状况的恶化,他只能在病榻上通过口授进行写作。1938年6月25日,在这本书仅差20页就要完成的时候,他不幸与世长辞,终年48岁。《音位学原理》成了他未竟的遗作。

《音位学原理》一书是特鲁别茨柯依关于音位学研究的总结性著作。特鲁别茨柯依的主要兴趣在历时音位学方面,这本书只是他为讨论历时音位学而进行的理论准备,本来他打算再写《音位学原理》第二卷,讨论历时音位学、音位地理学、语素音位学以及文字与语言音位结构的关系等问题,但由于早逝,他的这一计划未能实现。

已完成的《音位学原理》包括绪论、音位学、辨义论、标界论四个部分。其中,辨义论又分七章:①基本概念;②划分音位的原则;③讲义对立的逻辑分类;④辨义语音对立的音位系统;⑤辨义对立的中和;⑥音位的组合;⑦关于音位统计学。该书的主要理论和观点包括如下几个方面。

---

① 冯志伟.现代语言学流派[M].西安:陕西人民出版社,1999:39.

（一）关于音位学的研究范围

根据索绪尔的学说，特鲁别茨柯依认为，言语和语言不同，言语的能指和语言的能指也不同，言语的能指是具体的音流，是为人们的听觉所感知的物理现象，而语言的能指则是安排言语的声音方面的规则。言语的能指是无限多样的，而语言的能指则是数目有限的规范。言语的能指是表面看来没有秩序的、发音动作前后交叉的一串不间断的音流，而语言的能指的单位则形成一个秩序井然的系统，言语的音流只是因为其中的片段有助于这个系统中的项目挂上钩才具有一定的秩序。

言语的能指与语言的能指是如此不同，因此特鲁别茨柯依认为，把二者分开来研究是十分必要的，它们应该是不同学科的研究对象。研究言语的能指的学问叫作语音学，该学科的唯一任务就是指出某个音是怎样发的，即把语音当作一种纯粹的物理现象或者当作一种纯粹的生理现象来研究，而把任何关于所研究的语音综合体与语言意义之间的关系的问题完全排除在外。研究语言的能指的学问叫作音位学，该学科的主要任务是研究某种语言中语音区别同意义的区别关系，研究相互区别的各个成分之间的关系以及组织成词的规则。因此，音位学研究重点关注的是在语言中完成一定功能的那些语音事实。

可以看出，特鲁别茨柯依把语音学看成纯粹的语音现象的研究，把音位学看成这种语音的语音功能的研究。在他看来，语音学属于经验现象的范畴，音位学则属于关系的范畴、功能的范畴和价值的范畴。语音学研究的发音动作方面和声学音响方面都是自然现象，因而只能用自然科学的方法来研究，语音的发音动作方面及声学音响方面的研究材料，都只能到具体的言语活动中去收集；而音位学所研究的语音的价值则是抽象的，这种价值首先应该是关系和对立，它们都是非物质的东西，不能为我们的听觉或触觉所感知，因而必须使用纯粹的语言学方法去研究。

这样，特鲁别茨柯依把音位学从传统的语音学中分出来，划清了音位学与语音学的界限，音位学从此成了一个独立的学科。

（二）关于音位的定义

关于什么是"音位"，特鲁别茨柯依认为应该从功能的角度来下定义，因为音位是功能单位，只有从音位在语言中的功能出发，才能完满地界说它。这就涉及音位的两个方面：一是造成音位区别的在语音上的对立性特征，二是音位的在区别意义方面的辨义特征。

从语音对立出发，特鲁别茨柯依认为语音可以分为两种：相互替换的音和相互排斥的音。可以在同样的语音环境中出现的音叫作相互替换的音；只能在不同的语音环境中出现的音叫作相互排斥的音。相互替换的音可能形成辨义对立，也可能不形成辨义对立。相互排斥的音如果不具有把它们和同一系统中的所有其他的音区别开来的共同特征，就能形成辨义对立；如果它们具有区别于该语音系统中所有其他音的共同特征，就不能形成辨义对立。

相互替换的音形成的辨义对立叫作直接音位对立，相互排斥的音形成的辨义对立叫作间接音位对立。

构成音位对立的成员,叫作音位单位。音位单位可大可小,可长可短,有的音位单位可以分解为时间上前后相续的一系列更小的音位单位。在某种语言中,当某个音位单位不能被分解为更短的音位单位时,它就被叫作音位。也就是说,音位是某种语言中最短的辨义对立的语音单位。

并非所有的构成对立的语音都是音位,判断一个语音单位是不是音位,还必须考虑他们是否具有辨义特征。特鲁别茨柯依指出,任何音都包含许多声学音响特征,但它不是以全部的特征而只是以其中的一部分特征区别于其他的音。任何音只是以它的音位学上重要的特征参与辨义对立,作为辨义对立成员的音位并不与具体的语音实体相重合,而只与音位学上重要的特征相重合,因此,音位又可被定义为某一语音实体中所有在音位学上重要的特征的总和。

(三) 关于音位划分的原则

特鲁别茨柯依认为有两种语音上对立:一种是在某种语言中能够区别两个词的理性意义的语音对立,这就是音位对立(或者叫区别性对立);另一种是没有能够区别两个词的理性意义的语音对立,即这种对立与词义无关,因此可以称为非相关性对立(或者叫非区别性对立)。特鲁别茨柯依指出,某种语言的每一音位的内容和整个音位系统的确定是以音位对立系统的确定为条件的,音位的划分主要是建立在对立性分类的基础上的。那么,如何确定某种语音对立是属于音位对立,还是属于非相关性对立呢?特鲁别茨柯依采用替换的办法,具体原则是:①如果两个音不能相互替换或者相互替换之后就会改变词的意义或者把词歪曲到不能辨认的程度,那么,这两个音就属于音位对立,它们就是不同音位的体现;②如果两个音出现在同样的位置,并且能相互替换而不改变词义,这两个音就属于非相关性对立,它们往往是同一个音位的随选变体。

另外,特鲁别茨柯依还用分布的位置来考察两个具有非相关性对立的音是否属于同一个音位:如果两个音的音响相近,出现的位置互补(即不能在相同的环境中同时出现)。那么,它们是同一音位的组合变体。

特鲁别茨柯依的这些做法后来被概括为"辨义功能"和"互补分别"两大音位确定原则。

(四) 音位的聚合关系

音位的聚合关系指的是音位和音位在系统中的相互关系。特鲁别茨柯依从辨义对立的角度对音位的聚合方式进行了分类,他把音位对立分为单度对立、多度对立、孤独对立、平行对立、有无对立、梯级对立①、等价对立、稳固对立、可中和对立等多种类型。他认为,在各种对立中,兼具单度、平行、有无、可中和等特性的对立最能显示音位的内容。于是,他把这样的对立组成关联对,并找出各种关联对的关联特征。

---

① 梯级对立也称级差对立(gradual opposition),指几个音位之间的对立在于它们具有的某一特征的不同程度,如/i/、/e/和/æ/的对立在于特征"开口度"大小不等。

为了研究音位系统中的聚合关系,特鲁别茨柯依把在各种语言中构成辨义对立的语音特征分为三类:元音特征、辅音特征、超音质特征。

1. 元音特征

元音系统具有的语音特征可分为以下三类:

(1) 部位特征(音色特征):按部位的不同,元音可分为八个音色类:唇化元音、非唇化元音、前元音、后元音、唇化前元音、唇化后元音、非唇化前元音、非唇化后元音。

(2) 开口度特征(响度特征):任何语言的元音系统中都具有不同开口度的音位对立,与音色类相应,元音可按开口度的不同分为不同的响度级,如开元音、闭元音等。

(3) 共鸣特征:它可以说明元音的纯与不纯,把纯元音跟鼻化元音或带喉头作用的元音区别开来。

2. 辅音特征

辅音系统的语音特征也有三类。

(1) 部位特征:包括舌根音和舌背音、舌尖音和齿音、咝擦音和唇音,有时还可加上边音、腭音、舌根音、喉头音。有些语言如霍吞托语和布希曼语,还有搭嘴音和吸气音。

(2) 方式特征:包括塞音、擦音和响音。塞音是暂音;擦音和响音是久音。

(3) 共鸣特征:辅音系统中唯一的共鸣特征就是鼻化关联,并由此形成了口音和鼻音的对立。

3. 超音质特征

超音质特征属于音节中负荷辨义的部分,是附着在元辅音音位之上的,没有一个音位是只由超音质特征组成的。特鲁别茨柯依把它们叫作"音节负荷者",如重音、音高变化等。他还提出了区别句子的超音质特征,其中包括句调、区别句子的音域对立、句重音和停顿。

(五) 音位的组合关系

音位和音位在组合时的相互关系被称为音位的组合关系。特鲁别茨柯依在这方面重点关注的问题有两个:一是辨义对立的中和问题;二是音位的组合方式。

所谓辨义对立的中和,指的是有时音位对立会在某一位置失去辨义作用,此时就可以认为它们在此位置中和了。当出现了对立中和时,这个对立特征失去了辨义作用,能够起作用的只剩下对立的两个成员所共有的特征。它们的总和就叫作原型音位。由于中和只在一定的位置发生作用,这个位置能够区分的音位数目就比其他位置少。

音位的中和有两种类型:受环境制约的中和以及受结构制约的中和。受环境制约的中和指的是中和的发生取决于周围一定类型的音位,又可分为异化中和与同化中和。当周围的音位具有和它相同的特征时,发生的中和就是异化中和;当周围的音位不具有和它相同的特征时,发生的中和就是同化中和。受结构制约的中和指的是中和的发生取决于词中的一定位置,又分为离心中和与弱化中和,当中和发生在词或语素的分界处(如词头、词尾等处)时,就叫作离心中和;而那些只在具有标峰功能以外的音节(重音)位置发生的中和,就是弱化中和。

关于音位的组合方式,特鲁别茨柯依认为,要进行这方面的研究,至少要回答下面三个问题:①在某一位置允许出现什么音位,不允许出现什么音位;②这些音位在该位置的排列顺序;③在该位置允许出现的音位组合中所包含的音位的数目。

为了回答这些问题,特鲁别茨柯依提出了如下一些方法。首先,确立一个最适合于研究音位组合的音位单位(通常是语素或者词),以此为"框子"划定一个范围。第二步是根据该语言的语音结构对"框子"进行适当的分类,然后研究"框子"里各音位之间的关系。主要研究:①音位在"框子"里出现的位置;②音位在"框子"里的结合方式。这样就可以确定某位置出现的音位的性质顺序和数目,对音位组合做出正确的分析。

特鲁别茨柯依的《音位学原理》总结和概括了布拉格学派(特别是他本人)在音位学研究方面的主要成果,对音位定义、对立观念和辨义功能、区别性特征以及相关性概念等进行了系统而深入的探讨和全面的阐述,从而形成了系统的音位学理论,为音位学的确立奠定了基础。因此,该书不仅是布拉格学派在音位研究方面的代表作,也是现代音位学理论的经典著作。

第四节　哥本哈根学派

一、哥本哈根学派概况

继布拉格学派之后,在丹麦首都哥本哈根又形成了一个结构主义的活动中心。20世纪20年代后期,哥本哈根出现了两个由一些年轻人组成的结构主要语言学研究兴趣小组:音位学研究小组和语法研究小组,主要以结构主义理论为基础从事音位学和语法的研究。1931年,在这两个研究小组的基础上,以乌尔达尔(Hans Jurgen Uldall)、布龙达尔和叶尔姆斯列夫等人为核心,成立了哥本哈根语言学会,叶尔姆斯列夫任会长。1933年,叶尔姆斯列夫与乌尔达尔合作,在音位学研究方面与布拉格学派展开竞赛。1935,叶尔姆斯列夫与乌尔达尔在奥胡斯的一本人类学刊物上发表了文章《语符学基础提要》,决定共同探索一种新的语言理论,并把这种新理论定名为语符学(Glossematics),同时宣告他们将分工协作,共同编写一部《语符学基础》。后来,由于二人长期分离以及其他种种原因,他们的这个计划始终没有很好地实施,直到1957年,即乌尔达尔去世的那一年,乌尔达尔所撰写的第一部分正式发表,即《语符学纲要》,叶尔姆斯列夫则没有完成写作计划,不过,他发表的一系列论文体现了他的语符学思想。

1939年,哥本哈根学派出版了一份刊物《语言学学报》,该学派以此为阵地,发表结构语言学的国际评论。在第1卷第1分册里,有布龙达尔的《结构语言学》一文。在这一论文中,他评述了以往的,尤其是19世纪以来的语言研究情况,并全面表述了自己的结构主义观点。

布龙达尔认为,比较学家强调历史、具体和规律的倾向明显地反映了他们的实证主义思想，所以比较语法是"19世纪的女儿"，到了20世纪，实证主义观念再也不能促进现代科学的发展了，在语言学里，也和在许多其他领域里一样，新的科学精神显然是反实证主义的。这是因为，人们首先感到有必要在时间的长流中把属于一种科学的对象独立出来、分割开来，也就是说，一方面，确定被视作不变的状态；另一方面，确定是从一种状态到另一种状态的突变，因此，在语言学中，索绪尔提出了共时性和历时性的区分。共时性被理解为具有稳定性、统一性和一致性的平面。其次，人们懂得了确立普通观念的必要性，因为普通观念是同一客体的各种特殊情况、所有个别表现可能形成的唯一统一体。因此，语言学中则相应地出现了语言和言语的区别。语言纯粹是一种抽象的实体。布龙达尔认为，许多现代科学都已认识到，必须紧紧抓住被研究的对象内部的各种理性联系。例如，在现代物理学中，人们不仅研究晶体和原子的结构，甚至分析光的结构；在心理学中，人们则提出了"格式塔"的概念。语言学中的结构主义也是如此。在布龙达尔看来，这种语言学新观念具有明显的优越性，在强调同一性、统一性和整体性思想的过程中，它就幸运地避开了狭隘实证主义所固有的那些困难，而这些思想在科学发展中始终起着决定性的作用。

布龙达尔还进一步指出，对结构语言学来说，"共时""语言"和"结构"这三个概念有着特别重要的意义。"共时"强调某一语言的同一性，共时性研究也就是研究属于同一同质状态的语言现象。"语言"强调被共时研究视为同一的语言的统一性。"结构"强调业已确认同一性和统一性的语言的整体性。

此外，布龙达尔还提出了是否应该接受"泛时性"和"无时性"概念的问题，看来他是倾向于确立那种无论在什么时候，无论在什么语言的状态里都存在的、人类普遍的因素的。这种倾向和哥本哈根学派建立普通语法或理性语法的目的相一致。

布龙达尔的这篇文章被认为是哥本哈根学派的纲领。

此后，哥本哈根学派的三个主要代表人物都不同程度地做了一些工作。他们把主要精力放在理论的构建上面。该派的另一个创始人乌尔达尔在宣布和叶尔姆斯列夫合作著述之后不久就长期居住在国外，该派也就没能形成像布拉格学派那样的统一的组织。在国外，乌尔达尔在语言学方面的工作主要是从事合作计划的写作，1957年，在乌尔达尔去世时，他所完成的写作计划的第一部分正式发表，这就是我们见到的《语符学纲要》。

从这本书的内容来看，乌尔达尔所承担的任务建立语符学的一般理论。他和叶尔姆斯列夫提出了一个共同的设想，即将语言理论和科学的一般理论统一起来，这样做是完全必要并且是完全可能的。叶尔姆斯列夫甚至设想将所有科学都聚集在语言学的周围，希望在作为语言理论的语符学的基础上，建立一种适用于所有科学的语符学，即普通语符学或一般语符学。乌尔达尔所做的工作，正是基于这种目的。这种认识明显受当时流行的逻辑实证主义的"统一科学"的思潮的影响。20世纪早期的逻辑实证主义者认为，科学是一个统一的系统，既然如此，从原则的角度看，在科学系统之内，就不存在不同的对象领域，自然科学与人文科学都是相通的。这就是所谓的"统一科学"的论点。乌尔达尔所做的努力正是为了建立这种以语符学为基础的"统一科学"的理论。

乌尔达尔写《语符学纲要》的主要目的是探索统一量的科学和质的科学的基础，该书着重论述了运用精密科学的方法研究人文科学的可能性问题。乌尔达尔认为，计量的方法是十分科学而又行之有效的方法,这在许多精密科学中已经得到了证明,如果把计量科学的研究方法运用到语言研究领域,必将大大提高语言学的科学水平。所以他建立的语符学理论是作为一般科学理论的语符代数学。他认为,自然科学属于"量的科学",语言学之类的人文科学则属于"质的科学",要想引进精密科学的方法,使量的科学和质的科学结合起来,唯一的办法是排除对象的物质方面,采用纯功能和关系来表达对象,因为精密科学仅跟量的功能相联系。在他看来,宇宙不是由物体甚至不是由物质构成的,而是仅仅由物体间的功能构成的,物体只不过是功能的交叉点。因此一切科学对象应该都是功能系统,语符代数学就是关于这种功能系统的一般理论。他在《语符学纲要》的结尾部分写道:"这里所阐述的语符代数学是包罗万象的,也就是说,它的运用不受材料的限制,因此,在它的性质和阐述中没有任何语言学甚至人文科学所特有的东西,虽然,按照创建的意图来看,它的主要目的是确定对语言学以及其他人文科学材料进行描写的基础。"①

可以看出,乌尔达尔企图运用精密科学的方法研究人文科学(包括语言学),要求完全摒弃"物质",追求彻底的形式化,这在理论上和实践上都未必行得通,对语言研究来说,很难有什么实用价值。

布龙达尔和乌尔达尔都很早去世了,他们的影响并不大。实际上,哥本哈根语言学会真正的代表人物只有叶尔姆斯列夫一人。下面我们着重介绍叶尔姆斯列夫的理论。

二、叶尔姆斯列夫的语符学理论

路易斯·叶尔姆斯列夫是哥本哈根学派最重要的理论家。1899年10月3日,叶尔姆斯列夫出生于哥本哈根一个数学教师家庭,他的父亲是数学家,自1917年起就是哥本哈根大学的教授,叶尔姆斯列夫后来从事纯理论研究,有一种倾向于抽象而严密的科学精神,不能不说是受到他父亲的一定影响。他早年在哥本哈根大学跟从丹麦著名的语言学家裴特生(Holger Pedersen)学习比较语言学,1921年大学毕业后去立陶宛考察,1923—1924年在布拉格深造,1926—1927年在巴黎跟随梅耶学习普通语法,因此对传统语言学的材料和方法有相当深刻的了解。1928年,他发表了《普通语法学原理》;1932年,他发表了《波罗的语语言研究》;从1933年开始,他与乌尔达尔合作,共同构筑语言新理论。在这期间,他曾在奥胡斯当过一段时间的副教授。1935年,他发表了《格的范畴》;1937年,他发表了《代词的性质》,同年,他接替裴特生任比较语言学主席,并从此一直任哥本哈根大学教授。1938年,叶尔姆斯列夫发表了《论语素的一种理论》,1939年发表《词法结构》,1941年发表《语法范畴》,1943年发表《语言》《语言和言语》和《语言理论导论》,1948年发表《语言中的结构分析法》,1954年发表《语言行为的层次》。1959年,为庆祝叶尔姆斯列夫60岁生日,哥本哈根语言学会出版了他的《语言学论文选》,汇集了他的15篇主要论文。1965年5月30日,叶尔姆斯列夫去世,终年66岁。

叶尔姆斯列夫是语符学理论的主要创始人。上面我们已经提到,1935年,他曾与乌尔

---

① B.A.兹维金采夫.对语符学的批判[J].语言学资料,1964(3):65-72.

达尔计划合作写作《语符学基础》。尽管后来由于种种原因,叶尔姆斯列夫未能完成自己所承担的写作任务,但还是在其个人所著的《语言理论导论》里全面阐述了语符学理论的原则。

叶尔姆斯列夫的语符学理论主要有以下几个方面的内容。

(一) 把语言的整体作为研究对象和建立统一的语言研究方法论

叶尔姆斯列夫认为,传统语言学是一种超验语言学,注重的不是语言研究本身,而是那些虽然跟语言有某种联系但却主要是属于逻辑、历史、心理学、社会学等领域的现象,这些现象是以语言学外的语言材料为基础的。在《语言理论导论》的开头部分,他指出:"构成传统语言学主要内容的是语言的历史和各种语言的起源的比较,其目的与其说是了解语言本质,不如说是了解历史时期和史前时期的社会环境和各族人民之间的接触,在这一了解的过程中,语言只不过是作为一种工具罢了……实际上我们研究的是 disiecta membra,即语言的支离破碎的部分,它们不能把语言作为整体概括起来。我们研究的是语言的物理学和生理学的、心理学和逻辑学的、社会学和历史学等方面的现象,而不是语言本身。"[①]因此,在叶尔姆斯列夫看来,传统语言学实际上并不是真正的语言学,而是语文学。所以他提出应该以一种内在的语言学取而代之,这个内在的语言学就是语符学。只有语符学才是真正的语言学。

语符学以语言的整体为研究对象,而整体则是由关系而不是由实体组成的。叶尔姆斯列夫说,"承认整体不是由物体而是由关系组成,承认不是实体本身而是实体内部和外部关系才具有科学的存在价值,这在科学中自然不是新鲜事儿,但在语言学中可能是新鲜事儿"[②]。因此,内在语言学应该努力寻求常数(constance),亦即确定对所有的语言来说是稳定的、共同的部分;常数并不扎根于一种语言学外的"现实",但它一旦被找到和得到描写后,就可将它投射到某种"现实"(物理学的、生理学的、心理学的、逻辑学的,等等)之上。这样一来,实体就被排除在语言之外,那么语言中就只剩下内容形式和表达形式构成的种种关系了。在这种情况下,语言学具有代数的性质,没有跟实体对应的标志,它就可以跟其他类似的形式结构等同起来。这样,语言学理论可以很容易地应用于任何结构,只要这种结构的形式跟自然语言的形式类似就行,这就使得语言学成了作为科学的一般理论的语言学。因此,语符学方法应该和传统语言学的方法有着根本的不同。叶尔姆斯列夫指出,传统语言学由特殊到一般的方法,是一种归纳、概括的方法,而语符学则应该采用由一般到个别的演绎、分析的方法,即从文句(texte)开始,不断进行分析,直至不能再分割时为止。他认为归纳法不可避免地会陷入中世纪的唯实论的泥潭,而演绎法是从整体到部分的分析方法,是最合理的分析方法,因为整体永远大于各部分的总和。

---

① 冯志伟.现代语言学流派[M].西安:陕西人民出版社,1999:70.
② 冯志伟.现代语言学流派[M].西安:陕西人民出版社,1999:71.

(二)语言单位是由内容形式和表达形式构成的单位

1. 形式独立于实体之外

索绪尔提出,语言是形式,而不是实体。叶尔姆斯列夫把这一命题当作语符学的理论基础之一。他把所有的实体都从语言的范围中排斥出去,因为实体并不是稳定的对象,同一语言形式可体现为各种不同的实体(如语音、书写符号等),可见只有形式才是稳定的因素,实体不是语言形式存在的前提,相反,语言形式却是实体存在的必要前提,因此形式具有绝对独立性,并且与实体绝对对立。所以,他认为,不能把实体的描写作为语言描写的基础,倒是实体的描写取决于语言形式的描写,只有分析形式才能揭示隐藏在实体背后的语言体系。

那么,什么是形式呢?叶尔姆斯列夫认为,形式即语言单位之间的关系。语言中存在以下三种关系:① 依存关系(interdependence),即语言单位之间的双边依赖关系,一方的存在以另一方的存在为前提,反之亦然;② 决定关系(determination),这是一种单边关系,两个语言单位中的一个是决定者,另一个是被决定者,而不是相反;③ 并存关系(constellation),多个单位并列,彼此互不依赖。

叶尔姆斯列夫把语言系统分为两个不同的层面:一个是语言层面,他将其称为系统(system);另一个是语言运用的层面,他将其称为过程(process)。为了说明这三种关系在过程和系统中的不同作用,叶尔姆斯列夫又分别给它们取了两个具体的名称,这样语言中的关系又演化为以下六种:① 协同关系(solidarity),即过程中语言单位之间的依存关系;② 互补关系(complementarity),即系统中语言单位之间的依存关系;③ 选择关系(selection),即过程中语言单位之间的决定关系;④ 说明关系(specification),即系统中语言单位之间的决定关系;⑤ 联合关系(combination),即过程中语言单位之间的并存关系;⑥ 自主关系(autonomy),即系统中语言单位之间的并存关系。

他又进一步把形式分为内容形式和表达形式两个部分,它们分别与内容平面和表达平面相对应。

2. 内容平面与表达平面

索绪尔把语言符号看成能指和所指的结合。叶尔姆斯列夫认为索绪尔的这一对符号的看法仍不符合形式化的要求,他认为对能指和所指本身还应做进一步的分析,因此他提出了两个平面的理论,如图 3-1 所示。

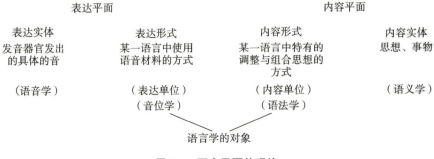

图 3-1 两个平面的理论

这样，表达和内容就各有其形式和实体。如此，语言世界就分成了四个方面：内容实体、内容形式、表达实体、表达形式。叶尔姆斯列夫认为内容实体和表达实体都是现实世界的东西，它们都不进入语言符号，语言符号是由内容形式和表达形式构成的单位，因此只有这两部分才是语言学的对象。研究内容实体和表达实体的语义学和语音学也不属于语言学，而只能当作语言学的辅助学科。

表达实体与表达形式，从音位学的角度看比较容易理解：表达实体就是客观现实中的无数的语音，他们不能进入语言符号；表达形式是不同语言组织和利用这些语音的形式，它受到语言中的关系的制约，能够进入语言符号。例如，清辅音和浊辅音是客观存在的表达实体，当它们受到英语组织利用语言的方式的制约时，进入英语中形成不同的音位，但它们在汉语中则不能形成不同的音位。因此，它们可进入英语的符号，而不能进入汉语的符号。

再来看内容实体与表达实体。俄语中的一个单词 pyka 是"手"的意思，传统语言学会把这个词看成"手"的符号，但叶尔姆斯列夫认为"手"只不过是实体中的东西，它是内容实体，本身并不进入符号。因为作为内容实体的"手"，在不同的语言中有不同的切割方法，英语中有 hand/arm，俄语却只有一个单词，这种不同语言切割客观现实的方式，就是内容形式。只有内容形式才能进入符号。

按照语符学的观点，表达形式可切分成更细小的部分，即表达形素（figures）。数量无限的表达形式是由有限数量的表达形素构成的。这种表达形素，实际上是布拉格音位学家所说的音位，不过语符学强调这种形素（音位）应该是没有相应内容的单位，即表达单位（céneme）。同样，内容方面也可以像表达方面一样进行切分，得出有限数量的、最小的内容单位（plérème），例如，"母马"可分为"马"+"阴性"，"公牛"＝"牛"+"阳性"，"女孩"＝"孩子"+"阴性"，等等。值得注意的是，叶尔姆斯列夫对内容平面的分析，所依据的并非这些单位的意义，而是从纯形式的角度出发。例如，上述的"阴性""阳性"并非指性别上的男、女、雌、雄，而是指与语法上的阴性或阳性代名词的联系。

（三）语言形式就是功能

叶尔姆斯列夫认为，语言学的任务就是分析语言单位之间的各种关系，他把上文提到的各种关系一律称为"功能"，负荷功能的项目叫作"功能项"。

系统中的功能项之间产生的功能叫"排斥"，又称分离功能（disconjonction）；过程中的功能项之间产生的功能叫"同在"，又称连接功能（conjonction）。例如，在

$$\begin{array}{c} p\ e\ t \\ m\ a\ n \end{array}$$

中，横列构成过程，纵列构成系统。过程中，p、e、t 这些功能项的关系是同时存在的关系，所以叫同在。系统中，p、m 之间的关系则为或此或彼的关系，所以叫排斥。pet 中的 p 如换作 m，则为 met；man 中的 m 如换作 p，则为 pan，e 和 a、t 和 n 之间也存在这种或此或彼的关系。

叶尔姆斯列夫的功能概念接近于数学的函数概念，也就是说，他用功能表示两个功能

体之间的联系。在他看来,各种关系都是功能,如词的范畴、动词的支配能力、主谓语的关系、表达与内容的关系,等等。一方面,一个语言单位对别的语言单位来说具有功能(也就是说有关系);另一方面,如果一个语言单位由某种确定的方式获得了功能,那么它在言语链中就占据了某个位置。叶尔姆斯列夫曾说,结构按定义来说是依赖关系(dépendance)或函数(数理逻辑学的含义)的组织,又说,功能就是决定着分析条件的依赖关系"。可见,他认为功能就是严格的依赖关系的表现,而研究这种依赖关系(功能),正是结构语言学的一项主要任务。

(四)接换原则

为了说明各种形式之间的联系,叶尔姆斯列夫提出了接换原则(commutation principle)。他认为,接换关系(commutation)是存在于内容和表达之间的基本关系,是语言现象中最重要的一种关系,是理解语言的钥匙,研究这种关系是研究语言的关键。因此他把接换原则作为全部理论的主要基础。为了说明这一原则,他提出了"常体"(constante)和"变体"(variabe)的概念。表达平面上的差别在内容平面上也引起相应差别的单位叫常体;表达平面上的差别在内容平面上不引起相应差别,依附于常体的个体,叫变体。如果表达平面上的差别引起内容平面上的差别,或者内容平面上的差别引起表达平面上的差别,这种对应关系叫作接换(commutation);如果表达平面上的差别不引起内容平面上的差别,则叫作替换(substitution)。显然,常体是同接换相对应的,变体是同替换相对应的,一种语言中有多少常体,必须通过接换试验加以确定,因此接换原则就成了语符学理论中最重要的一条原则。

由于叶尔姆斯列夫把常数理解为在功能关系中成为另一个功能体的必要条件的那个功能体,将变数理解为不成为另一个功能体的必要条件的那个功能体,因此他说,决定关系亦即一个常数与一个变数之间的功能,依存关系亦即两个常数之间的功能,并列关系亦即两个变数之间的功能。

三、哥本哈根学派的主要贡献及其局限性

(一)主要贡献

哥本哈根学派的主要贡献是发展了索绪尔的符号理论,并使其具体化,具体表现在以下几个方面。

1. 为索绪尔的符号理论给出了新的解释

索绪尔把语言符号分为能指和所指两部分,认为它们分别对应形式和内容;叶尔姆斯列夫则认为索绪尔的理论不够深入,因此他提出两个平面的理论,把形式和内容进一步细化为四个方面,为形式和内容关系的研究提供了新的视角和思路。这不仅丰富了索绪尔的价值理论,对我们深入认识语言的特性、分析语言的结构有很大的帮助。

2. 发展了索绪尔的"语言是形式,不是实体"的思想

哥本哈根学派把整个语言学问题归结为结构问题,亦即语言的形式问题,和索绪尔一样,哥本哈根学派也把实体排除在结构分析之外。不过,索绪尔只是提出语言的形式和实体的区分,但对形式和实体本身没有做进一步的探讨,哥本哈根学派则在两个平面理论的基础上对形式和实体进行了细分,尤其将形式细化为各种关系,为从形式的角度进行结构分析提供了操作依据。另外,该学派代表人物叶尔姆斯列夫在内容形式方面的有关论述成为几十年后当代语义结构理论和生成语义学对有关问题进行研究和探索的起点。

3. 将语言的形式化推向了极致

他们特别注重语言的可计算和可度量的方面,重视用数学方法描写语言结构关系,把语言学和数理逻辑联系起来,企图使语言学成为独立的、精确的科学。他们在这方面的努力对后来欧美语言学的发展有着较大的影响。特别是在美国,自海里斯(Z. Harris)到乔姆斯基在纯理语言学方面的发展,不能不说是受到哥本哈根学派的较大影响。当代计算语言学和数理语言学的发展也证明了形式理论的价值。哥本哈根学派对形式化的追求,也是近几十年来西方现代语言学发展的主要倾向之一。

总之,哥本哈根学派强调以语言单位的相互关系为研究对象,强调研究的精确化和数学化表达,使语言研究脱离了直觉的与个人的论断,从而成为相对独立的精确的学科。由于这种理论顺应了许多人文科学和精密科学的发展的总趋势,所以该理论成为现代语言学的许多理论观点的来源,其中许多的合理成分都影响了后来的很多流派及其成员。哥本哈根学派对日后的语言学中的另一分支语符学的产生和发展起了关键性的作用,哥本哈根学派对形式语言的追求对当代计算语言学研究也有较大的启发和指导意义。所以,当我们看语言研究的发展历程时,应该看到发展中的这一阶段有着极其重要的桥梁作用,丢失这些环节,我们就不会迎来语言学研究的进一步发展与成熟。

(二) 局限性

哥本哈根学派的语符学理论是一种高度抽象的理论,可接受性差,这在很大程度上阻碍了该理论的普及和应用。另外,该学派对语言形式所采取的极端态度,也导致了他们在理论上的偏颇和局限,具体表现在如下几个方面。

1. 对实体的绝对排斥,使语言研究失去了立足点

他们否定索绪尔对语言的物理性、社会性方面的有关论述,排除了索绪尔理论中所有和物质、现实有联系的部分,把索绪尔理论推向极端,对许多观点做了片面的解释。他们强调形式的绝对独立性,把实体完全抛在一边,就完全犯了主观主义和片面性的错误。事实上,在语言研究中,即使是在形式化的研究中,完全摆脱实体实际上是不可能的。语言首先是物质性的东西,强调研究形式的重要意义以及描写实体之间的关系的可能性及必然性,这当然是对的。但问题在于,叶尔姆斯列夫等人实际上是以完全摆脱实体作为其形式研究的前提的,这就从根本上否定了对实体的考虑。语言是事物性的东西,脱离了实体,没有立足点,单位间的关系恐怕就无从谈起了。

2. 过分强调抽象、概括,使语符学的理论很少有实际使用价值

他们热衷探讨一般的抽象理论,很少研究具体的语言现象。做实际研究的,只有一两部作品,而且它们并不成功,这就遭到不少学者的批评。就连那些赞同语符学理论的学者也不得不承认,这一理论的实用价值不大。

3. 过于夸大语符学理论的适用范围,使其理论难以落到实处

乌尔达尔认为,他的语符代数学理论是包罗万象的,适用于一切结构,因此,它是适用于描写任何语言的一切语言理论,也是适用于一切符号系统的理论,是适用于一切科学的一般的统一的科学理论。过分追求概括意义反而使其变成了主观的空谈。这就不可避免地削弱了这一流派的成就和影响。

4. 没能真正提出可以对语言进行形式描写和分析的公式,其语符代数学的价值无法体现

尽管从形式分析的角度来看,哥本哈根学派试图用数理逻辑的方法来描写和分析各种语言现象的做法具有一定的价值,但他们没有为他们提出的方法设计出一套有用的代数式,他们所列出的一些公式,实际上只是一些概括定义的符号,无法用来计算,因此,和后来的转换生成语言学相比,哥本哈根学派存在着较大的不足。

正是由于哥本哈根学派的功绩和问题都这么显而易见,所以,既有人认为其主要代表人物叶尔姆斯列夫将作为语言学这个学科最伟大的名字之一和索绪尔、雅各布逊的名字一起被人列举,也有人认为哥本哈根学派的语符学理论是十足的象牙塔。但无论人们对它是褒是贬,是热情地接受还是证明它是完全错误,甚至又欣赏又怀疑地争论,人们都必须了解它,因为唯有如此,我们才有评价它或在其中验证自己观点的权利。

哥本哈根学派的语符学十分抽象,方法上多主观成分。20世纪50年代初,有人用它来分析法语和西班牙语,这种努力并未获得成功。但是,这种理论尽管很少在实际中被应用,却代表着人文科学和精密科学相结合的趋势,而且它把很多学者的想法综合为统一的、一贯的理论,这就使得哥本哈根学派成为当代语言学的重要流派之一。

第五节 美国的描写语言学

一、美国描写语言学概况

美国语言学的历史并不长,如果从1867年辉特尼(W. D. Whtney)的第一本著作《语言和语言研究》出版算起,至今也就100多年的历史。不过,整个19世纪,除辉特尼外,美国语言学并没有出现其他有影响力的人物,因此,在19世纪,美国语言学的序幕被揭开,美国语言学真正发展并产生重大影响是从20世纪初鲍阿斯编辑《美洲印第安语言手册》开始的,鲍阿斯被认为是美国本土语言学的创始人。

美国本土语言学一开始就形成了和欧洲语言学不同的特点。在美国,最早对语言学产生兴趣的是人类学家,他们在研究印第安土著居民的社会和文化生活的过程中,发现印第安人的土著语言正在迅速灭亡,必须在这些语言灭亡之前把它们记录下来,因此美国语言学研究的动机一开始就和欧洲语言学不同。鲍阿斯本人就是一位人类学家,早年没有受过任何语言学方面的教育,他对语言的研究完全出于实用的需要,所以不受任何传统语言学理论的束缚,从而开辟了具有美国特色的语言学研究道路——描写语言学。不过,从总体来看,美国描写语言学的发展大致分为以下两个阶段。一是由鲍阿斯开创的,由皮尔斯(Ch. S. Peirce)、萨丕尔等人发扬光大的传统描写语言学,这个时期的语言研究者主要是以人类学的眼光来关注语言研究,只重视语言事实的记录,不重视语言学理论的建设,这和欧洲的重视理论的传统有着很大的不同,因此这一阶段的描写语言学又被称为人类语言学。二是由布龙菲尔德建立的将结构主要理论和描写语言学方法结合起来的语言学,使描写语言学成为结构主义语言学的一个主要流派,我们一般所说的美国描写语言学主要指这一阶段的语言学。这一阶段的描写语言学的代表人物先后有布龙菲尔德和海里斯,他们的语言学研究在20世纪30年代至50年代在美国的语言学研究中占有统治地位,直到50年代中期被转换生成语言学所替代。这一阶段的描写语言学不仅在美国,在全世界范围内都产生了深刻的影响,成为结构主义语言学中影响最大的语言学流派。

美国的描写语言学是在学习和研究印第安语的基础上产生的。鲍阿斯在编辑《美洲印第安语手册》之前,曾组织专家用了近20年的时间对墨西哥以北的美洲印第安土著语言进行调查。由于当地的印第安土著语言没有文字形式,因此他们不可能采用欧洲语言的形态学方法进行研究。于是鲍阿斯主张重新探讨描写语言的新方法:每一种语言不应当依据一些预定的标准来描写,而应当仅仅依据它本身的语音、形式和意义的模式来描写,因为这些模式是从土著语言本身归纳出来的。按照这种思路,对于那些陌生的语言,他们主要从语音结构和结构组合入手进行描写,为此他们做了大量的工作来描写印第安土著语的音素组合,收集到了大量素材,经过比较研究,找出它们的特点和规律。鲍阿斯提出了这样的原则:描写一种语言只能根据它自己的结构,不能也不应该将其他的语言结构套用到这种语言中,对语言学家来说,他们最重要的任务是研究每种语言的特殊的结构,描写的本身就是目的。这样,他们就完全以描写的方法对所调查的语言进行整理,将语言的结构系统清楚地呈现出来,不讲语言的历史渊源和系属关系,把语言共时描写的研究提高到了重要的地位,从而彻底摆脱了欧洲的历史比较语言学的传统,为语言研究提出了新方向。不过,鲍阿斯把语言学只看作人类学的一部分,并没有把它当作一门独立的科学来对待,同时他只注重对语言材料进行调查整理,并没有建立一套完整的描写方法,这是他的局限。

对早期描写语言学做出杰出贡献的另一个人物是萨丕尔。萨丕尔是鲍阿斯的学生,也是一位人类学家,他继承了老师的学术思想并将其进一步发扬光大。1921年,萨丕尔出版了他的代表作《语言论》,这本书全面系统地阐述了他对语言及语言研究的看法和思考,该是早期描写语言学最重要的理论著作。萨丕尔被认为是从鲍阿斯到布龙菲尔德之间的重要桥梁,他的突出贡献和影响体现在以下两个方面。一是他确立了语言的科学地位。1929年,他发表了一篇专题论文《语言学作为一种科学的地位》,论述了这个问题。二是提出了语言影响人类关于现实世界概念系统的形成的思想,他的这一思想经过他的学生沃尔夫(Benjamin Lee Whorf)的进一步的阐述,成为著名的"萨丕尔-沃尔夫假说"(Sapir-Whorf Hypothesis)。尽管这个假说遭到很多人的质疑,但它引起了人们对语言和思维关系的深入研究和探讨,其意义也是十分深远的。和他的老师一样,萨丕尔的语言学研究仍然带有明确的人类学目的,因此,尽管他强调语言是一门独立的科学,但他的语言学理论仍具有浓厚的人类学色彩。

使美国语言学成为真正的独立科学的动力来自语言教学。其初始动力又来自传教的需要。20世纪初,美洲有大量基督教徒进入印第安语区学习并研究印第安语等土著语言,进行布教活动,他们当中的一些人是很有语言修养的教士,教会也创办了语言学暑期讲习所,主要讲授语言描写分析技巧以及与传教有关的其他语言知识。这些教士们记录土著语言,为当地人创造文字,然后用当地文字翻印福音书,客观上积累了大量的语言新材料,同时也形成了他们独特的语言调查方法,从而引起了语言学家的注意。这些语言教学和研究活动在20世纪20年代末开始形成了一个高潮。美国语言学会主办的语言学讲习所(Linguistic Institute)自1928年起在各大学开设暑期课程。1934年,美国又建立了语言学暑期讲习所(Summer Institute of Linguistics)。20世纪40年代初,由于第二次世界大战爆发,美国为了派大批军队到亚洲、南美洲以及太平洋中的许多岛屿去,急需懂得当地居民的语言,因此美国又开设了许多军事语言学校,对军人实施语言训练计划。特别是后面两项语言教学活动,即为了战争和传教的需要所开展的规模巨大的语言教学活动,曾迫使不少有名望的语言学家去研究非印欧语系的、陌生语言的描写技术和教学方法。语言教学的实用要求成了语言研究的出发点,使许多语言学家充分认识到现代描写分析法的重要价值,刺激并加速了共时描写的理论和技术的发展。正是在这种需要的背景下,以布龙菲尔德等人为代表的、以结构主义为理论基础的新的描写语言学才得以产生和发展,并产生深远的影响。

1933年,布龙菲尔德出版了他的在美国语言学史上具有划时代意义的巨著《语言论》,用行为主义理论将结构主义语言学和描写语言学完美地结合起来,奠定了美国描写语言学派的理论和方法的基础,不仅使语言学成为完全独立的学科,而且使美国的描写语言学在众多的结构主义语言学流派中独树一帜。从此,美国语言学迎来了"布龙菲尔德时代"。布龙菲尔德逝世后,海里斯接过描写语言学的旗帜,成为"美国新语言学的发言人"[①]。1951年,海里斯出版了他的代表作《结构语言学方法》,这本书系统论述了描写语言结构的

---

① 赵世开.美国语言学简史[M].上海:上海外语教育出版社,1989:90.

任务、方法和标准,阐明了结构分析程序和技术,其中最重要的是对分布(distribution)分析和变换(transformation)分析进行系统阐述,把描写语言学的方法推向了成熟阶段。此后,直到他的学生乔姆斯基提出转换生成语言学理论,美国语言学都是处于海里斯的理论影响之下。

二、萨丕尔的语言学理论

(一) 生平及主要著作

萨丕尔是美国著名人类学家和语言学家。1884年1月26日,他生于德国劳恩堡(Lauenburg,今波兰勒博尔克),萨丕尔5岁时随全家移居美国。1904年,他毕业于哥伦比亚大学,大学期间主修的专业是日耳曼语。就在毕业这一年,他在纽约遇到了年长他26岁的鲍阿斯。当时萨丕尔已经在攻读硕士学位,研究的兴趣是历史比较语言学,但他却为鲍阿斯的学识所倾倒,对美洲印第安人的文化和语言产生了极大的兴趣,决心向他学习,于是萨丕尔立刻放弃了自己的研究,开始沿着鲍阿斯的研究道路调查美洲印第安语。他首先对美国西北部地区的塔克尔马语(Takelma)进行了深入的调查,1907年写成《塔克尔马语语法》一书。1909年,萨丕尔获哥伦比亚大学博士学位,此后他在宾夕法尼亚大学短暂地工作了一段时间。1910年,萨丕尔来到加拿大,任加拿大国立博物馆人类学部主任,直到1925年才回到美国。在这期间,他对人类文化学进行了切实的研究。1925—1931年,萨丕尔先后任美国芝加哥大学副教授、教授。1931年,他到耶鲁大学,任语言学和人类学教授,并任刚成立的人类学系主任。此后他一直在此任教直到去世。1933年,他当选为美国语言学会会长,1938年又当选为美国人类学协会会长。他还是美国艺术和科学院院士。1939年2月4日,萨丕尔在康涅狄格州的纽黑文(New Haven)逝世,终年55岁。

萨丕尔学识渊博,兴趣广泛,在很多领域都有研究并有较大的成就。他热爱诗歌和音乐,曾发表过200多首诗和歌曲,在加拿大工作期间,他曾出版过一本《法属加拿大的民歌》。不过,他的主要研究工作是在人类学和语言学方面,他对印第安语言文化尤其感兴趣。他先后学习、调查和研究的印第安语有威施兰姆语(Wisshram)、塔克尔马语(Takelma)、亚纳语(Yana)、派乌德语(Paiute)、奴脱卡语(Nootka)、瓦思科语(Wasco)、那豪特尔语(Nahuatl)、库特奈语(Kutenai)、海顿语(Haidan)、纳瓦霍语(Navaho)等。萨丕尔在语言学研究方面的论文不多,比较重要的有发表于1925年的《语言中的声音模式》、发表于1929年的《语言作为一种科学的地位》、发表于1931年的《原始语言中的概念范畴》,以及1933年在法国巴黎发表的《音位的心理真实性》等。他的主要论文后来都被收录在《萨丕尔有关语言、文化和人格的论文选集》(1949)一书中,不过,影响最大的还是他1921年出版的《语言论》。

（二）萨丕尔的《语言论》①

萨丕尔的《语言论》全书共分为11章。第一章是"引论：什么是语言"；第二章是"语言的成分"；第三章是"语言的音"；第四章是"语言里的形式：语法程序"；第五章是"语言里的形式：语法概念"；第六章是"语言结构的类型"；第七章是"语言，历史的产物：源流"；第八章是"语言，历史的产物：语音规律"；第九章是"语言怎样交互影响"；第十章是"语言、种族和文化"；第十一章是"语言和文学"。该书的核心理论主要有以下几个方面的内容。

1. 关于语言的符号性

和索绪尔一样，萨丕尔也认为语言是一种符号系统。不过和索绪尔不同的是，萨丕尔并没有抽象地论述语言的符号性问题，而是将语言的符号性和人的心理现象联系起来。关于什么是语言这个问题，在该书的第一章里，萨丕尔这样回答："语言是纯粹人为的，非本能的，凭借自觉地制造出来的符号系统来传达观念、情绪和欲望的方法。"②从这个定义可以看出语言具有如下性质：①语言是人们的一种表达方式；②语言的表达是通过符号系统来实现的；③语言的符号系统是人为的，具有社会性。可以看出，萨丕尔对语言符号性的认识和索绪尔有着一定的差别：在索绪尔看来，语言本身就是符号系统；而萨丕尔则认为语言是运用符号系统表达思想感情的方式。这与萨丕尔所坚持的心理语言观有着一定的关系，他认为语言与人的心理有着密切的联系，他认为人的语音必须和人的经验的某个成分或某些成分联系起来才构成语言的成分。所以，他说，语言是一种特别的符号关系，一方面是一切可能的意识成分，另一方面是位于听觉、运动和其他大脑和神经线路上的某些特定成分。这样，萨丕尔对语言符号的认识就比索绪尔更为深入。

2. 关于语言的成分

在萨丕尔的理论中，语言成分指的是有意义的成分。语言中有意义的成分可以是词、词的一部分或词的组合。词的一部分即词的构成成分又可以分为词根成分和语法（或词缀）成分。所以，萨丕尔所论述的语言成分有四种：词根、语法成分、词和句子。这四种语言成分实际上属于三个语言层级：词根和语法成分是单个孤立的概念在语言中相应的部分；词是从句子分解来的，具有孤立"意义"的，最小的令人完全满意的片段；句子是命题的语言表达。

这样，萨丕尔就把语音排除在语言成分之外，因为单纯的语音没有意义，就不能构成语言的形式，只有意义结合才是语言的形式。因此，他认为，言语的音的架子并不成为语言的内在实质，而有声语言的单个语音本身根本不是语言成分。

3. 关于语音

萨丕尔理论探索的重点之一，是对语音模式（phonetic pattern）的研究。和传统的语

---

① 萨丕尔的《语言论》(*Language*)全名为"Language：An Introduction to the Study of Speech"（《语言论：语言研究导论》），1964年商务印书馆出版陆卓元译本，定名为《语言论》，本节主要以中译本为依据进行介绍。

② 爱德华·萨丕尔.语言论[M].陆卓元，译.北京：商务印书馆，1964：7.

音学不同,他关注的重心并不是语音本身的异同,而是语音的格局。他根据语音的分布模式分析语音,因此,他所说的语音模式,实质上相当于布拉格学派的音位概念。萨丕尔特别强调语音的心理基础,他详细地论证了语音成分的心理价值。他说:"在一种语言特具的纯粹客观的、需要经过艰苦的语音分析才能得出的语音系统背后,还有一个更有限制的'内部的'或'理想的'系统。它也许同样地不会被天真的说话者意识到是一个系统,不过它远比第一个系统容易被人意识到是一个完整的格局、一个心理结构。内部的语音系统虽然会被机械的、不相干的现象掩盖起来,却是语言生命里一个真正的、非常重要的原则。"①如,英语 hats 中的 ts,只不过是一个 t 后跟着一个功能上独立的 s,而德语 Zeits 中的 ts 却具有完整的价值;又如,英语 time 中的 t 和 sting 中的 t,虽然从听觉上可以感觉到是不完全相同的,但在意识上,说英语的人却觉得是无关紧要的,所以这两个音的区别就没有"价值"。而同样的这一差别,在海达语(Haida)中却是有价值的。这就是说,同一客观的差别,在英语里是不相干的,在海达语里却有功能上的价值。所以他说:"客观地比较两种或两种以上不同语言的语音,是没有心理或历史意义的,除非先给这些语音'估估分量',除非先确定它们的语音'价值'。而这些'价值'是从音在实际言语里的一般用法和功能上流露出来的。"②他运用自己的实际经验,以证明他的结论。他说:当他教一个印第安人区分语音时,如果一种分别不相应于"他的语言格局中的点",就有困难,甚至不可能,尽管这种分别在我们听来是非常明显的。但是,一些隐蔽的、刚刚能听出来的语音差别,只要碰上了"格局中的点",他就能很容易地,并且自主地在写法上表现出来。③ 这就说明,语音的功能与人的意识有关。

4. 关于语言的形式

萨丕尔在《语言论》第四章和第五章里集中探讨了语言里的形式问题。他把语言形式分为语法程序和语法概念两个方面。在第四章里,他分析了语法程序(grammatical processes)的六种主要类型,它们分别是:①词序(word order),不同语言中词序的重要性不同;②复合(composition),即把两个或两个以上的词根合成一个词,不同语言中的复合方式不尽相同;③附加(affixation),即将各种词缀附加到词根上,这种语法程序在各种语言中是最常用的,包括前附加、后附加和中附加三种类型;④变换(modification),即词根内部元音或辅音的根本成分或语法成分的变化(如 goose 变成 geese 等);⑤重叠(reduplication),即词根成分全部或部分重复;⑥重音变异(variation in accent),即音高或重音上的分别。

在第五章里,他分析了语法概念,即语言结构反映出来的系统化了的概念世界。他把语言所表达的概念分为四种类型:①具体概念,如东西、动作、性质等,通常用独立的词或词根成分表达;②派生概念,通常是在根本成分上附加非根本成分,或用根本成分内部变换的方法表达;③具体关系概念,这种概念指出或暗含着某种关系,通常用加词组成内部

---

① 爱德华·萨丕尔.语言论[M].陆卓元,译.北京:商务印书馆,1964:48.
② 爱德华·萨丕尔.语言论[M].陆卓元,译.北京:商务印书馆,1964:47.
③ 爱德华·萨丕尔.语言论[M].陆卓元,译.北京:商务印书馆,1964:48.

音变法表达;④纯关系概念,这种概念的功能是联系命题里的具体概念,从而赋予命题一定的句法形式,通常用加词缀、内部音变或用独立词或词序表达。其中,第一类和第二类表示的是物质内容,第三类和第四类表示的是事物间的各种关系。不过,在这些类型中,第一类和第四类是一切语言所必需的基本概念,第二类和第三类虽说也很常用,但却不是必需的。

5. 关于语言的结构类型

在《语言论》的第六章,萨丕尔详尽地探讨了语言结构的类型分类问题,这个问题在第七、八、九各章中也有所涉及,包括语言结构类型的分类,结构类型的演变及演变的原因等问题。萨丕尔对语言结构的类型有着独特的见解,他认为我们难以把语言按形态来分类,因为"一种语言可能是黏着的,又是屈折的,又是多重综合的;甚或是多重综合的和孤立的"①。他提出了一种兼顾下述三个方面的综合标准的分类法:①语言所表达的观念的本质(基本的、派生的、具体关系的、纯关系的);②语言的综合程度(分析的、综合的、多重综合的);③语言的融合程度(孤立的、黏着的、融合的、象征的),亦即考虑到语言所采用的"方法"。

这种综合分类的方法是以语言所表达的概念的本质为基础的,根据这一分类法,他把语言分为下列几类:

(1) 简单的纯关系语言(表达具体概念和纯关系概念):保持造句关系的纯粹性,而且不会用附加法或内部交换来改变根本成分的意义的语言。

(2) 复杂的纯语言关系(表达具体概念、派生概念和纯关系概念):保持造句关系的纯粹性,但也会用附加法或内部交换来改变根本成分的意义的语言。

(3) 简单的混合关系语言(表达具体概念和具体关系概念):造句关系的表达一定带着完全没有具体意义的概念,但是除了这样的混合之外,不会用附加法或内部交换来改变根本成分的意义的语言。

(4) 复杂的混合关系语言(表达具体概念、派生概念和具体关系概念):用混合形式表达造句关系,但也会用附加法或内部交换来改变根本成分的意义的语言。

萨丕尔的类型分类理论是以语言结构观为基础的。他这种主要从语法层次提出的类型分类法(亦称形态分类法),是语言类型学的理论基础之一。

关于语言类型的演变,萨丕尔提出"沿流"(drift)说。他认为语言的演变总是沿着一个总的方向流动,这个总方向叫"坡度"(slope),促使坡度形成的一个主要因素是类推作用。他认为促成语音历史变化至少有三股基本势力:①一个有定向的总沿流;②一个重新调整的趋势;③一种保护性趋势。而引起语言变化的重要原因之一是语言的接触。

6. 关于语言、种族和文化

萨丕尔从人类学的角度论述了语言、种族和文化的关系,他认为种族、语言和文化分布不平行,语言和文化的历史不能直接用种族来解释。如英国和美国有共同的语言,这并不能作为两国有共同文化的论据,因为英语就不是一个统一的种族说的语言。因此,语言

---

① 爱德华·萨丕尔.语言论[M].陆卓元,译.北京:商务印书馆,1964:110.

形式与种族、文化之间就没有必然的联系,我们不能从语言形式中推导一种文化对客观环境的态度。不过,语言的内容跟文化是有密切关系的,语言的词汇或多或少反映出使用该语言的种族的文化。但语言和词汇并不是一回事,不能把二者混为一谈。

另外,萨丕尔还认为,语言、文化与思维的形式之间似乎存在着某种直接的联系,因此他认真探索了语言模式和思维模式的关系,力求证实语言对思维的决定性的影响。他认为语言是工具,思维是产品,没有语言,思维是不可能的。人在思维时,由于往往感受不到无声语言符号的存在,因而认为可不用语言进行思维,语言是一种结构,是思维的框架。后来,他在此基础上进一步提出了语言决定论的假设,这个假设成为著名的"萨丕尔-沃尔夫假说"的理论基础。

(三) 萨丕尔-沃尔夫假说

所谓的"萨丕尔-沃尔夫假说",指的是由萨丕尔提出、经他的学生沃尔夫论证和发展的一种语言决定论的世界观。其核心观点是:语言形式决定着语言使用者对宇宙的看法,人们按照语言描写世界的方式观察世界;语言不仅决定着一个民族的思维方式,同样也决定一个民族的文化;世界上的语言不同,各民族对世界的分析也不同。

在1931年发表的《原始语言中的概念范畴》一文中,萨丕尔进一步阐述了他的观点,"人们不仅仅是生活在事物的客观世界之中,同时也不仅仅是生活在社会活动的世界之中——像我们通常所想象的那样;他们在很大程度上还处在该社会用来作为交际工具的那种具体语言的影响之下。假如认为,我们不求助于语言的帮助就可以完全认识现实,或者认为,语言只是解决交际和思维的某些局部问题的辅助手段,这就错了。实际上,真实世界是在该族人的语言规范的基础上不知不觉地建立起来的……我们这样或那样地看到、听到和感知到某种现象,主要是由于我们社会的语言的规范预先规定了一定的表达形式","语言是认识社会现实的指南……使用不同语言的各社会成员所生活的世界是多种多样的许多个世界,而不是具有不同标志的一个同样的世界……语言并不像一些人天真地想象的那样,仅仅是经验的一种比较系统的罗列,这种经验仿佛人人都很熟悉。其实语言是一个闭锁的、能产的符号体系,这种体系不仅仅在很大程度上涉及不依赖于语言而获得的经验,而且实际上它还在自己的形式结构力所能及的范围内决定着我们的经验……由于语言形式具有的那种苛刻的支配力,支配着我们对世界的了解,因此,与其说意义是在经验之中揭示出来的,不如说意义是加在经验身上的"。①

可以看出,萨丕尔的基本观点是语言决定人们认识世界的方式,因此,不同的语言模式影响人们的思维,从而产生不同的思维模式,对世界形成不同的经验。这种观点有时也被称作语言相关论(linguistic relativism)。

不过,萨丕尔对语言在认识过程中的作用提出了原则性的看法,但并没有提出相应的语言材料来进行论证。这一工作是由他的学生沃尔夫完成的。沃尔夫原来并非语言学家,也没有受过专门的语言学教育。他在大学学的专业是防火技术,1918年自麻省理工学

---

① 徐志民.欧美语言学简史[M].上海:学林出版社,1993:241.

院毕业后,他就一直在保险公司当防火工程师。但他对人类学问题颇感兴趣,1926年起就利用业余时间研究阿西德克人和玛雅人的文化以及印第安语言。1931年秋,萨丕尔来到耶鲁大学任人类学教授,使得居住在附近的沃尔夫有机会旁听了萨丕尔的印第安语语言学课程。1937—1938年,沃尔夫本人也在耶鲁大学任人类学讲师,举办过一些人类学和语言学讲座。在萨丕尔的鼓励和指导下,他开始潜心研究语言与思维的关系问题。1925—1941年期间,他先后发表过50余篇报告和论文,去世时还留下了10多篇未刊登的稿子。他的主要论文(包括一些生前未发表过的)先后被编成三本论文选出版,即《纯理语言学的四篇论文》(1950)、《纯理语言学论文选》(1952),以及《语言、思维和现实》(1956)。其中,《语言、思维和现实》①一书,收有论文18篇,主要探讨语言对思维的影响问题,最全面地反映了他后期的语言相关论思想。

  沃尔夫完全接受了萨丕尔认为人的思维、经验和行为受制于语言的观点,并加以发挥。他说:"每种语言的体系(即语法)不只是思想声音化了的传达工具,更准确地说,它本身就是思想的创造者,是人类个体理性活动的纲领与指南……我们研究自然界是按照我们本族语为我们指出的方向来研究的。从现象世界中分离出来的范畴和形式,我们并没有把它们当作这些现象中的一种显而易见的东西。恰恰相反,呈现在我们面前的世界是千变万化的印象的洪流。这些印象正是由我们的意识所组织起来的,这种组织工作主要是借助于铭刻在我们意识中的语言体系来进行的。"②沃尔夫对一些美洲印第安语,特别是霍皮语(Hopi)做过相当深入的研究。在将语言的语法结构和印欧语言进行对比的过程中,他发现,"使用截然不同的语法的人被自己的语法结构强制着对外表相同的事物进行各种不同的观察,做各种不同的评价,因此,作为观察者来说,他们不可能被认为是相同的,因为他们对世界所持的观点各有不同"③。如,霍皮语中没有时间、速度、物质等概念,但霍皮语中有"延续时间"(duration)概念,没有物理学中的时间概念。要表达"他待了五天",用霍皮语只能说"他第五天离开"。霍皮语的动词没有时态变化,也没有速度概念,只有强度概念。因此,一个欧洲人和一个霍皮人讨论物理学和化学就非常困难:一个人讲化学反应的速度,而另一个人则讲反应的速度,这样两个人的理论体系就会有根本的差别。由此,他甚至断言,如果牛顿说的不是英语,而是霍皮语的话,他对宇宙的看法就会完全是另一种样子。这样一来,必然会产生一种语言相对论原理,这个原理认为:同一个物理论据,并不能使所有的观察者都得到相同的宇宙图像,除非他们的语言背景是类似的或者能够以某种方式互相校定。所以沃尔夫的结论是:"背景性的语言系统不仅仅是表达思想的一种再现工具,而且是思想的塑造者,是一个人思想活动的大纲和指南,被用来分析自己的种种印象,综合大脑中的一切东西。思想的形成并不是一个独立过程……而是某种语

---

 ① 本书在国内有湖南教育出版社2001年出版的书名为"论语言、思维和现实——沃尔夫文集"(高一虹等译)的中文译本,本节下面的引文主要来自该书。
 ② 本杰明·李·沃尔夫.论语言、思维和现实——沃尔夫文集[M].高一虹,等译.北京:商务印书馆,2012:62.
 ③ 本杰明·李·沃尔夫.论语言、思维和现实——沃尔夫文集[M].高一虹,等译.北京:商务印书馆,2012:84.

法的一部分。语法不同,形成过程也不一样,有的区别很大,有的区别甚微。我们都按自己本族语是规定的框架去解剖大自然……展示给我们的客观世界是个万花筒,是变化无穷的印象,必须由我们的大脑去组织这些印象,主要是用大脑中的语言系统去组织。我们之所以按照一定的方式解剖自然界,把它组织成许多概念,并赋予特定的意义,是因为我们达成了一个协议,同意按这种方式来组织自然界。这项协议适用于我们的整个语言社团,并用我们的语言模式固定下来。当然,这项协议是隐含的,并没有言明,但协议上的条款绝对是强制性的。如果不按协议的规定去组织材料或进行分类,我们就无法开口说话。"①

萨丕尔-沃尔夫假说可以在很多方面得到证实。以颜色词为例,由于人们的生存环境、生活条件的不同,人类对颜色的认知和命名既有很多共通的地方,也有很多差异。据说,世界上有4000多种颜色,而且它们能被绘成极为复杂的色谱,或被制作成精确的而又相互有差异的纯色样本。但这只是人为分类过程的结果。颜色原本是一种抽象的概念、笼统的感觉,后来随着文明的进化,人类把自己的这种视觉形象分段地切开,并加上标签,也就是语言,于是就变成具体的、由独立环节组成的东西了。因此,就人类语言学而言,对颜色的研究首先涉及连续性光谱各成分的界定和命名。

对颜色的命名和界定,各社区或民族之间也存在着明显的差异。当看到彩虹时,欧洲人能区分出六种鲜明的光带,即 red、orange、yellow、green、blue 和 purple,而中国人能看出红、橙、黄、绿、青、蓝、紫七色光。罗得西亚的肖纳(Shona)族人只能将其划分为三种:cipswuka、citema、cicena;而利比里亚的巴萨(Bassa)族人则划分得更少,只有 hui 和 ziza 两种。这并不意味着他们观察不到"纯黄"或"纯 yellow"等色,也并不是说肖纳人和巴萨人不知道变色,只是由于语言中的概念限制了他们对颜色的区分和表达。

萨丕尔和沃尔夫的假说,揭示了不同语言的语义系统的差异,提出了语言模式与思维模式相关的论题,应该说是有意义的,是值得进行深入探索的一个语言理论问题。它吸引了众多的人类学家、心理学家、语言学家、社会学家从人类思维与文化的各个角度探究语言的奥秘。然而,历来学者们对这一假说持否定态度的居多数。这主要是因为萨丕尔和沃尔夫的论据不足,结论过于武断。语言对人的认识有一定的影响,这是毋庸置疑的。然而他们断言语言决定思维,甚至认为人的一切行为都受制于语言,这无疑过分夸大了语言的作用。此外,沃尔夫还有一个突出的毛病,他提出的一些例证,概念十分混乱,常常划不清语言与非语言的区别。例如,他为了说明语言有决定一切、主宰一切的威力,常举他所熟悉的防火工作中的一个例子。他说,人们在挂着"汽油桶"牌子的仓库旁边一般比较注意安全,但在看见"空汽油桶"牌子时,往往就很放心,用火也很随便。而实际上,空汽油桶的易爆蒸气比装满汽油的汽油桶更容易引起爆炸。按照沃尔夫的解释,问题就在于"空"这个词标志着没有危险。实际上,在上述例子中,起决定作用的绝不是"空"这个词,而是一般人并不懂得空汽油桶更易爆炸这一事实。如果人们有这方面的知识,那么,在看到

---

① 本杰明·李·沃尔夫.论语言、思维和现实——沃尔夫文集[M].高一虹,等译.北京:商务印书馆,2012:96-110.

"空汽油桶"的牌子时,人们就必然会更加警惕。可见,这儿起决定作用的,并非语言,而是人的认识(知识)。对于颜色的表达也是如此,不产 apple(苹果)的地方很难创造出 apple-green(苹果绿),未见过 orange(橘子)的社区也说不出 orange yellow(橘黄),无雪的国度恐怕更想象不到 snow white(雪白)。这个假说的根本问题在于,他们夸大了语言的力量,把语言看成具有无限威力的主宰,把语言的差别和思维的差别等同起来,最终得出了语言决定思维的结论。当然,语言、思维和现实关系的问题,并非一个单纯的问题,而是一个极端错综复杂的问题。语言学家、哲学家对这一问题早就在进行思索和探讨,但至今还未弄得十分清楚。因此,萨丕尔-沃尔夫假说今后一定仍然会引起人们继续探讨的兴趣。

三、布龙菲尔德的语言学理论

(一) 生平及主要著作

列奥纳德·布龙菲尔德,美国语言学家,1887 年 4 月 1 日出生于美国芝加哥,父亲是个旅店老板,伯父莫里思·布龙菲尔德(Maurice Bloomfield)是讲授比较语言学和梵语的教授,曾任美国语言学会主席,也是一位著名的语言学家。但由于侄子的名气太大,人们在提到"布龙菲尔德"这个名字时,很少有人会想到伯父莫里思·布龙菲尔德,因此,在语言学界,"布龙菲尔德"成了侄子列奥纳德·布龙菲尔德的专名。1903 年,16 岁的列奥纳德·布龙菲尔德进入哈佛学院,1906 年就在该校获得学士学位。毕业后,他在威斯康星大学一面进修,一面担任德语助教,在那里,他结识了语言学家普罗可希(Edward Prokosch),受其影响决心研究语言学。1907 年,他转到芝加哥大学继续进修并承担教学工作,完成了学位论文《日耳曼语次元音交替的语义变异》,1909 年在该校获得博士学位。1913—1914 年,他到德国莱比锡大学和哥廷根大学进修语言学,同时结识了青年语法学派的一些代表人物,受到了较深的影响。

自取得博士学位后,他先后在辛辛那提大学与伊利诺斯大学任德语讲师(1909—1913 年),在伊利诺斯大学任比较文学与德语副教授(1913—1921 年),在俄亥俄州立大学任德语与语言学教授(1921—1927 年)。1924 年,他和 G. M. 博林(G. M. Bolin)、E. H. 斯特蒂文特(E. H. Sturtevant)等人联名倡议发起并成立了美国语言学会,次年出版了会刊《语言》。从此,语言学在美国的地位蒸蒸日上,成为一门独立的科学。1927 年,布龙菲尔德离开俄亥俄州,到芝加哥大学讲授日耳曼语文学课程;1940 年,布龙菲尔德到耶鲁大学讲授语言学课程。当时,第二次世界大战刚刚开始,美国急需大量的外语人才。布龙菲尔德除训练培养青年语言学家外,还亲自编了三种外语教材,其中两种是荷兰语教本,一种是俄语教本。布龙菲尔德还是个活动家和学术领袖,不仅曾任美国语言学会主席,而且是美国其他一些著名学会(如外语学会、语文学协会、东方学会等)的会员,担任过国际语言学家常设委员会的委员,曾经也是国际语音协会会员和丹麦皇家科学院的院士。

布龙菲尔德于 1949 年 4 月 18 日逝世,终年 62 岁。

1933 年,他的最有影响的著作《语言论》出版,他在该书中提出了美国结构语言学派研究语言的基本原则和描写语言结构的总框架,奠定了布龙菲尔德学派的理论基础。该书被当时的美国语言学者奉为"圣经"。除《语言论》外,布龙菲尔德比较有影响力的著作还有《他加禄语的文本及其语法分析》(1917)、《论中部阿尔贡金语的语音系统》(1925)、《语言科学的一套基本原理》(1926)、《科学的语言学诸方面》(1939)、《外语实地调查简明指南》(1942)等。

(二)布龙菲尔德的《语言论》

《语言论》是布龙菲尔德在1914年出版的《语言研究导论》的基础上修改而成的修订本。在写《语言研究导论》的时候,布龙菲尔德还是个"心灵主义者",坚持心理语言观,因此,他主要立足于心理学来阐释语言。但到1933年,由于受到华生(J. B. Watson)的行为主义的影响,他转变了立场,坚持机械主义语言观,因此,他对《语言研究导论》进行了大幅度的改写,全面阐述他的新的语言学思想。

《语言论》全书共28章,分为前后两个部分:第一至第十六章是前一部分,主要讲共时语言学;第十七至第二十八章为后一部分,主要介绍历时语言学。他本人的观点主要集中在前一部分。其核心观点主要包括如下几个方面。

1. 机械主义的语言观

在该书的序言中,布龙菲尔德说,他的那本1914年出版的《语言研究导论》,是以冯特(W. Wundt)的心理学体系作为基础的。到了写作《语言论》的时候,他已经认识到"不必引证任何一种心理学的论点,也能够从事语言的研究了",并且"这样的研究可以保证我们取得成果,并能使这些成果对有关领域方面的工作者更加有所裨益",他希望"只用阐明事实的方法"来研究语言,尽量避免对心理学的依赖。① 但事实上,他并未真正摆脱对心理学的依赖,只不过是由冯特的构造心理学转到华生(J. B. Waston)和瓦埃士(A. P. Weiss)的行为主义心理学而已。在这篇简短的序言中,布龙菲尔德明确地提出了机械主义(Machanism)和心灵主义(Mentalism)的对立。他说,"心灵主义学派是想用一种心灵方面的说法来作为语言事实的补充……机械论者的主张是,在阐述这些事实时不要做这种辅助因素的假定"②。他还说,"我之所以力求适应这种主张,不仅仅因为我相信机械论的观点是科学探讨的必要形式,而且还因为我认为以自己的立足点为基础的论述,比起一种仰仗另外一个人的或变化无常的各种论点来,是要更为扎扎实实,更为易于掌握的"③。

布龙菲尔德主张依据行为主义(Behaviorism)的刺激-反应公式来解释人类的言语行为。他认为,人类的言语行为和任何有机体的行为一样,同样可由对某种环境下呈现的刺激做出的反应的描写解释清楚。为说明这个问题,在《语言论》的第二章里,布龙菲尔德做出了下面故事中的假设。

琪儿和杰克正沿着一条小路走去。琪儿饿了。这时她看见路边的树上有苹果。于是

---

① 布龙菲尔德.语言论[M].袁家骅,赵世开,译.北京:商务印书馆,1980:3.
② 布龙菲尔德.语言论[M].袁家骅,赵世开,译.北京:商务印书馆,1980:4.
③ 布龙菲尔德.语言论[M].袁家骅,赵世开,译.北京:商务印书馆,1980:4.

她用她的喉咙、舌头和嘴唇发出一个声音。杰克接着就跳过篱笆,爬上树去摘了苹果,把它带到琪儿那里,放在她的手里。琪儿就这样吃到了这个苹果。

根据时间的先后顺序,这个故事可以分为三个部分:

A. 语言行为以前的实际事项;

B. 言语;

C. 言语行为以后的实际事项。

实际事项 A 主要涉及说话者,即说话者的刺激(stimulus,用 S 表示),包括:琪儿饿了(胃液分泌出来,或许还渴),光波从红色的苹果那里反射到她的眼睛里,她同时看到了杰克在她旁边,等等。实际事项 C 主要涉及听话者,即听话者的反应(response,用 R 表示):杰克去摘苹果,并把苹果交给琪儿;但也与说话者有关,即琪儿拿了苹果并且吃了。

现在,假如是另外一种情况:琪儿单独一人走路,或者一个不会说话的动物,在看到苹果之后,只好自己爬树摘苹果吃。

布龙菲尔德认为,上述两种情况下的行为方式是不相同的。后一种情况下的行为方式就是:

$$S \rightarrow R$$

即接受实际的刺激(S)后,自己做出反应(R)。

而在前一种情况下,则增加了"言语"这个环节,具体过程如下:

B1　琪儿受刺激后,及时做出实际反应,也就是做出发音动作,产生言语反应(即语言的替代性反应,用 r 表示,这就是 S→r)

B2　琪儿口腔里空气中的声波使周围的空气形成类似的波形振动。

B3　空气里的声波冲击杰克的耳膜,杰克听到了言语。听到的话(即语言的替代性刺激,用 s 表示)刺激了杰克。

因此,这种情况下的行为方式就是:

$$S \rightarrow r \ldots s \rightarrow R$$

通过这个故事,布龙菲尔德提出了机械主义语言观的三条原则。第一,语言可以在一个人受到刺激(S)时让另一个人去作出反应(R)。第二,劳动分工及人类社会按分工原则进行活动,都靠语言。第三,说话者和听话者身体之间原有一段距离——两个互不相连的神经系统——由声波作为桥梁,即"r...s"部分。

布龙菲尔德指出:"作为研究语言的人,我们所关心的恰恰正是言语的事项(r...s),它本身虽然没有价值,但却是达到某种巨大目的的手段。"①因此,这个部分是研究语言的人所关心的部分,是语言学的研究对象。

通过这种模式,布龙菲尔德把 A、C 等实际事项与言语行为 B 分开,并把 A、C 等实际事项看成意义。在他看来,语言的意义就是说话者说话时所处的情境和这个形式在听话者那儿所引起的反应。这样,布龙菲尔德便把意义排斥在语言研究的范围之外,告诫人们要从语音形式着手来研究语言。

---

① 冯志伟. 现代语言学流派[M]. 西安:陕西人民出版社,1999:138.

2. 言语社区理论

《语言论》的重要理论贡献之一是论述了言语社区（speech-community）问题。以往的论著很少关注该问题。布龙菲尔德首次将其作为重要问题来论述。他认为，言语社区就是通过言语来相互交往的一群人。它是社会群体中最重要的一种。言语社区和人的生理群体没有什么关系。使用不同语言的人在通婚后，对他们的子女的语言没有影响。语言不是遗传的，是后天从周围的环境中习得的。在同一个言语社区里，存在着不同的"交际密度"（densities of communication），因此，要区分语言（language）和方言（dialect）就非常困难。如果两个社会群体断绝一切交往，那么这两个社区的语言就会逐渐变成两种语言；如果由于社会原因或地理原因，两个群体交往很少，他们就很难听懂相互之间的话；如果不经常交往，就会出现两种方言。根据言语社区的特征，布龙菲尔德把语言变体分为以下五种。

一是文学标准语体（literary standard）。这是比较正式的语体，主要用于正式演讲和书面语，为受过教育的人使用。

二是口语标准语体（colloquial standard）。这是特权阶层的非正式语体。

三是地方标准语体（provincial standard）。这种语体与口语标准语体较为接近，因地而异。如英美两国的地方标准语体就有明显的不同。民歌地方标准语体主要指中产阶级使用的语言。

四是非标准语体（sub-standard）。这是中下层阶级的语言，与前三种语体有明显的差别，但没有地域差异。

五是地方方言（local dialect）。这是最低阶层的语言或家庭日常用语，同一社区内的其他人如果不事先了解，一般听不懂。

3. 音位理论

在《语言论》中，布龙菲尔德区分了实验语音学（experimental phonetics）和实用语言学（practical phonetics）两个概念。所谓实验语音学，指的是对语言进行纯形式的研究，即在研究语言的声音时，完全不去过问它的意义，这就是通常所说的语音学。而实用语言学则是研究具有意义的语音，这就是音位学。布龙菲尔德指出，说话者的声音千姿百态，没有任何两个音是完全相同的。同一个人讲同一个词，讲100次可能就有100种特点。语音差异如此之大，为什么人们能互相听懂呢？主要是因为在全部音响特征（gross acoustic features）中，有些是无关紧要的，没有区别作用（non-distinctive），有的与意义有关，有区别作用（distinctive）。也就是说，语音的数目虽然可能很多，但不是每一个都能和意义直接发生联系，只有一部分具有区别意义的特征才能说是与意义有密切联系。因此，语音的特征就可分为区别特征和非区别特征两种。具有区别特征的语音就是音位。他对音位所下的定义是有区别的声音特征的最小单位。不过，一个语音特征是否具有区别作用是随语言而不同的，因为在某种语言中有区别特征的语音在另一种语言中可能是有非区别特征的语音。他进一步指出，要研究区别特征，就必须忘记实验语音学，必须研究语言形式的意义。因为实验语音学本身不能确定声波中什么是有区别的，什么是没有区别的，因为它不能告诉我们一组组声音意味着什么。要想知道英语 man（人，单数）和 men（人，复数）中两个元音间的差异是有区别意义的,必须知道英语的这些言语形式是在不同的环境中使用的。要找出音位,就必须把不同的话语加以比较。布龙菲尔德采用最小音差对词测验(the minimal pair test)的方法来确定音位。如对英语中的 pin(别针)可以进行如下检测。

(1) pin—fin,sin,tin
(2) pin—man,sun,hen
(3) pin—pig,pit,pill
(4) pin—pat,peg,push
(5) pin—pen,pan,pun
(6) pin—dig,fish,mill

每换一个音,都会改变这个组合的意义。这样,我们可以把 pin 分析为三个单位:p+i+n,这三个音就是不可分割的区别意义的最小的单位,即音位。

布龙菲尔德把音位分成三种:①简单基本音位(simple primary phoneme),也叫音段音位(segmental phoneme),如上面所举的 pin 所含的三个音位;②复合音位(compound phoneme),如双元音;③次要音位(secondary phoneme),即由音高、音强和音长这些非音质因素而造成的音位,这类音位又叫超音段音位(suprasegmental phoneme)。

4. 语言形式

布龙菲尔德在语言形式和语言分析方面提出了不少独创的概念和见解。他把语言形式区分为黏着形式(bound form)和自由形式(free form)两类:不能单说的语言形式叫作黏着形式,可以单说的则称作自由形式。

同时,他还根据语言形式的结构特点,对简单形式(simple form)和复合形式(complex form)做了区分,认为凡是和别的语言形式在语音、语义上有部分相似的语言形式就是复合形式,而跟别的任何一个语言形式在语音、语义上没有任何部分相似的语言形式就是简单形式,简单形式也叫作语素(morpheme)。

布龙菲尔德认为语法就是语言形式的配列(arrangement)。用他的话来说,就是每一种语言都用形式的配列来表示一部分意义,在每一种语言里,各种形式的有意义的配列构成了这种语言的语法。他阐述了语言形式配列的四种主要方式:①词序(order),即构成形式的成分出现的先后;②变调(modulation),即语音的抑扬顿挫和轻重缓急,也就是次要音位的使用;③语音修饰(phonetic modification),即语音的变换,主要音位发生变化,例如 do 和 not 这两个形式组成一个复合的形式 don't;④选择(selection),即相同的形式下选择不同的成分,他认为在其他语法配列上都相同而在选择上不同的形式也会产生不同的意义。

有关语言形式,布龙菲尔德提出并阐述的概念还有形式类(form-class)、法素(tagmeme)、法位(taxeme)、直接成分(immediate constituents)、向心结构(endocentric structure)和离心结构(exocentric structure)等。

所谓"形式类",指的是一个形式能出现的一些位置就是它的多种功能(function),或作为总体来讲就是它的功能所有能占据某一特定位置的形式,因而就构成一个形式类。他反对传统语法把词分成动词、名词、形容词等词类,主张用"形式类"这个概念。他认为传统语法试图用类别意义(class meaning)来区分形式类,即指出一个形式类中的词汇形式所共有的意义特征,这是把哲学或其他科学的分类和语言学的分类混为一谈。形式类应该依据形式成分在句法结构中的位置来分。形式类可以有两种:小的形式类和大的形式类。小的形式类只区分个别词汇。大的形式类可以把全部词汇归类,这就是范畴(categories)。不同语言的范畴是不同的,如性、数、格和时、体、态等范畴,在不同的语言之间就有很大差异。

所谓"法位",就是语法配列的特征(即语法特征)。一组法位或一个独立的法位构成语法的结构形式(tactic form),结构形式和相应的意义的结合体就是语法形式(grammatical form),语法形式中的最小的有意义的单位就是"法素"。法素的意义是语法元素(episememe)意义。如:"run!"这个语法形式就包含两个语法单位,即收尾的音高变调和运用动词不定式的选择特征。这两个单位都是结构形式,把每个单位加上意义就成了语法元素,如这个特殊的收尾音高同词汇结合在一起就具有"强烈刺激"的语法意义。这样,在布龙菲尔德的理论体系中,语言符号中有意义的特征就有两类:由音位组成的词汇形式和由法位组成的语法形式。这两种形式的单位对比如下。①

(1) 语言符号中没有意义的最小单位。

语位(phememe):

(a) 词汇的:音位(phoneme)。

(b) 语法的:法位(taxeme)。

(2) 语言符号中有意义的最小单位。

义位(glosseme);义位的意义是义素(noeme):

(a) 词汇的:词素(morpheme);词素的意义是词素义(sememe)。

(b) 语法的:法素(tagmeme);法素的意义是法素义(episememe)。

(3) 语言符号中有意义的或复杂的单位。

语言形式(linguistic form);语言形式的意义是语言意义(linguistic meaning,简称语义)

(a) 词汇的:词汇形式(lexical form);词汇形式的意义是词汇意义(lexical meaning)。

(b) 语法的:语法形式(grammatical form);语法形式的意义是语法意义(grammatical meaning)。

所谓"直接成分",就是直接组成某个复合形式的成分。布龙菲尔德认为,每一个独立的复合成分(句法结构)都是由两部分构成的,因此可以用两分法来分析,据此他创造了直接成分分析法(IC分析法)。如这样一个句子:Poor John ran away(可怜的约翰跑掉了),这个形式含有五个语素,即 Poor、John、ran、a-和 way。如果我们直接把它划分为最终成分,即语素,就无法真正了解这一形式。首先应分解为两个直接成分:Poor John 和 ran away。这两个部分又各自是一个复合形式,Poor John 的直接成分是语素 Poor 和 John,ran away 的直接成分是语素 ran 和复合形式 away,away 再进一步分解为语素 a-和 way。布龙菲尔德认为,只有用这种方法分析,才能正确地理解语言的结构成分和层次关系。

---

① 赵世开.美国语言学简史[M].上海:上海外语教育出版社,1989:47.

根据形式类的特点,布龙菲尔德又进一步把句法结构分成向心结构和离心结构两类。结构本身在句法上与其所包含的至少一个直接成分具有大致相同的功能,这个成分可以代替整个结构的功能,这种结构就是向心结构。如 boys and girls(男孩和女孩)中的 boys 和 girls 整个结构属于同一形式类,poor John(可怜的约翰)中的 John 也和整体结构属于同一形式类,这两个结构都是向心结构。结构本身在句法上与其所包含的任何一个直接成分的功能都不同,即结构内部任何一个成分都不能代替这个结构的功能,这种结构就是离心结构。如 John run(约翰跑)和 beside John(在约翰旁边)这两个结构中,无论是 John ran 和 John 或 ran,还是 beside John 和 beside 或 John,都不属于同一形式类,不具有相类似的功能,因此它们都是离心结构。

《语言论》的第二部分主要阐述了历史语言学中的一些重要问题。布龙菲尔德指出了比较语言学的语言谱系树形图具有两大缺点,因为这种图形显示:第一,源语言社区在语言方面是完全一致的;第二,这个源语言社区突然之间就分裂成两个或多个界限分明的语言社区,而且它们之间再也没有任何来往,而事实上这种社区是不存在的。《语言论》在历史语言学方面的主要贡献还在于书中归纳了以下语言变化的四种类型。

(1) 社会文化变化(sociocultural change):某种形式的出现可以是当时社会现实的需要,而某种形式的消亡也有许多社会文化方面的原因,如避免头韵、半谐音和禁忌语等。

(2) 类推变化(analogical change):根据其他形式的变化规律类推出另一个形式的变化。如古英语中,cow 的复数形式是 kine,但是由于 sow 的复数形式是 sows,于是有人就开始用 cows 来表示 cow 的复数形式。

(3) 语义变化(semantic change):只改变词汇意义,不改变形式的语法功能。布龙菲尔德列举了语义变化的九种情况:语义缩小、语义扩大、隐喻、转喻、提喻、弱化、强化、贬义化、褒义化等。其中,语义缩小和语义扩大这两种情况是最常见的。

(4) 借用(borrowing):从别的语言中借用部分语言成分。这是语言发展中常见的现象。借用有三种,即方言借用(dialect borrowing)、文化借用(cultural borrowing)和直接借用(intimate borrowing)。

布龙菲尔德的这些语言学新思想,对 20 世纪 30 年代和 40 年代的美国语言学有着深刻的影响。《语言论》作为教材曾多次印刷,在美国语言学界风靡了足足 20 年,至今仍然是一本值得语言学研究者研读的经典著作。

第六节 法国的功能语言学

法国的语言学受到索绪尔很大的影响。著名法国语言学家梅耶,在巴黎高等研究学院求学期间曾经听过索绪尔的课;1889—1890 年,索绪尔因病不能到学校执教,梅耶曾受命代替索绪尔授课。1891 年冬,索绪尔离开巴黎赴日内瓦以后,梅耶继任这个学院的语言学研究指导教授。梅耶完全接受了索绪尔的社会心理观和普通语言学思想。索绪尔逝世以后,梅耶等人形成了法兰西学派,继续发扬索绪尔的思想,培养了众多弟子,使法国成为结构主义语言学的一块活跃的阵地。不过,梅耶之后的法国语言学家们并没有拘泥于索绪尔的学说,而是在此基础上有着自己独立的思考和见解。这一时期的法国语言学对语言的结构和功能进行了深入的思考和认真的探讨。比较成熟的理论有马丁内提出的语言功能观、特思尼耶尔提出的从属关系语法以及纪尧姆提出的心理机械论。其中,马丁内和特思尼耶尔的理论都对当代的语言学产生了较大的影响。

一、马丁内的功能语言学思想

马丁内是法国著名语言学家,1908年生于法国萨瓦山区奥特维尔城(Hauteville)的一个教师家庭。1928年,马丁内进入巴黎高等研究学院,先后在梅耶和房德利耶斯(Veadryès)的指导下学习日耳曼语言学,受到了系统的历史比较语言学的训练,他的博士论文《日耳曼语言中起于表情的叠辅音》就是在梅耶等人的指导下完成的,梅耶直到去世前还在挂念着他的这篇论文的写作情况。1932年,马丁内到了丹麦,在叶尔姆斯列夫的指导下进修语符学,但他对语符学只谈形式不谈实体的理论不太满意,认为这种理论是一座"象牙之塔",因此,他并没有接受语符学的理论。不过,语符学所体现的索绪尔的结构主义观点对他还是产生了较大的影响。1938年,马丁内回到法国,担任巴黎高等研究学院语言学研究指导教授。1946年,马丁内到了美国,担任哥伦比亚大学的校长及教授,并任著名语言学刊物《词》的主编,且一度任纽约国际语言学会主席。1955年,马丁内回到法国,担任巴黎高等研究实习学院第四系的结构语言学研究指导教授,同时担任巴黎大学文学院语言研究所所长和普通语言学教授。1976年,他创办了《语言学》杂志;1976年,他参与建立国际功能语言学协会,是该组织的重要领袖。

马丁内的主要著作有:《当代法语语音》(1945)、《奥特维尔地区(萨瓦山区)法-普罗旺斯方言的语音描写》(1945)、《作为功能语音学的音位学》(1949)、《语音演变的经济原则》(1955)、《普通语言学原理》(1960)、《语言功能观》(1962)、《共时语言学》(1965)、《功能句法研究》(1975)。

马丁内是梅耶的学生,他的研究重点在音系学(Phonology)方面,但由于受到了索绪尔的影响,他在普通语言学方面也提出了一套系统的理论。他的学术观点与布拉格学派比较接近,有不少人把他归入布拉格学派,其实他的功能语言观自成体系,以他为代表的功能语言学派,对后来的西方语言学产生了重要影响。马丁内的主要贡献是提出并论述了功能语言观和语言经济原则。下面分别加以介绍。

(一)马丁内的语言功能观

和布拉格学派一样,马丁内也十分重视语言和语言单位的功能,他在语言的各个平面上,在确定语言事实、划分语言单位的类别、描述语言结构以及解释语言单位变异幅度和演变规则时,都以功能作为基本依据。因此,他把自己的理论称为"功能语言学"。马丁内的功能语言学思想的核心内容主要包括如下几个方面。

1. 语言研究要以功能作为基本依据

马丁内认为,要区别两种功能:一是语言在人们社会生活中所完成的职能,主要包括交际功能、表达功能、思维推理功能、称谓功能、美学功能等(其中,交际功能是语言的基本功能,其他功能则是第二位的功能);二是语言单位在完成交际功能的过程中所承担的功能,包括语言单位的作用,在一定语境中语言单位之间的关系等。

马丁内指出,语言功能具有超越一切的重要性,因此,在语言研究中,无论在哪个平面上考察语言现象,都要以功能作为基本依据。这样做通常会使人们更加尊重事实。

2. 语言是具有双重分节的交际工具

马丁内提出:"语言结构是语言功能的一个方面。"①他根据语言单位在交际过程中发挥的不同功能,把语言定义为具有双重分节(double articulation)的交际工具。在他看来,语言结构可以分成两个分节。第一分节的最小单位是符素(moneme),符素是声音和意义结合的单位,相当于我们通常所说的语素或词,其表现形式为随着出现时间的先后排成的序列,承担着表义的功能,所以又叫"表义性单位"(significative unit)。第二分节的最小单位是音位(phoneme),音位本身没有意义,只能区别符素的意义,承担着区别性功能,所以又叫作"区别性单位"(distinctive unit)。

马丁内还指出,功能是确定语言事实的标准,即一种语言现象能否被看作语言事实,要看它能否在语言交际中完成一定的功能;这样,在语言研究中,就可以把一些无关紧要的物理状态和个人变异放在一边,抓住能完成表义功能和区别功能的语言事实。这一原则,叫作"功能筛选"(criblage functionnel)。

3. 现实主义语言观

为了将自己的功能思想和其他结构主义学派的功能概念区分开来,马丁内用"现实主义"(realism)这个词来表明他的立场。马丁内所说的"现实主义"的具体含义是:不要为了维护一种假定、一种原则、一种方法,而抛掉某些极其重要的语言事实。换句话说,就是在运用某些结构主义方法不能说明事实的时候,可以不受某一种方法的拘束。因此,马丁内在许多做法上就有了和其他结构主义者的不同之处。主要表现在以下几个方面。

(1) 把言语活动作为语言学的研究对象。

在《普通语言学教程》一书的结尾部分,索绪尔提出,语言学的唯一的、真正的对象就是语言和为语言而研究的语言。这一口号被大多数结构主义语言学家奉为指南。但马丁内却提出了另一个口号:就人类言语活动、为人类言语活动而研究言语活动。马丁内声称,他所说的"言语活动",既包括索绪尔的"语言"(langue),又包括索绪尔的"言语"(parole)。他说:"科学研究首要的要求就是不能因为方法上的苛求而牺牲研究对象的完整性。"②因此,不能把言语排除在语言学研究的范围之外;语言学家要从言语中通过功能分析,归纳出语言系统,语言事实要经过功能筛选来确定,而不能随便由事先画好的语言的框框来确定。语言事实不能只局限于在语言的结构系统中来研究,而应该放在言语活

---

① 周绍珩.马丁内的语言功能观和语言经济原则[J].国外语言学,1980(4):4-12.
② 冯志伟.现代语言学流派[M].西安:陕西人民出版社,1999:153.

动中,放在语言功能系统的运转中来研究。就像说明钟表的齿轮如何在运转中相互配合和发挥作用一样,我们要将此方法用来说明语言结构系统中各组成部分的系统功能。

(2) 语言研究既要注重形式,也要兼顾实体。

索绪尔另一句名言是:语言是形式而不是实体。这句话是所有结构主义语言学派进行语言研究的出发点。马丁内也把形式作为语言分析的主要依据。但是,在研究中,马丁内发现,有时会遇到难以找到形式依据的情况。如,在句法分析中,会遇到形式相同而功能不同的情况,请看这样两个英语结构:He gives... to his daughter(他把……给他的女儿)和 He goes to Amsterdam(他去阿姆斯特丹)。在这两个句子中,介词 to 分别具有趋向功能和给予功能,而单靠形式本身是无法看出这种功能上的差别的。这样就只能借助上下文的语符的意义才能识别。而在语符学中,意义被看作实体,不在考虑之列。马丁内认为,在难以找到形式根据的情况下,也可以依靠实体来识别语言的功能。如法语中位于前高元音后的/-ll-/可变为/-j-/,这种变化就需要借助语音实体发音原理来说明:由于/-ll-/受前高元音的影响而腭化,使其发音部位和发音方法都与/-j-/接近,而要保持腭化的/-l-/和/-j-/的区别,在发音上比较困难,所以,在不要求保持二者区别功能的情况下,腭化的/-ll-/可能丧失边音的特征而变为半元音/-j-/。如果不借助于语音实体,类似这种变化的情况就很难说清楚。

(3) 既要重视历时研究,也要重视共时研究。

索绪尔认为,共时语言学仅仅与语言有关,而历时语言学则与言语有关。共时观点与历时观点的对立是绝对的,不容许有任何妥协。并且,从语言研究的角度来看,共时观点比历时观点更重要。马丁内则认为,作为人类交际的语言,是随着交际的需要的改变而不断变化的,因此语言机制的平衡会不断被打破,并且在新的形式下形成新的平衡。因此,语言的共时的状态与历时状态是分不开的。马丁内调查了 66 个出生在 1920 年以前的巴黎人,他们不能区分 patte[pat](爪子)和 pâte[pa:t](面团)中的元音/a/和长元音/a:/。同时,他又调查了 1940 年以后出生的许多巴黎人,他们中超过 60% 的人认为这两个词中的元音相同。但这种情况并不影响上述两代人之间进行交际。这种现象从共时的观点来看,说明了现代法语中/a/和/a:/的对立已不具普遍性;从历时的观点来看,说明/a/和/a:/的对立在巴黎人的习惯用法中已经逐渐消失。可见,语言作为交际工具的职能尽管是纯共时的,但也包含着语言的历时的发展,在语言研究中,仅仅偏重一方是不恰当的。

(4) 重视各种语言的特殊性。

马丁内认为:"每一种语言都按自己特有的形式来组织和它相对应的经验材料。"[1]例如,"他游过了河"这个句子,用法语说是"Il a traversé la rivière à la tê la nage",用英语说是"He swam across the river"。"游"这个概念在法语中用状语"à la nage"来表示,但在英语中则用谓语"swam"来表示;"通过"这个概念在法语中用动词"a traversé"来表示,在英语中则用介词"across"来表示。这就说明,不同语言的词汇意义和功能的分配情况是各不相同的。再者,不同语言的音位数量和完成区别功能的情况也各不相同。即使有些音是

---

[1] 冯志伟.现代语言学流派[M].西安:陕西人民出版社,1999:153.

几种语言共有的,但它们在不同的音位系统中所处的地位和所受的影响也各不相同。所以,在语言研究中,要对各种语言的各自不同的语言现象进行分析,不能把对一种语言分析的结果硬套在另一种语言上。

(二)语言经济原则

语言经济原则(économie du langage)是马丁内在《语音演变的经济原则》一书中,作为语音演变的基本规律提出来的,后来他干脆认为语言经济原则是语言运转的基本原理(principe de fonctionnement)。语言经济原则的基本内容如下:言语活动中存在着从内部促使语言运动发展的力量,这种力量可以归结为人的交际和表达的需要与人在生理上(体力上)和精神上(智力上)的自然惰性之间的基本冲突。交际和表达的需要始终在发展、变化,促使人们采用更多、更新、更复杂、更具有特定作用的语言单位(符素或音位),而人在各方面表现出来的惰性则要求在言语活动中尽可能减少力量的消耗,使用比较少的、省力的、比较熟悉的、比较习惯的或者具有较大普遍性的语言单位。这两方面的因素相互冲突的结果,使语言处在经常发展的状态之中,并且总能在成功地完成交际功能的前提下,达到相对的平衡和稳定。经济原则是支配人们进行言语活动的规律,它使人们能够在保证语言完成交际功能的前提下,自觉或不自觉地对言语活动中力量的消耗做出合乎经济要求的安排。语言经济原则能对语言结构演变的特点和原因做出合理的解释。

马丁内认为,合理安排力量消耗的经济原则,在语言这一功能结构的运转中,是无处不在起作用的。[①]

首先,语言的第一分节受着经济原则的支配。例如,法语"J'ai mal à la tête"(我头痛)这句话中,包含六个排成言语链的符素,它们不仅仅在这句话的这种排列中表示"我头痛"这一经验,而且,每一个符素还可以用在别的地方表示别的经验.如 mal 也可以用于"Il fait le mal"(他干坏事)中,表示"坏事",tête 也可以用于"Il s'est mis à leur tête"(他成为他们的头领)中,表示"头领"。如果在每一个具体环境中,每一件交际的事情都与一个特定的符素相对应,那么,符素的数量就会大大膨胀,以至于人脑记不住,无法掌握。由于语言经济原则的作用,语言中的一个符素可以有多种用途,这样就可以减轻人们记忆的负担,保证交际活动的正常进行。

不仅如此,语言的第二分节也受着经济原则的支配。语言中数以万计的符素的语音形式,都是由为数有限的音位组成和区分的。例如,法语中的 tête/tɛt/(头)这个符素,它是由音位/t/(出现两次)和音位/ɛ/组成的,而这两个音位中的每一个都可以和别的音位组成许多不同的符素。借助/t/和/b/的对立,我们可以把 tête 和 bête/bɛt/(牲畜)区别开来;借助/t/和/r/以及/ā/和/ɛ/的对立,我们可以把 tante/tāt/(姑姨)和 terre/tɛr/(土地)区别开来。而且,语言中这为数有限的音位,又是由数目更少的区别特征构成的。如果每一个符素都要求一个特殊的音位,而每个音位都要求有一个特殊的区别特征,那么人们就得区分成千上万的音位和区别特征,这是人们的发音器官和听觉器官所难以胜任的。

---

① 周绍珩.马丁内的语言功能观和语言经济原则[J].国外语言学,1980(4):4-12.

由此可见，语言的第一分节和第二分节都受着经济原则的支配。

经济原则的作用在语音演变中显示得更为明显。例如，古印欧语中没有重叠辅音，但到了古希腊语、古拉丁语、古英语时期，在某些表现力强的词汇单位中，在元音之间单辅音的地方，使用同一辅音的重叠形式来突出这些词的表现力，出现了 /-tt-/、/-nn-/、/-kk-/ 这类重叠辅音；其中，第一个辅音为缩气音，第二个辅音为破裂音。这样，发出来的音比相应的单辅音更长、更强，所消耗的力量也更大。经过一段相当长的时间后，采用重叠辅音的表现力强的词汇单位越来越多，重叠辅音的使用频率越来越高。这样，人们发音时所消耗的力量就越来越大，在语言经济原则的作用下，为了减少发音时力量的消耗，就出现了重叠辅音简化为单辅音的趋势，同时，也有了重叠辅音与单辅音混淆的可能性；为了保留它们的区别功能，各种语言采取不同的演变方式。例如，古英语中的 knokke（敲打），到现代英语中变为 knock/nɔk/，其中，/-kk-/ 在现代英语中与 /-k-/ 合并，原有的元音 /o/ 变为 /ɔ/，承担了区别功能。

经济原则在语法和词汇中同样起作用。如在印欧语系的各语言中，语法符素（如介词、连词以及表示格、时、体、人称等的词尾）的使用频率比词汇符素（如动词、名词、形容词词干）高得多。由于经济原则的作用，这些语法符素的平均长度比词汇符素的平均长度短得多。这样，尽管语法符素出现频率高，但它们使用起来并不费力。又如，印欧语系诸语言的一般句子的谓语总带有主语（祈使句除外），在和谓语相联系的各种句子成分中，主语的使用频率是最高的，由于经济原则的作用，作为主语的符素没有任何特殊的形式标记：俄语的名词和代词作为主语时总是用第一格，法语和英语的代词作为主语时用主格，这样，就可以减轻人们记忆的负担。

再比如，法国家庭妇女常用 Bendix（一种洗衣机的商标牌号）代替 machine à laver（洗衣机）。二者相比，从组合轴上看，Bendix 只有六个音位、两个音节，而 machine à laver/maʃinalave/ 则有十个音位、五个音节，显然，前者在发音上更经济。但从聚合轴上看，与 Bendix 同时存在可供说话者选择的，还有 Laden 和 Conord（都是洗衣机的商标牌号），而用 machine à laver 时则不需要做类似的选择，所以后者在记忆上更经济。但说话者究竟采用哪种形式，原则上取决于符素的使用频率。经常提到的事物会在记忆中成为习惯，采用发音上更经济的简单形式便不会再增加记忆的负担。

经济原则是支配人们言语活动的一条重要规律。马丁内对语言经济原则的论述，为语言研究提供了一个有相当解释能力的理论模式。这一理论已受到当代语用学家和功能语言学家们的广泛认同，成为他们研究和解释复杂语言现象的重要依据之一。

二、特思尼耶尔的从属关系语法

吕西安·特思尼耶尔，1893 年 5 月 13 日生于法国鲁昂附近的一个公证人家庭。他在中小学读书时便学业成绩出众，并显露出对语言的兴趣和才能。

1912 年，特思尼耶尔入巴黎大学学习德文，次年获学士学位，后来到德国留学，师从青年语法学派的代表人物布鲁格曼。1921—1924 年，特思尼耶尔任南斯拉夫卢布尔雅那大学法语教师。同时他潜心钻研斯洛文语并进行实地考察,完成了他的第一部著作,也是他的博士论文——《斯洛夫语的几种双数形式》,回国后任斯特拉斯堡大学斯拉夫语讲师,后任教授。1934年,他在《斯特拉斯堡大学语文系通报》上,发表了文章《怎样建立一种句法》,他在这篇文章中阐述了从属关系语法的基本观点。1937年起,他任蒙彼利埃大学比较语法教授。从1939年起,他开始写从属关系语法的巨著《结构句法基础》,边写边改,反复琢磨,数易其稿,一直到1950年才完成。1951年后,他改任语言学教授。

从1953年起,特思尼耶尔的身体情况开始恶化。他沉疴不起,竟未能看到倾注了十几年心血的著作问世。特思尼耶尔于1954年12月6日与世长辞,享年61岁。他的学生、挚友福凯(L. Fourquet)和多马(F. Daumas)整理了他的遗稿,《结构句法基础》一书在他去世后5年后(1959年)出了初版,11年后(1965年)出了第2版。

特思尼耶尔的主要贡献是创立了从属关系语法的一般理论。他做了大量的语言对比研究,涉及的语言有古希腊语、罗马语、罗曼语、斯拉夫语、匈牙利语、土耳其语和巴斯克语等。他曾为不能引用东方语言为例而深感遗憾,因为他的研究目标是建立一门跨越各国语言界限、揭示语言内在规律的新型句法理论。特思尼耶尔的全部观点均体现在《结构句法基础》这部专著中。全书近700页,分为以下三大部分。

(一) 关联

关联(connexion),亦译作联系。他认为,组成句子的每个单词并不是孤立存在的,它们相互之间有密切的联系。比如,在"小王睡觉"这个句子中,不仅有"小王"和"睡觉"这两个因素存在,而且还有把这两个词从句法上联系起来的第三个因素,即关联因素,通过关联因素联系起来的句子成分,相互之间存在着一种依存关系,其中支配成分可以领属多个从属成分,而一个依附成分却只能隶属于一个支配成分。从属关系语法揭示了句子之间隐藏于线性语链后面的从属关系;在句子结构中,动词处于中心的、领先的位置[即支配成分(régissant)]。下属动词的从属成分为配角(actant)和说明成分(circonstant)。配角成分参与句子动词的行为,说明成分用以说明动作发生的地点、时间、方式和方法。配角成分总是以名词或名词的等值形式(即代词)出现,而说明成分则总是以副词或副词的等值形式(即介词词组)出现。配角成分可分三种,分别相当于传统语法中的主语、直接宾语和间接宾语。一个句子的说明成分可以是无限的。特思尼耶尔认为动词可以跟化学元素的原子相比较。一个原子能和其他原子相结合的数目,称为化合价;一个动词能支配配角成分的总和,称为这个动词的配价。因此,从属关系语法亦称配价语法。按其支配配角成分数量的多少,动词可分为四类:①零价动词(avalent),即无人称动词(如"下雨");②一价动词(monovalent),相当于不及物动词(如"小王睡觉");③二价动词(divalent),即及物动词,可分主动(如"小王打小张")、被动(如"小张被小王打")、反身(如"小王打自己")和互反(如"小王小张互打"这四种关系;④三价动同(trivalent),亦属及物动词(如"小王送小张一幅画")。句子成分之间的从属关系这一部分内容,是配价语法的基础。

（二）结合

结合(junction)把同一类型的两个成分联结起来，增添成分，以达到扩充和延长句子的目的。结合是通过语法手段——结合虚词(junctifs，如"和""或者"和"但是"等)来实现的。虚词只具有语法功能而无实在意义。具有实在语义的词叫实词，包括名词、动词、形容词和副词四种。结合独立于两个相加的成分之外。用结合虚词可以连接两个或两个以上的同类成分(比如，"张三和我""老张、老王、老马以及老赵""他不但学习努力，而且工作认真"，等等)。

（三）转换

转换(translation)也是扩充句子的一种重要手段。转换"可以把一种语法范畴改变为另一种语法范畴，转换不一定使句子规模增大，而主要增加其内在的多样性"；转换使用转换虚词(translatif)，介词和从属连词(如"由""假如"等)就属于此类。转换除转换虚词之外，还包括其他两个要素，即被转换的成分(transférende)和转换后的成分(transféré)。

特思尼耶尔是20世纪上半叶法国著名语言学家。他从常识和情理出发，提出了一套处理纯形式的句法结构和语义之间的关系的理论，提供了另一种形式化的规则系统，从而对现代语言学，特别是句法学，做出了自己的贡献，被视为从属关系语法的创始人。

第七节　英国的伦敦学派

伦敦学派是结构主义时代的一个重要的语言学流派；这个学派的创始人是弗斯。

弗斯1890年6月17日生于英国的约克郡；1911年从利兹大学历史系毕业；两年后获硕士学位，在利兹市师范学院讲授历史课程。第一次世界大战前夕，弗斯进入英国印度教育事务部工作，1914—1918年第一次世界大战期间，他在印度、阿富汗和非洲等地服兵役。这为他提供了接触异族语言的机会，从而使他对语言学产生了浓厚的兴趣。随军服役期间，他开始研究印度和非洲的语言，学术兴趣逐渐从历史学转到语言学。战后，弗斯待在了印度，自1920年起，他担任印度拉合尔(今属巴基斯坦)旁遮普大学的英语教授，这使他对东方语言学有了较充分的了解。1928年，他回到英国，担任伦敦大学的语音学讲师，在丹尼尔·琼斯(Daniel Jones)的指导下工作，在治学传统和学术思想上受到了琼斯的较大影响。此间，他还兼任伦敦政治经济研究院语言社会学讲师、牛津印度学院印度语语音学讲师、东方研究学院语言学讲师。这个时期，他和伦敦政治经济研究院的著名人类语言学家马林诺夫斯基成了好朋友，两人过从甚密，观点一致，马林诺夫斯基的许多观点后来成了弗斯语言理论的主要内容。1937年，弗斯再次前往印度，专门研究古吉拉特语(Gujarati)和泰卢固语(Telugu)。1938年，他返回英国，东方研究学院改名为东方与非洲研究学院，他被聘为该学院语音学系和语言学系的专职讲师，讲授语言学和印度语课程。1940年，他升为副教授，1941年升为教授并成为该系的主任。1944年，伦敦大学开设普通语言学讲座，弗斯担任第一任主讲教授。这个学衔扩大了弗斯的学术影响力，确立了他在英国语言学界的领导地位，奠定了伦敦学派建立和发展的基础。1954—1957 年，弗斯担任英国语文学会主席。同时，他还经常赴国外讲学，参加过巴黎语言学会主办的语义学讲座，参与过联合国教科文组织的语言学家常设委员会的工作。1956 年，他因病退休，后又于 1957 年应美国政府的邀请，担任巴基斯坦的语言学顾问，1958 年，他到爱丁堡大学任客座教授，并获得该校授予的荣誉法学博士学位。此外，他还是东方与非洲研究学院荣誉研究员和伦敦大学荣誉教授。弗斯 1960 年 12 月 19 日去世。

弗斯有两本专著：《言语》(1930) 和《人的语言》(1937)。他的大部分著作是专题论文。共有论文 41 篇，其中有 16 篇由他本人编成《语言学论文集》，于 1957 年由哈佛大学出版社出版。他比较重要的论文有：《语义学的技巧》(1935)、《英国的语音学派》(1946)、《语音和跨音段成分》(1948)、《大西洋的语言学》(1949)、《表达意义的方式》(1951)、《普通语言学和描写语法》(1951)、《结构语言学》(1955)、《语言学理论概要》(1957)、《普通语言学中的语言处理》(1959)。

弗斯在语言学方面的另一项重要贡献是培养了一批杰出的学生，比较著名的有罗宾斯 (R. H. Robins)、韩礼德、哈斯 (W. Haas)、帕尔默 (F. R. Palmer)、赫德森 (R. A. Hudson) 等人。特别是韩礼德继承并发展了弗斯的语言理论，他的系统功能语言学被称为"新弗斯学派"(Neo-Firthian Linguistics)。

弗斯的语言理论主要有三个来源：一是源自古印度的传统语言学理论，尤其是受到丹尼尔·琼斯的语音学的影响，因此弗斯对语音研究特别重视；二是来自马林诺夫斯基的文化语言观，受其影响，弗斯提出了情境理论；三是索绪尔的结构主义理论，受其影响，弗斯阐述了自己的关于语言结构和系统的思想。他把这三派学术思想熔为一炉，并添加了自己的见解，自成一家之说。其核心观点如下。

一、语言和社会环境密不可分

弗斯指出，语言除了具有语言内部的上下文之外，还具有情境上下文。他的这一观点主要来自马林诺夫斯基。马林诺夫斯基在南太平洋巴布亚新几内亚的特罗布里恩德群岛 (the Trobriand Island) 进行人类学实地考察时，发现当地土著居民的话很难译成英语。例如，一个划独木舟的人会把他用的桨叫作"wood"（木头）。马林诺夫斯基指出，如果不把这个人的话与当时的环境结合起来，就不能理解 wood 指的是什么。因此，他认为，语言和环境密切相关，语言的环境对于理解语言来说是必不可少的。比如，要理解一个单词的意义，就不能只对这个单词进行消极的苦思冥想，而必须参照特定的文化，对单词的功能进行分析之后才能推测出来。在论述语言和社会环境的关系时，马林诺夫斯基提出了"文化上下文"(context of culture) 和"情境上下文"(context of situation) 这些概念。在马林诺夫斯基看来，所谓"文化上下文"，是指说话者生活在其中的社会文化；所谓"情境上下文"，是指说话时已在实际发生的事情，即语言发生的情境。

弗斯接受了马林诺夫斯基的"情境上下文"这个术语，并且为它做出了更为明确的定义。在《语言学理论概要》一文中,弗斯指出,语言行为应该包括如下三个范畴。

(1) 参与者的有关特征:是哪些人,有什么样的人格,有什么样的有关特征。它包括:参与者的言语行为;参与者的言语行为之外的行为。

(2) 有关的事物和非语言性、非人格性的事件。

(3) 语言行为的效果。

这里所说的"言语行为之外的行为""非语言性、非人格性的事件""语言行为的效果"等,就是"情境上下文"。

和马林诺夫斯基一样,弗斯也认为,要把语言作为一种社会过程来看待。在这一点上,他和索绪尔有所不同,弗斯认为语言是人类生活的一种形式,并非仅仅是一套约定俗成的符号和记号。因此,在这个问题上,他的认识比索绪尔深入了一步。在他看来,人们要在社会中生活,就必须不断学习,要学会各种语言形式,将它们作为自己在社会立足的条件;要明白自己扮演的是什么角色,这些角色得说什么样的话。只有在情境上下文中说合乎身份的话,才能言语得体,行为有效。所以他提出了"限制性语言"(restricted language)这个概念。他说:"具备社会性的人能扮演各种各样、互相联系的角色,并不显得彼此冲突或很不协调……为了研究语言学,一个具备社会性的人应当被看作能运用各种限制性语言的人。"[①]这里所谓的"限制性语言",就是人们考虑各自的行业、身份、地位和处境后所说出来的得体的话。

弗斯认为,语言的异质性和非联系性,要比大多数人所愿意承认的还要严重得多。人类行为中有多少个专门系统,就有多少套语言,就有多少套同特殊的语言联系在一起的特殊的社会行为;人可能有各种身份,有时是乡下人,有时则是有教养阶层的人,他们的语言都各有不同。因此逻辑学家们认为单词和命题本身就有意义,不考虑参与者和情境上下文的做法是不对的,因为"人们的话语不能脱离它在其中起作用的那个社会复合体,现代口语的每一段话都应该认为有其发言的背景,都应该与某种一般化的情境上下文的典型参与者联系起来加以研究"[②]。

二、语言具有两种意义

传统语言学认为,词语的意义主要是词汇意义和语法意义,对词语而言,这是一体两面的。弗斯认为,不能这样给语言的意义下定义。他认为语言既有情境上下文,又有语言内部的上下文,不同的上下文决定了语言的不同意义,因此,语言的意义分两种:一种是情境意义,另一种是形式意义;情境意义出自情境上下文,形式意义出自语言内部的上下文。

情境意义就是语言在情境上下文中的功能。关于这个问题,弗斯主要采用了马林诺夫斯基的意见,自己表述得并不充分。关于形式意义,弗斯受索绪尔关于语言符号具有价

[①] 王宗炎.伦敦学派奠基人弗斯的语言理论[J].国外语言学,1980(5):1-8.
[②] 王宗炎.伦敦学派奠基人弗斯的语言理论[J].国外语言学,1980(5):1-8.

值这一观点的启发,但是他提出了自己独到的见解。弗斯说:"我主张把意义或功能(function)分解为一系列的组成部分。确定每一种功能,都应当从某一语言形式或成分与某一上下文之间的关系下手。这就是说,意义应当看成上下文关系的复合体,而语音学、语法学、语义学则各自处理放在适当的上下文间的有关组成部分。"[①]可见,在弗斯看来,意义就是功能。这样,形式意义就可表现在三个层上:搭配层、语法层、语音层。

所谓搭配(collocation),是指某些词常常跟某些词一起使用。搭配意义是词语在组合平面上的一种抽象,它从概念上或思维上分析词义的方法没有直接的联系。如 cow(母牛)是常常和动词 to milk(挤牛奶)一起使用的。这两个词往往这样搭配:They are milking the cows(他们给母牛挤奶);Cows give milk(母牛提供牛奶)。可是,Tigresses(母老虎)或 lioness(母狮子)就不会和 to milk 搭配,人们不会说 They are milking the tigresses,或 Tigresses give milk。由此可见,在搭配层,cow 的形式意义与 tigress 和 lioness 不同。

语法层也有形式意义。例如名词的数这个语法范畴,在有的语言(如英语)中只有单数和复数两种数,在有的语言(如古斯拉夫语)中有单数、双数和复数三种数,在有的语言(如斐济语)中则有单数、双数、大复数、小复数四种数。这样,尽管同样是单数,在有的语言(如英语)中,只和复数相对,而在另外一些语言中,则与两种(如古斯拉夫语)甚至三种(如斐济语)数相对,形式意义彼此就不一样。

语音层也有形式意义。其情状和语法层的形式意义类似,弗斯本人没有举例说明,后来有学者补充了这样一个假设:假定某一语言中有[i]、[a]、[u]三个元音,另一种语言中有[i]、[e]、[a]、[o]、[u]五个元音,那么,[i]这个元音在第一种语言里的形式意义与[a]、[u]相对,在第二种语言里的形式意义与[e]、[a]、[o]、[u]相对,二者的形式意义是不同的。

三、语言包括结构和系统两个方面

在以往一般的语言理论中,人们通常把语言结构看成系统,常用"结构系统"这一说法来表述语言的结构。但在弗斯看来,"结构"和"系统"应该是语言的两个不同的方面。他赋予"结构"和"系统"这两个词以特定的含义。他把结构看成语言成分的组合性排列(syntagmatic ordering of elements),而系统则是一组能够在结构里的一个位置上互相替换的类聚性单位(a set of paradigmatic units)。如果我们用图来表示,则可以把结构看成是横向的,而系统则是纵向的,这样就构成了关于语言的坐标系统,如图 3-2 所示。

在构成语言形式意义的三个层面上,都存在着结构和系统。

先看语法层,下面三个句子的结构是相同的。

John greeted him.(约翰欢迎他。)

John invited him.(约翰邀请他。)

John met him。(约翰遇见他。)

[①] 王宗炎.伦敦学派奠基人弗斯的语言理论[J].国外语言学,1980(5):1-8.

这三句话都是 SVO(主语＋动词＋宾语)结构。在相同的结构中,动词可以用 greet,或用 invite,或用 meet,三者结合起来构成一个系统,这其中的任何一项都是这个动词系统中的一员,它们在结构中是可以替换的。

语言层的情况也是如此,我们来看下面这四个英语单词:pit、bit、pin、pen。

这四个单词的结构都是 C_1VC_2(辅音$_1$＋元音＋辅音$_2$)。在这个结构中,词首 C_1 位置可出现[p]或[b],词中 V 位置可出现[i]或[e],词末 C_2 位置可出现[t]或[n],这就构成三个不同的系统。

图 3-2　由结构和系统构成的语言的坐标系统

关注系统的最终目的实际上是研究词语的搭配。如果我们有系统的意识,我们就不会把下面的搭配弄错:

a 栏	b 栏
strong argument	powerful argument
(有力的论据)	(有力的论据)
strong tea	powerful whiskey
(浓茶)	(烈性的威士忌)
strong table	powerful car
(结实的桌子)	(动力大的汽车)

这里的结构是 A＋N(形容词＋名词)。但是,在 a 栏,argument、tea、table 出现在 strong 之后,三者属于一个系统;在 b 栏,argument、whiskey、car 出现在 powerful 之后,三者同属另外一个系统。所以,a 栏和 b 栏是不同的搭配系统,所以不能说 strong whiskey,也不能说 powerful tea,否则,系统就乱套了。弗斯的这个解释对语言结构的理解和应用来说都是十分重要的,此前人们对这个问题讨论得很少。

四、音位是多系统的,有时是跨音段的

受英国传统语言学影响,音位研究是弗斯语言学研究的重点,在这方面,他提出了不同于其他学者的独特的观点。其核心理论是多系统论和跨音段论。

所谓"多系统论",是指弗斯在上面所说系统的概念基础上,提出的关于音位学中的系统理论见解。在这方面,弗斯的看法与丹尼尔·琼斯或美国描写学派都不同。后二者都不考虑一个语音出现在结构中的什么位置。例如,team 中的[t^h]是送气的,它出现在词的首位;steam 中的[t]是不送气的,它出现在[s]之后。他们都把[t^h]和[t]归为一个音位/t/,认为它们都是/t/音位的变体(allophone)。弗斯认为这样的分析法是单系统(monosystemic)分析法,存在较大的缺陷。例如,爪哇语的词首可出现 11 个辅音:[p]、[b]、[t]、[d]、[t͡ɕ]、[d͡ʑ]、[tj]、[dj]、[k]、[g]、[ʔ];词末只能出现 4 个辅音:[p]、[t]、[k]、[ʔ]。词首和词末的辅音构成的系统对应就成了难题。按单系统分析法,应当把词末的 4

个辅音与词首的11个辅音中的4个合起来,算作4个音位。但是,词末的[t]是与词首的[t]归为一个音位呢,还是与词首的[t]、[tj]归为一个音位呢?这就不好决定了。所以必须建立两个准音位单位系统(system of phonematic units),一个是词首位辅音系统,另一个是词末位辅音系统,这样描写起来就容易得多。这种分析方法就是多系统分析法。因此弗斯认为,描写一种语言,不能只建立单一的"系统",要建立更多的"系统"。这就是他的多系统论。

另外,弗斯还认为,在一种语言里,区别性语音特征不能都归纳在一个音段位置上。所以,他提出了跨音段论。例如,语调不是处于一个音段的位置上,而是笼罩着或统领着整个短语和句子。比如"Has he come?"(他来了吗?)这个句子用升调,但这个升调不局限于"has"的/h/、/æ/、/s/各音段音位的位置,也不局限于"he come"的/h/、/i/、/k/、/ʌ/、/m/各音段音位的位置,而是笼罩着整个问句。这种横跨在音段上的成分,就叫作"跨音段成分"(prosody)。跨音段成分可以横跨一个音节的一部分,也可以横跨整个音节,或一个词、一个短语、一个句子。语调是跨音段成分之一,但跨音段成分并不限于语调。弗斯所说的跨音段成分,除了语调之外,还有音高、音强、音长、元音性、软腭性等。例如 roman meal(罗马面)这个合成词,有8个音位/rɔmən mil/,按美国描写语言学的方法,每个音位都要这样描写一番:/r/是浊音、舌尖音、卷舌音,/o/是浊音、圆唇音、央元音,/m/是浊音、双唇音、鼻音……等等。当把这8个音都描写完,浊音这个特征就重复了8次,显得烦琐且不得要领。弗斯认为,浊音事实上是这8个音都共有的,它横跨在 roman meal 这个合成词的整个音段上,因此,在这里,也可以将浊音看成一种跨音段成分,这样描写就显得简单明了。

弗斯把分析准音位单位(phonematic units)作为分析音位的基本目的。从操作上看,弗斯所谓的"准音位单位",就等于音位单位(phonemic unit)减去跨音段成分(prosody),如上文所示,把 roman meal 的浊音性抽出,留下的就是8个准音位单位。这也是弗斯音位学理论独特的地方。

弗斯本人生前名气并不大,在他去世后,他的一些同事和学生对他的理论进行了改造并进一步发展,产生了较大的影响。特别是韩礼德,以弗斯的继承者自居,这引起人们对弗斯学说的关注并认识到其价值。后来,人们把弗斯和韩礼德归为一个学派——伦敦学派。弗斯被称为伦敦学派的奠基人。

思考与练习

一、名词解释

语言符号的任意性　布拉格学派　结构-功能语言观
语言的区域联盟　哥本哈根学派　美国的描写语言学
现实主义语言观　语言的经济原则　从属关系语法　英国的伦敦学派

二、填空题

1. 结构主义语言学的奠基著作是(　　);结构主义的开山鼻祖,现代语言学的奠基人是( )。
2. ( )是第一个将索绪尔的理论运用到研究实践中去的结构主义语言学流派。
3. 1933年,布龙菲尔德出版了他的著作( ),开创了美国结构主义语言学派。
4. 结构主义的三大流派是( )( )( )。
5. 布拉格学派特别注重音位的研究,他们的突出贡献是创建了( )。
6. 从语音对立出发,特鲁别茨柯依认为语音可以分为( )和( )两种。
7. 布龙达尔指出,( )( )( )三个概念有特别重要的意义,是结构语言学的基础。
8. 叶尔姆斯列夫是( )理论的主要创始人。
9. 叶尔姆斯列夫把语言系统分为( )和( )两个不同的层面。
10. 1933年,布龙菲尔德的( )出版,奠定了美国描写语言学派的理论和方法基础。
11. 萨丕尔在《语言论》中分析了语法概念的四种主要类型,即( )( )( )( )。
12. 布龙菲尔德阐述了语言形式配列的四种主要方式,即( )( )( )( )。
13. 弗斯语言理论的三个主要来源是( )( )( )。
14. 弗斯认为语言的意义分为( )和( )两种。

三、简答题

1. 简述哥本哈根学派的历史功绩与不足。
2. 简述布拉格学派的主要理论观点。
3. 美国描写语言学的基本方法有哪些?
4. 萨丕尔-沃尔夫假说的核心思想是什么?
5. 从属关系语法的主要理论依据是什么?
6. 简述弗斯在语言学史上的主要贡献。

四、论述题

1. 谈谈索绪尔的主要学术观点。
2. 谈谈结构主义语言学的历史功绩与不足。
3. 法国语言学家马丁内提出,语言运转的基本原理是语言经济原则。结合实例谈谈你的看法。

第四章
转换生成语言学主导期

第一节 概述

一、这一时期语言学说的特点

1957年,年轻的美国语言学家乔姆斯基出版了他的成名作《句法结构》一书,把整个西方语言学史推进到一个新的历史阶段——转换生成语言学占主导地位的时期。

第二次世界大战以后,西方语言学的中心转移到了美国,因此,当时的美国语言学的面貌基本上就能够代表整个西方语言学的特点。转换生成语言学理论自提出之后,美国语言学界很快分化成新理论的支持者和批评者两派。无论是支持者对转换生成语言学理论的进一步探讨,还是批评者对该理论的挑剔和责难,都促使乔姆斯基本人对其学说进行深入的思考,并不断修正和发展自己的理论。和以往任何一种语言学理论的发展模式不同的是,转换生成语言学的发展不是在初始理论的框架下的进一步充实和修补,而是在不断扬弃旧有理论的基础上实现阶段性发展的。从语言学历史来看,还没有哪一种理论从其诞生起就引起如此激烈的争论,而其影响又是那么深刻。统观转换生成语言学各阶段,它始终以乔姆斯基本人的学说发展为主线,体现出"在批评中发展,在论争中分化"的特点。伴随着乔姆斯基对自己理论的修正,在转换生成语言学理论的早期支持者中,不断有人从该阵营中分化出来,提出自己的学说。首先是20世纪60年代,莱考夫(G. Lakoff)和罗斯(J. R. Ross)与乔姆斯基分道扬镳,提出"生成语义学"(generative semantics)理论,形成了生成语义学派。他们认为,乔姆斯基的"标准理论"中的深层结构实际上不够深,他们提出要研究底层结构的逻辑关系,从语义结构直接生成句子。而几乎同时,菲尔墨(C. J. Fillmore)则提出了"格语法"(case grammar),认为动词与名词的关系是固定不变的,但这些关系并非语法问题,而是语义问题,所以他又提出"语义深层结构"概念,引入了"格"的概念。紧接着,到了20世纪70年代,珀尔玛特(David Perlmutter)和波斯托(P. Postal)提出"关系语法"(relational grammar),建立了以线性序列为基础的语法模式,为各种语法关系制定一些法则。帕蒂(Barbara Partee)提出"蒙塔古语法"(montague grammar),认为每条语法规则都有相应的语义规则,主张对语义进行描写。这些理论和学说都自成体系,使得当时的美国语言学呈现出学说多元化的态势。

二、转换生成语言学的历史背景

转换生成语言学是在第二次世界大战结束以后,全世界都在医治战争创伤和致力于建设世界新秩序的大的历史背景下产生的。这是一个社会急剧变革的时代,各种社会思潮纷纷涌动,新事物、新理论、新方法不断出现。以系统论、控制论为代表的新科学理论引起整个科技思想的革命,而计算机的发明,又使得人类迈入了信息时代的门槛。人类在用新的思维方式重新审视身边的事物和以往研究的对象。转换生成语言学也正是乔姆斯基对语言学重新进行审视和思考的产物。如果具体地考察,我们可以从以下方面来探讨转换生成语言学的学术背景。

(一) 哲学背景

在西方哲学界,自文艺复兴以来,经验主义和理性主义的对立长期存在。美国的结构主义语言学就是建立在经验主义哲学和以此为基础的行为主义心理学之上的。但是,随着战后人们对战争中人类行为的反思,到了20世纪50年代,在西方,特别是在美国,人们又重新举起理性主义哲学的大旗,经验主义哲学受到严重挑战。乔姆斯基接受了理性主义哲学,他自称理性主义者,把笛卡尔的哲学理论作为自己的思想理论基础,并把它运用到语言学研究中去。乔姆斯基曾经写过一本著作,书名就叫《笛卡尔语言学》。乔姆斯基认为,用行为主义解释不了人实际不管智力如何都可以完成比较复杂的工作,比如掌握语言的运用。他认为,从笛卡尔到康德的唯理主义表明,心先天具有概念工具,有着天赋的能力。这就为解开语言本质的奥秘提供了启示。同笛卡尔和其他理性主义者一样,乔姆斯基深信,人类的行为,至少一部分行为,不受外界刺激或内部生理状态决定,而是由人类理性所决定。他接受理性主义"命题不一定受经验的检验"的思想,不赞成描写语法从具体语言用例中搜集材料进行归纳的做法,主张采用内省的方式进行演绎论证。所以他只从理性的角度制定语言的规则,举例从来不注明出处。在他看来,只要是符合规则的句子,就是合格的句子,至于它们实际是否可说,则不在考虑之列。所以有人将乔姆斯基的语言哲学归为"心灵主义"(mentalism)一派。

(二) 语言学背景

转换生成语言学的语言学背景与乔姆斯基本人早期的学术经历有很大的联系。乔姆斯基的父亲是研究希伯来语的专家,他本人早年也希望在这方面有所成就。当时对专门语的研究是描写语言学的天下,于是他便投到著名的描写语言学的代表人物海里斯门下,从事结构主义语言学理论和方法的学习。海里斯是继布龙菲尔德之后的美国结构主义的代表人物,当时在乔姆斯基就读的宾夕法尼亚大学任教,主要研究语言结构分析的方法。海里斯提出了"转换分析"(transformations,为了和乔姆斯基的"转换"相区别,汉译时一般把海里斯的这个术语翻译成"变换")的方法,并强调分析程序和形式特征的重要性,同时重视分析结果的公理化和符号化。海里斯的这些做法对乔姆斯基产生了重要影响,特别是在《句法结构》一书中有着明显的痕迹。

不过,乔姆斯基并没有完全接受结构主义的做法。以布龙菲尔德为代表的美国结构主义用经验主义去指导自己的语言研究,用行为主义的刺激-反应学说来解释语言现象和人的语言能力。然而,在具体的研究中,乔姆斯基发现,有许多现象是结构主义和行为主义心理学解释不了的。例如，一个儿童一般在五六岁时就可以掌握母语，这个年龄的儿童智力还很不发达，学习其他知识还相当困难，而学习语言却如此容易。同时，儿童所接触的话语是有限的，可是，儿童却能够说出从来没有说出过的句子，也可以听懂从来没有听过的句子。这些现象用刺激-反应学说解释不通。因此，乔姆斯基从理性主义出发，提出了自己的语言观。

乔姆斯基认为，从根本上来说，语言是人的一种能力，人的这种语言能力是天生的。人的大脑里与生俱来就有一套语言习得装置(language acquisition device)，这套装置里贮存着普遍语法(universal grammar)。普遍语法包含人类语言的一切共同特点，是一切人类语言必须具有的原则、条件和规则系统，代表了人类语言的最基本的东西，它对任何人来讲都是不变的。语言学研究的主要任务就是揭示这套普遍语法，即儿童大脑的初始状态和内化了的语法规则。从这个意义上讲，语言学是认知心理学的一部分。他把人的语言能力(language competence)和语言活动(language performance)区分开来，认为对人的语言能力进行充分的解释是语言研究的终极目的。因此乔姆斯基放弃了结构主义对具体语言进行归纳描写的做法，提出了研究可以概括一切语言的普遍语法的转换生成语法理论。

三、转换生成语言学的影响

转换生成语言学的诞生，不仅突破了结构主义语言学的局限，宣告了结构主义时代的终结，更重要的是，它改变了人们对待语言的传统看法和观念，从而突破了传统思想的束缚，使人们以更加开阔的视野来重新审视语言和语言学，把语言学推向了快速发展的轨道。转换生成语言学的影响具体表现在以下几个方面。

（一）普遍语法的观念

乔姆斯基提出的普遍语法的理论引起了人们对语言普遍现象的关注，提高了人们对语言共性研究的热情，尽管他在一些具体做法上受到了当代共性语言学研究者们的激烈批评，但正是在这个过程中，促成了当代语言类型学的产生。

（二）"解释"的观念

乔姆斯基关于语言研究的最终目的就是解释人的语言能力的观点，第一次向语言学家们提出了"解释"的观念。乔姆斯基曾提出，研究语言要做到"三个充分"，即"观察的充分、描写的充分、解释的充分"。"观察"和"描写"是为了更好地解释，解释才是研究的最终目的。他的这种思想已为当代语言学家普遍接受，尽管在不同的学派中，"解释"的对象各不相同，但"解释"的观念已深入人心。

（三）演绎的方法

和结构主义采用的归纳法不同，转换生成语言学采用演绎的方法。乔姆斯基在严密的推理和数学化表达方式方面所取得的成功,为演绎法在语言研究领域的应用提供了范例,因而具有较重要的方法论意义,促进了语言研究手段和方法的多元化。

(四) 形式主义

转换生成语言学被看作形式主义语言学的杰出代表,特别是早期理论中轻视意义的做法引起了语言学界激烈的争议,从而引起了始于20世纪60年代的关于语义问题的大讨论,促使人们对语义问题进行深入思考。在此过程中,转换生成语言学的批评者们开始设计新的理论方案,来弥补或避免形式主义理论的缺陷。这直接导致了诸如"格"语法、篇章语言学和认知语言学等新的语言学理论和学科的诞生。可以这样说,正是对转换生成语言学的批评,导致了当代语言学的繁荣。

第二节 乔姆斯基的转换生成语言学

一、乔姆斯基和他的语言学研究

诺阿姆·乔姆斯基于1928年12月7日生于美国宾夕法尼亚州的费城。他的父亲是犹太人,专门研究希伯来语。由于父亲的影响,乔姆斯基从小就对语言研究产生了浓厚的兴趣。1947年,他结识了著名的描写语言学的代表人物海里斯,被海里斯的学术思想所吸引,立志把语言学研究作为自己的终身事业,于是他进入海里斯执教的宾夕法尼亚大学学习,专攻语言学。他的大学毕业论文的题目是"现代希伯来语的形态音位学",这一论文于1951年被他扩展成一篇硕士学位论文,题目为"希伯来语语法"。1951年,他成为哈佛大学学术协会的助理会员,使他有合适的身份和较为充裕的时间进行语言研究工作,取得了不小的成绩。1953年,他在《符号逻辑杂志》上发表了《句法分析系统》一文,在这篇文章中,他感到结构理论存在很大的缺陷,认为在结构主义的框架中研究语言,会将研究引入迷途,于是他决定放弃结构主义思想,寻找新的研究途径,建立自己的理论和方法体系。

为了实现自己的理想,乔姆斯基认真钻研了哲学、逻辑学和现代数学等科学知识,并尝试将有关的理论和方法与语言学研究结合起来。以新的理论为基础,自1954年起,乔姆斯基便着手写作《语言理论的逻辑结构》一书,1955年完成书稿。在这部书稿中,乔姆斯基力图为语法制定一套明确的形式化手段。但是由于当时乔姆斯基没有什么名气,著作的内容与传统思想大相径庭,所以这本书在当时没有人愿意为他出版,甚至在他去麻省理工学院工作后,把书稿交给麻省理工学院出版社,也被原封不动地退回了。该书稿完成后,乔姆斯基回到宾夕法尼亚大学,向校方提交了他的论文《转换分析》,获得了博士学位。同年秋天,乔姆斯基到麻省理工学院电子学研究室的机器翻译小组进行研究工作,同时在现代语言学系任教,为研究生讲授语言学、逻辑学等课程。在这个时期,乔姆斯基的学术思想逐渐成熟,形成了系统的理论体系。他写了不少向结构主义挑战的论文,并将它们投给专业的语言学杂志,但这些文章和前面的那部书稿一样都受到了冷遇。由于在当时的美国本土,没有人对乔姆斯基的学术思想感兴趣,在他的好友、当时已经成名的语言学家哈勒(Morris Halle)的建议下,1956年,他把自己在麻省理工学院讲课的一些笔记交给了荷兰冒顿(Mouton)出版公司的编辑舒纳费尔德(C. V. Schoonefeld)。舒纳费尔德当时正在编辑"语言学丛书",他看出了乔姆斯基这些笔记的学术价值,答应予以出版。经过一番整理和修改,舒纳费尔德将这些笔记定名为"句法结构",于1957年正式出版。由于这本书的主要内容只不过是他以前的书稿《语言理论的逻辑结构》的内容梗概,所以乔姆斯基本人起初对这本小册子并没有抱多大的期望。可不曾想,就在此书出版不久,当年的《语言》杂志第33卷第3期上就登载了罗伯特·李斯(Robert Lees)的一篇评论文章《评诺阿姆·乔姆斯基的〈句法结构〉》,这篇评论一发表,《句法结构》一书立刻引起了人们的注意,并在学术界引起了轰动,乔姆斯基的学术思想便得到了迅速的传播,在语言学领域里引起了一场深刻的革命,这就是我们通常所说的"乔姆斯基革命"。

1958年和1959年,乔姆斯基被邀请参加美国语言学得克萨斯会议,随后被聘为麻省理工学院教授。1962年,国际语言学会议在麻省理工学院举办,会上,乔姆斯基作了题为"当代语言理论中的一些问题"的报告,系统阐述了转换生成语言学的理论主张及其和结构主义理论在本质上的区别,并在1964年公开出版了这份报告。

此后,乔姆斯基不断对转换生成语言学理论进行修正和完善,1965年出版了《句法理论的若干问题》一书,该书被认为是乔姆斯基将转换生成语言学发展为标准理论的标志。1972年,乔姆斯基又出版了《生成语法中的语义研究》,在这本书中,他又提出了扩充式标志理论。1979年,在意大利的比萨举行的旧大陆生成语言学年会上,乔姆斯基发表了一系列演讲,1981年,他将这些演讲的内容整理成《管辖与约束讲稿》,交给荷兰的弗利斯出版社出版,该书的出版标志着乔姆斯基将转换生成语言学发展到"管辖与约束"理论的新阶段。

乔姆斯基长期担任麻省理工学院语言学教授,20世纪60年代初,他和一些人创办了该学院的语言学系,后来就主要主持该系的研究生培养工作。同时,乔姆斯基还不断到其他地方兼职和讲学,他兼任普林斯顿进修学院和哈佛认知研究中心高级研究员,经常在加州大学、牛津大学、芝加哥大学、剑桥大学、伦敦大学主持讲座和进行其他学术活动。乔姆斯基是美国科学院院士、英国科学院通讯院士。

另外,乔姆斯基对政治也非常感兴趣,出版了一系列有关著作,如《美国权力和新官僚》(1969)、《和亚洲作战》(1970)、《为了国家的缘故》(1973)等。乔姆斯基反对战争,积极主张世界和平,担任世界裁军和平同盟的理事。

乔姆斯基是一位创作力极其旺盛的学者,他撰写了大量论文和专著,在语言学方面的主要作品有:《句法分析系统》(1953)、《语言描写的三个模型》(1956)、《句法结构》(1957)、《论语法的某些形式属性》(1959)、《生成语法的方法论》(1961)、《论"语法规则"这一概念》(1961)、《上下文无关文法和后进先出存储器》(1962)、《句法转换研究法》(1962)、《语言学解释模型》(1962)、《自然语言形式分析导论》(1963,合著)、《语法的形式特性》(1963)、《目前语言理论方面的若干问题》(1964)、《语言理论的逻辑基础》(1964)、《句法理论的若干问题》(1965)、《语言理论中一贯存在的问题》(1965)、《生成语法理论论文集》(1966)、《笛卡尔语言学》(1966)、《语音规则的某些普遍属性》(1967)、《语言的形式性质》(1967)、《语言和心理》(1968)、《英语语言结构》(1968,合著)、《音韵学理论中的某些争论问题》(1968,合著)、《论名词化》(1970)、《转换的条件》(1971)、《深层结构、表层结构和语义解释》(1972)、《转换语法理论中的某些经验问题》(1972)、《生成语法中的语义研究》(1972)、《语义问题》(1975)、《对语言的思考》(1975)、《形式和表达论文集》(1977)、《句法理论中的原则与参数》(1979)、《规则与表达》(1980)、《管辖与约束讲稿》(1981)、《论形式与功能的表达》(1981)、《管辖与约束理论的某些概念和结果》(1982)、《语言研究的一些前景》(1982)、《语言知识》(1985)、《语障》(1986)、《语言与认知》(1990)、《语言学理论的最简方案》(1992)、《最简方案》(1995)、《最简探索:框架》(1998)、《乔姆斯基在线访谈:语用学的性质和相关问题》(1999,斯特梅尔问,乔姆斯基答)、《语言与心智研究新视野》(2000)、《天性与语言》(2002)、《语言与脑》(2002)。

二、转换生成语言学的主要理论

转换生成语言学不是一成不变的理论体系,自《句法结构》出版后,乔姆斯基本人就不断地对自己的理论进行改造和加工,促使转换生成语言学理论不断完善和发展。从发展过程来看,转换生成语言学大体上可分为5个发展阶段:古典理论时期(1957—1964年)、标准理论时期(1965—1971年)、扩充标准理论时期(1972—1978年)、管辖与约束理论时期(1979—1991年)、最简方案理论时期(1992年后)。

(一) 转换生成语言学的古典理论

转换生成语言学的古典理论时期又称第一语言模式时期,是转换生成语言学的初始阶段,其理论体系集中体现在《句法结构》一书中。该书的核心主要分为两个方面:一是论述了语法的生成性,二是论述了转换语法和转换规则。

乔姆斯基认为,语言是句子的(有限或无限的)集,而每个句子在长度上是有限的,是由结构成分有限的集构成的。这就是说,任何语言的句子的数目是无限的,而语法的规则是有限的。应用一套有限的规则却可生成无限数目的句子,这正是语言的创造性的表现。语法就像是一种装置(device),可以产生所有的合乎语法规则的句子,而不会产生不合乎语法规则的句子。语法研究就是研究具体语言里用以构造句子的原则和加工过程。他发现,句法很像数学上的排列组合。如果2个词有2种可能的排列方式,3个词就有6种可能的排列方式,4个词就可能有24种排列方式,5个词就可能有120种排列方式。当然,这些排列方式有的是符合语法规则的,有的是不符合语法规则的,那么,人们就可以按句法要求列出有限的规则,只生成符合语法规则的句子,不生成不符合语法规则的句子。因此语法研究的重心应该是探寻句子生成的规则,即语法研究必须设计一套规则,按照这套规则,能够"预言"哪些可能是这种语言的句子,并辨认哪些是不合乎语法规则的语符列。

在《句法结构》中,乔姆斯基提出,最理想的句法规则应该具有这样一些性质:一是生成性(generative),即通过这些规则,能自动生成符合语法规则的句子;二是简单性(simple),即规则应该尽量简化,要能够做到用有限的规则生成无限多的句子;三是明晰性(explicit),即规则应该表现得清楚明白,不能含糊,不能模棱两可;四是形式化(formal),即规则的表述应该采用代数的方式,应尽可能采用公式化的叙述形式,尽可能避免用文字来叙述;五是穷尽性(exhaustive),即规则应该尽可能概括一切语言现象;六是递归性(recursive),即规则必须能够重复使用。根据以上这些要求,乔姆斯基提出了以下三套规则。

1. 短语结构规则

短语结构规则(phrase structure rule)又叫改写规则,该规则能生成一串语符序列。具体又包括以下三种形式。

(1) 合并(collapsing)。即把几条规则合并到一起,从而简化成一条规则。如对以下几条规则:

规则 a:S→A

规则 b:S→C+D+E

规则 c:S→C

规则 d:S→A+B

我们就可以把它们合并到一起,写成一条规则:

$$S \rightarrow \begin{Bmatrix} A(B) \\ C(DE) \end{Bmatrix}$$

其中,"{ }"中的成分是可选择的成分,"( )"中的成分是可有可无的成分。

(2) 递归(recursive)。即规则左边的符号可以在右边重复出现。如某种语言中的每个语符序列都是 ab、aabb、aaabbb、aaaabbbb……,即若干个 a 后面跟着若干个 b,那么这个规则就可以写成:

S→a(s)b

(3) 推导(derivation)。即句法结构的生成需要按一定的程序一个公式一个公式地进行推导。如生成"The man hit the ball",要经历如下的推导程序:

A:S→NP+VP

B:NP→T+N

C:VP→Verb+NP

D:T→The,the

E:N→man,ball

F:Verb→hit

这个推导程序可以用树形图表述(见图 4-1)。

短语规则的基本形式是 X→Y,即在生成过程中,将 X 改写成 Y,每次改写只涉及一个符号。

2. 转换规则

转换规则(transformational rule)涉及多个符号,具体规则十分复杂,在《句法结构》

中,乔姆斯基一共列举了16种英语转换规则。其中最基本的主要有以下四个。

(1) 移位(movement):XY→YX。
(2) 删略(deletion):XY→X。
(3) 添加(addition):XY→XYZ。
(4) 复写(copying):X→XX。

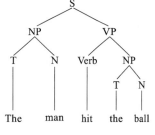

图 4-1 "The man hit the ball"推导程序

如,把"She might come today"这个句子变成否定句,就是"She might not come today",这里就使用了添加规则;变成疑问句,就是"Might she not come today?",这里就使用了移位规则。又如,把陈述句"He is a good student"转换成反义疑问句,就是"He is a good student,isn't he?",这里就使用了复写规则。

乔姆斯基又从以下两个角度对转换规则进行了区分。

一是区分了强制性转换(obligatory transformation)和随意性转换(optional transformation)。为了生成合乎语法规则的句子而必须采用的转换是强制性转换,而那些可用可不用的转换则是随意性转换。如:"The police brought in the criminal"这个句子可以转换成"The police brought the criminal in",无论转换或不转换,这两个句子都是合乎语法规则的句子,也就是说,转换或不转换都可以,所以这种转换就是随意性转换;但如果要把"the criminal"变成代词"him",那这个句子则必须转换成"The police brought him in",否则就不符合语法规则,这种转换就是强制性转换。

在区分强制性转换和随意性转换的基础上,乔姆斯基把句子分为核心句(kernel sentence)和非核心句(nonkernel sentence)。凡是没有经过随意性转换的句子,就叫核心句,通常是那种简单的、主动的、肯定的陈述句;经过随意性转换的句子,就叫非核心句。

二是区分了单一转换和综合转换。只含有一个核心句的转换为单一转换,如把"My brother will write the letter"转换成"The letter will be written by my brother"。含有两个以上核心句的转换为综合转换。如下面三个核心句"Bill lent a book to John""The book is good""John read the book"可转换成"John read the good book which was lent to him by Bill",这就是综合转换。运用综合转换可以生成无限长的句子。

3. 形态音位规则

形态音位规则即将形态表达改变为音位表达的改写规则。转换规则生成的符号串为非终极符号串,要将通过转换生成的符号串变为可供使用的终极符号串,还必须按语言的音位规则对其进行改写。其基本规则可表示为:

$$\begin{cases} W_1 \to w_1 \\ \cdots \\ W_m \to w_m \end{cases}$$

例如,如果我们将"The man opened the door"转换成被动句"The door was opened by the man",其基本转换过程大致如下。

根据短语结构规则,我们可以得到"The man opened the door"的非终极符号串为:

NP+V+Past+NP。令 NP=Y_1,V=Y_2,Past=Y_3,NP=Y_4,则得到该句子的基本序列为 $Y_1Y_2Y_3Y_4$。

利用转换规则,可将该序列改写为 $Y_1Y_3Y_2Y_4$。令 Y_4=W_1,Y_3=W_2,be+ed+Y_2=W_3,by+Y_1=W_4,形成新的序列:$W_1W_2W_3W_4$。该序列则可表示为:Y_4—Y_3—be+ed+Y_2—by+Y_1→NP—Past—be+ed+V—by+NP。

这是一个非终极符号串,根据英语的语素音位规则,用相关的词语来替换相应的非终极符号,即得到所要生成的句子:The door was opened by the man。

在《句法结构》中,乔姆斯基关注的焦点是形式的转换和规则的运算,认为语法就是语言生成规则的集合,只要是符合规则的句子,就是合法的句子,所以语义在句子的生成中并不重要。乔姆斯基举了这样一个例子,"Colorless green ideas sleep furiously"这个句子完全符合英语的语法规则,但却毫无意义,因此,在语法里语义是不起作用的。乔姆斯基的这种观点为转换生成语法的古典理论招来的非议,成为当时人们批评的焦点,这也促使乔姆斯基自己做进一步的深入思考,对古典理论进行修正,从而把转换生成理论推向新的阶段。

(二) 转换生成语言学的标准理论

古典理论的规则至上的做法使得理论本身出现了许多漏洞,因为规则如果不加限制,则既会生成合格的句子,也会生成不合格的句子。当时的一些语言学家在对古典理论进行批评的同时,也提出了一些合理的建议。如美国的语言学家卡茨(J.J. Katz)和波斯托(P. Postal)就提出转换不应该改变原句的意义这一观点。特别是卡茨还提出句子有深层结构和表层结构之分,这一观点对乔姆斯基启发很大。乔姆斯基接受了这些意见,对古典理论进行了比较大的改造,从而形成了转换生成语言学的标准理论。

1965年,乔姆斯基出版了《句法理论的若干问题》一书,该书被认为是转换生成语言学标准理论的代表作。

在这本书中,乔姆斯基提出了深层结构(deep structure)和表层结构(surface structure)理论,并且把语义问题纳入语法研究之中,同时对转换规则提出了限制。

乔姆斯基认为,任何句子都可以分成深层结构和表层结构,深层结构确定句子的语义解释,表层结构确定句子的语音形式,任何表层结构都是由深层结构转换而成的。句法描写(syntactic description,简称SD)涉及深层结构分析和表层结构分析两个方面。深层结构不等于表层结构,表层结构是句子的表达形式,深层结构则是存在于人的语言能力(competence)之中,属于人们对语言的内在知识。他认为,应该把人对语言的内在知识和具体使用语言的行为区别开来,即把语言能力和语言运用(performance)区别开来,因为前者是与生俱来的,决定人们对语言的创造性,而后者仅仅是实际应用语言的活动。因此他指出,语言学研究的对象应该是语言能力,而不是语言运用,语法研究要能够对人的语言能力做出充分的解释,所以对转换生成语法来说,解释比描写更重要。

为了说明深层结构和表层结构之间的关系,乔姆斯基提出了新的语法模式。他认为,完整的转换生成语法应该由三个部分组成,即句法部分、音位部分和语义部分。句法部分包括基础部分和转换部分,它可以生成许多句法描写,每一个句法描写都有一个深层结构和一个表层结构,语义部分赋予深层结构以语义的解释,音位部分赋予表层结构以语音表现。句法部分中的基础部分又由范畴部分(category component)和词库(lexicon)两部分构成,范畴部分包含一系列的规则,词库则包括词项的集合和次范畴规则(subcategerization rule)。这个新语法模式可以用图4-2来表示。

图 4-2 乔姆斯基的语法模式

其中,基础部分生成深层结构,其范畴部分的基本规则主要是重写规则(rewriting rule),重写规则的形式为:A→Z/X—Y。这个形式表示:"A可以改写成出现在X—Y语境里的Z",其中的"—"表示"Z"出现的位置。如,句子"The boy likes the picture"就包含以下重写规则:

S→NP⌒VP(The boy/likes the picture)
NP→Det⌒N(The/boy)
VP→V⌒NP(likes/the picture)
NP→Det⌒N(the/picture)

其中的S、NP、VP、N、V、Det都是范畴符号(category symbol)。S表示句子,NP表示名词词组,VP表示动词词组,N表示名词,V表示动词,Det表示限定词;The、boy、like、picture是词汇成分(lexical item),likes中的"-s"是语法成分(grammatical item),二者统称成素(formative),以上这些符号和成分可以组成语符列(string)。

重写规则属于与上下文无关的规则,是按顺序执行的,其主要作用是描写和规定深层结构中的基本语法关系。

词库中的次范畴规则是把范畴部分出现的范畴再分成小类,如:

N→[+N,±Common]
[+Common]→[+Count]
[+Count]→[±Animate]
[+Animate]→[±Human]
[-Count]→[±Abstract]

次范畴规则又可以分成上下文无关(context-free)的次范畴规则和上下文有关(context-sensitive)的次范畴规则。上下文无关的次范畴规则不受语境限制,如N→[+N,±Common]在任何语境中都可以成立。

上下文有关的次范畴规则是选择规则,要受语境制约,如V→[+V,+Transitive]/—NP。这条规则说明动词可以重写成出现在NP前具有及物性(+Transitive)的动词。

次范畴规则确定语法成分的语法特征。

转换部分的作用是把通过基础部分生成的结构转换成句子的表层结构,转换的规则主要有移位、删略、添加、复写等。

转换生成语法系统中的另外两个部分——音位部分和语义部分,在句子的生成过程中不起作用,只是对已经生成的结构进行解释。音位部分把句法组成部分生成的结构同语音信号联系起来。音位部分有一套规则,把表层结构中的词汇成分转化为语音表达形式,而语义部分则规定句子的语义解释。词库中每一个词项的意义,可以通过语义部分进行形式描述。语义部分在对词项的语义成分进行分析后,运用投影规则把句子的深层结构和句子的语义表达联系起来。如句子"The man hits the colorful ball",语义部分的解释为:

Sentence:[+Physical Object][+Human][+Adult][+Male]→[+Action][+In Stancy]→[+Physical Object][+Color]

这样,句子的深层语义结构就得到了一个形式化的表达。

(三) 转换生成语言学的扩充标准理论

在标准理论中,乔姆斯基把语义引进了转换生成理论,但他把语义部分定位在深层结构中,认为句法不能建立在语义之上,句法组成部分是独立地起作用的,转换并不能改变深层结构的语义,表层结构不能对语义产生影响。事实上,句法转换(如陈述句向疑问句转换、主动句和被动句之间的转换)有时会使句子的语义产生一定的改变,另外,否定词在句子中的位置、句法重音的表层结构因素也都会对句子的语义表达产生影响。因此,标准理论引发了各方的争论。于是,乔姆斯基又对标准理论做了进一步的修正。1972 年,乔姆斯基发表《深层结构、表层结构和语义解释》一文,对标准理论进行了第一次修正,乔姆斯基称之为"扩展的标准理论"(Extended Standard Theory,简称 EST)。

在《深层结构、表层结构和语义解释》一文中,乔姆斯基提出,标准理论是不正确的,它应当修正,因为根本没有理由认为表层结构的性质在决定语义解释中不起作用,早先提出的一些理由也说明,事实上它们是起这样的作用的。因此,乔姆斯基的这一次修正主要是把部分的语义解释移到表层结构中去,如下面两个句子:

Not many arrows hit the target.

Many arrows didn't hit the target.

这两个句子的深层结构相同,都是 Not[many arrows hit the target],但由于逻辑成分 Not 控制的范围不同,语义也就有所不同。不过,这时候乔姆斯基仍坚持认为语义主要由深层结构决定。

1975 年,乔姆斯基发表了《对语言的思考》,接受了费恩果(Fiengo)提出的踪迹理论,开始对扩充标准理论进行修正。

踪迹理论的核心内容是:在转换过程中,当把短语 P 从 X 位置移到 Y 位置后,P 在 X 位置留下一个踪迹(trace,记作 t)。如把主动句"That student read this book"转换成被动句"This book was read by that student",其中的"this book"就从原来的宾语位置移到主语位置,但仍在原来的位置留下一个踪迹,即:

This book was read[t]by that student.

这就表明，从形式上看，"book"和"read"之间是主谓关系，但踪迹 t 的位置表明，"book"和"read"之间存在着述宾关系。这两种关系对这个被动句的语义解释都起着作用。这就说明，表层结构和语义之间存在着直接的联系。

1977 年，乔姆斯基出版了《关于形式和解释的论文集》，这本书被认为是修正的扩充标准理论(Revised Extended Standard Theory)的代表作。在这本书中，乔姆斯基提出 X 阶理论和移动 α 规则。

X 阶理论(X bar theory)又称范畴规则，有两条主要原则。第一条主要原则是，短语范畴(如名词短语、动词短语等)应该分析为词汇范畴的阶投射(bar projection)。如根据标准理论中的重写规则，动词加补足语(complement)组成的短语可以写成 VP→V Comp，那么，名词、形容词、介词等加补足语就应该分别写成：

NP→N Comp
AP→A Comp
PP→P Comp

在 X 阶理论中，这些规则可以合并成一条规则 XP→X Comp，即

这里的 XP 也可以写成 X，为了表示 X 的不同层级，乔姆斯基在 X 上面加上短横，这就是"阶"(bar)，阶越高，层次就越高。上面的图形可改成：

在这里，最底层的成分写成 X，每上一层就加一阶，从高层往下看，下层就是上层的阶投射。最高层以下的整个树形图则是最高层的最大投射(maximal projection)。

第二条主要原则是，词汇范畴应分析为一组特征。传统的句法分析一般分析到词为止，一般认为，名词、动词、形容词等不能再分析。X 阶理论认为，动词、名词、形容词、介词等具有一组特征，可采取对立分析的方式区别如下：

N=[+N,-V]
V=[-N,+V]
P=[-N,-V]
A=[+N,+V]

通过这种分析，人们可以观察范畴的异同，从而做出具有普遍性的概括。

移动 α 规则是转换规则。它包括两种转换：一是名词移动(NP-movement)，二是 WH 词移动(WH-movement)。名词移动就是将一个名词短语移到另一个空缺的名词短语的位置，如下面这个句子：

Dams are built by beavers.

其深层结构为：

e are built dams by beavers.

其中的 e 代表空位(empty node)，就这个句子来说，深层结构中的主语位置存在一个

空位,把名词 dams 移到空位处后,在原来的位置上就会留下一个踪迹(t)。上面的深层结构转换之后为:

Dams are built[t]by beavers.

WH 词移动就是将一个疑问短语移至一个补语成分的位置,和补足语构成一个单位。如句子"What have you done?"的深层结构为:

e you have do what

转换过后的形式为:

What e you have do[t]

WH 转换要遵守从小到大的顺序。如生成"What do you think he meant?"的转换构成应该是这样的:

A. Comp you do think{s comp he meant what}
B. Comp you do think{s what he meant[t]}
C. What you do think{s[t]he meant[t]}
D. What do you think{s[t]he meant[t]}

(四) 管辖与约束理论

1979 年 4 月,乔姆斯基参加了在意大利的比萨举行的一次学术会议,会上他提出了管辖(government)和约束(binding)理论,随后,他在比萨做了一系列的讲座,阐述他的新理论。两年后,他把他的这些演讲内容整理出版,取名为《管辖与约束讲稿》。1982 年,乔姆斯基又出版了《管辖与约束理论的某些概念和结果》,把转换生成语言学推向了第四个发展阶段——管辖与约束理论(Government and Binding,简称 GB)阶段。

在管辖与约束理论中,乔姆斯基把关注的重心转向了普遍语法(universal grammar,简称 UG),这种普遍语法具有人类语言的共性。他认为,人类存在一种普遍语言,它适用于每种具体的语言,同时又具有灵活性,允许不同的语言在一定的范围内有某些差异。所以,转换生成语言学的目的应该是研究出一套结构高度严谨的普遍语法理论,从而给各种具体的语法现象提供解释。因此,这个普遍语法应该是一系列的基本原则(principles),同时也含有一定的参数(parameter)。原则固定不变,确定人类各种语言的共性,是各种语言所遵守的;参数决定不同语言的个性。乔姆斯基认为,儿童在学习某一种具体的语言前,就已经具有了与生俱来的处于初始状态的语法——普遍语法,儿童在进行具体的语言学习的过程中,普遍语法中的基本原则所含有的参数得到设定,这样就产生一种个别的语法。为了把这种语法和普遍语法区别开来,乔姆斯基将其命名为核心语法(core grammar)。儿童通过学习所掌握的语言知识主要有核心语法(包括普遍语法原则、设定后的参数)、词汇知识、外围(peripheral)信息等要素。

在管辖与约束理论中,乔姆斯基认为,语法可以分成两个部分来研究:一个是规则系统,另一个是原则系统。他把语法分成以下几个下位组成部分,如图 4-3 所示。

词库是词项的总和。其主要内容是列出各个词项的句法特征(包括词的范畴特征和语境特征)。

```
       ┌ 词库（lexicon）
       │     ┌ 基础部分（base component）
       │ 句法┤
       │     └ 转换部分（transformational component）
       │     ┌ 语音形式部分（phonetic form component，简称PF）
       └ 解释部分┤
             └ 逻辑形式部分（logical form component，简称LF）
```

图 4-3　语法的下位组成部分

基础部分即范畴部分，这个部分运用 X 阶理论生成 D-结构（约相当于以往的生词结构）。

从 D-结构到 S-结构的过程即为转换，它是介于深层和表层之间的层次。

语音形式部分负责对句子的语音进行解释，而逻辑形式部分则负责对句子中属于逻辑部分的语义进行解释。大多数语义问题在语法中无法处理。

每个部分都有自己的一套规则，构成语法的规则系统。

管辖与约束理论的核心部分是被称为"子系统"的一系列的普遍原则，包括：X 阶理论、题元理论（θ-theory）、格理论（case theory）、管辖理论（government theory）、约束理论（binding theory）、界限理论（bounding theory）、控制理论（control theory）、空范畴理论（empty category theory）等。其中最重要的是管辖理论、约束理论和空范畴理论。

管辖即支配，主要说明句法结构中各成分间的支配关系，包括：句法中的各成分是否属于同一个管辖区域，辖域内什么是主管成分、什么是受管成分，主管成分和受管成分之间的结构关系等。

主管成分是短语的中心语，通常是动词、名词、形容词、介词等单词语类，相当于 X 阶结构中最低一个层次的 X，受管成分是 X 的补足语（见图4-4）。

在图 4-4 中，Speak 是这个短语的中心语，是主管成分，the language 是补足语，受动词 Speak 管辖。

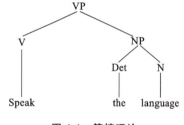

图 4-4　管辖理论

约束主要是说明语义解释中的照应关系。约束的具体含义是，当 α 约束 β 时，有两种情况：一是 α 统领 β，二是 α 与 β 同指标（指向同一客体）。它主要解释在管辖区域内的成分在什么情况下是自由的，在什么情况下是受约束的。如下面两个句子：

John likes himself.

John likes him.

凭语感人们就知道，"John likes himself"中的 John 和 himself 指同一个人，"John likes him"中的 John 和 him 指的不是同一个人，为什么会有这种现象呢？为了解释这个问题，乔姆斯基把名词短语分成三类：①照应词（anaphor），如反身代词 himself，相互代词 each other 等；②代名词（pronominal），如 him、her 等；③指称词（R-expression），如 John、 the man 等。

在此基础上,乔姆斯基提出了"约束三原则"(binding principle):照应词在管辖区域内受约束;代名词在管辖区域内是自由的;指称词总是自由的。

上述两个例子的辖域都是 S,John 处于统领地位,"John likes himself"中的 himself 是照应词,受到约束,所以和 John 同指,"John likes him"中的 him 是代名词,在辖域内保持自由,因此和 John 不同指。这样运用约束理论,就可以合理地解释句法结构中名词性词语之间的照应关系。

空范畴(又译为"空语类")是指在语言结构中没有语符形式但在句法与语义方面起作用的成分。如下面的例子中各含有一个空语类:

Jack promised[e]to do it at once.

Bill was arrested[e].

John,I dislike[e].

从句法和语义的角度看,以上各例中的[e]都可以用一个 NP 来替换或补足。乔姆斯基把空范畴分为以下四类。

第一类是 NP 语迹。通常是主语提升或主被动转换留下的语迹,如:

Mary seems[e]to be happy.

该例中的[e]就是 NP 短语 Mary 提升为主语后留下的语迹。这类 NP 属于照应语,一般不带格标记,具有[+照应性,-指代性]特征,通常受第一原则约束。

第二类是变项。通常是词语从主目位置移至非主目位置留下的语迹,如:

The book which John wrote[e]was on sale.

该例中的[e]就是 which 由宾语(主目)位置移至关系词位置以后留下的语迹。变项性质和指称语类似,有格标记,具有[-照应性,-指代性]特征,受第三原则约束。

第三类是 PRO。PRO 为代词性空范畴,可以作为不定式的主语,但在句法上不能出现,如:

Mary persuaded John PRO to see Bill.

该例中,动词不定式"to see Bill"应该有一个逻辑主语,这个主语就是 PRO,PRO 不受管辖。

第四类是 pro。pro 是出现在时态句主语位置上的空范畴。pro 的确定要依赖于表达一致的形态系统,所以它只出现在动词形态比较丰富的语言中。如果某一语言没有足够丰富的形态系统来确定脱落主语的指称,那么该语言中就不存在 pro。因此,英语和法语这样的语言中就没有 pro,西班牙语、意大利语和葡萄牙语等语言中有 pro 存在。如:

A.[pro]ha telefonato Gianni

B. Juana quiere[pro]verlo

C.[pro]mangia[1]

---

[1] 韩景泉.空语类理论与汉语空位宾语[J].国外语言学,1997(4):1-14.

pro 也是由基础部分生成,在句中受管辖并带有格标记,具有[－照应性,＋指代性]特征,受第二原则约束。

(五) 最简方案理论

1992 年,乔姆斯基发表《语言学理论最简方案》,对他以往的理论又做了一次根本性的修正,标志着他的语言学理论进入了一个新的时期——最简方案理论时期。

最简方案理论的产生起因于乔姆斯基对普遍语法和个别语法之间关系的更为深入的思考。根据原则和参数理论,原则体现语言的共性,参数决定语言的个性。然而,参数如何设定却是一个大问题,由于没有数量的限制以及统一和明确的标准,随着越来越多的语言事实被发现,研究中人们所设置的参数的数量也越来越多,且越来越烦琐。这在很大程度上影响了对原则的探讨。因此必须重新确立研究方案,以便能够对语言事实做出最为合理的解释。

乔姆斯基一直试图通过语言探讨来研究人类大脑系统的奥秘。他认为,人类的心智或大脑中存在语言机制或语言器官。语言机制具有初始状态,人类的语言初始状态是一样的,但语言的获得状态不同,因为语言在由初始状态发展到获得状态的过程中,触发机制和环境的影响使得状态发生了变化。那么,语言理论的一个重要任务就是刻画这种具有差异的获得状态和共同享有的初始状态。普遍语法是研究初始状态的理论,个别语法则是研究获得状态的理论。为了重新认识初始状态的语言和获得状态的语言之间的关系,在最简方案理论中,乔姆斯基取消了 D-结构和 S-结构这两个分析层次。乔姆斯基认为,语言是内包在语言使用系统中的,语言特性和语言使用方式之间有着密切的联系,对语言特性的了解应该有助于对语言使用的研究,反之亦然。因此,语言从生成到使用的过程成为最简方案理论关注的重点。在最简方案理论中,语言仍由词库和运算系统两个部分组成。词库标明词项的特性,运算系统则是运用相关规则在词项的基础上进行推导,生成相关的表达式。其运作过程是,先从词库中选择相关的词语配合组成句子的初始结构,再通过运算使词语中的语音信息与逻辑信息产生分离,分别进入语音表达式和逻辑表达式。这两个表达式是语言与语言使用系统的接口层面。因此,这两个表达式就取代了以往的 D-结构和 S-结构,而成为语言研究的主要分析层次。

在重新确立了语言分析层次之后,乔姆斯基放弃了以往的许多烦琐的分析模式和操作程序(甚至放弃了"管辖"这个在管辖与约束理论中的重要概念),从经济原则出发,乔姆斯基设计了他的最简方案理论体系。具体包括规则部分(见图 4-5)和原则部分。

图 4-5 规则部分

在原则部分,有以下内容:X 阶理论、语障理论、题元理论(θ-theory)、格理论(case theory)、控制理论(control theory)、约束理论(binding theory)、核查理论(checking theory)等。

可以看出,规则部分只有四个构成成分:词库、显性句法、语音表达式和逻辑表达式。它较以前的一些分析模式已经大大简化了。原则部分也对以往提出的一些理论进行了取舍和补充。其中,最重要的是增加了核查理论。这里只对该理论进行简单介绍。

在最简方案理论中,词库中的词项不仅仅是光杆的词根,而是带有完整的形态特征,这些形态特征在入句后都必须在适当位置接受某个功能范畴的核查,通过了核查的推导式才能聚合到接口。这就是核查理论。所谓功能范畴,就是可以担任中心语的曲折词缀。在最简方案理论中,小句的功能范畴有三个:标句词(complementizer,简称 C)、一致关系(agreement,简称 AGR)和时态(tense,简称 T)。C 具有标明句子性质的算子特征(operator feature),一些影响句子性质的词语如疑问词在进入句子时要接受 C 的特征核查。核查的内容是该算子的辖域性质(scopal property),以确定该词语的句法位置。AGR 和 T 各含有动词特征和名词词组特征,这使得 AGR 可以核查动词与名词之间的相互一致关系(如性、数、人称等),T 可以核查动词的时态和名词词组的格。AGR 和 T 的核查目的在于确保入句后动词和名词词组的匹配。

第三节 生成语义学

一、生成语义学的产生

在转换生成语言学的古典理论中,乔姆斯基把形式的转换和规则的运算放在了至高无上的位置,认为语法就是语言生成规则的集合,只要是符合规则的句子,就是合法的句子,所以语义在句子的生成中并不重要,因此像"Colorless green ideas sleep furiously"这样的句子是完全符合英语语法规则的。他的这种观点成为当时人们攻击的主要目标,这促使乔姆斯基及拥护他的一些学者对相关问题进行认真的思考,力图设计出新的处理方案。

1963 年,来自生成语法学派的卡茨和福德(J. A. Fordor)在《语言》杂志上合作发表了一篇至关重要的论文《语义理论的结构》,提出了将语义引入生成语法的主张和设想。第二年,卡茨又和波斯托合作,出版了一部系统论述在生成语法中处理语义问题的理论和方案的专著《语言描写的整体理论》。卡茨等人的理论提出,要重视语义在语法生成中的重要性,主张对词义进行充分的描写,并初步提出区分语法的深层结构和表层结构的设想。他们的这些理论受到了乔姆斯基的重视,1965 年,乔姆斯基出版的《句法理论的若干问题》一书中吸收了他们的大部分观点,从而把转换生成理论推向新的阶段——标准理论时期。因此,这个时期的语义学理论属于乔姆斯基阵营内部的学说,这个时期可以看成是生成语义学的早期阶段。

乔姆斯基在转换生成标准理论中,把语义分析纳入了他的理论框架,提出完整的转换生成语法应该由三个部分组成,即句法部分、音位部分和语义部分。他以此为基础,建立了新的语法模式。这个新的语法模式自建立后,立刻引发了广泛的争议,争议的核心问题主要集中在以下几个方面①:①是否一定要把句法中的语类部分当作第一个表达层次?②表达层次之间的演化顺序,或者说方向是否可以有变动?③是否必须有这么几个表达层次?④每一个表达层次是否只能和它相邻的层次发生关系?⑤语义部分是否是最边缘的层次?是否能追究到语义之外?

这场争论的结果就是乔姆斯基的一些同事和学生莱考夫、波斯托、麦考利(J. D. McCawley)、罗斯等人选择与乔姆斯基分道扬镳。

1966年秋,乔姆斯基去加州大学伯克利分校开展学术活动,在此期间,莱考夫和罗斯在麻省理工学院讲课时公开了他们和乔姆斯基的分歧。他们不满于标准理论把语义仅仅作为语法标记(特征)来处理,认为与其说短语标记加上词汇插入构成深层结构,倒不如说应该有一个由意义及其相互关系组成的偏远结构(remote structure)。因此,所谓深层结构,实际上就是语义表达,所以不如干脆把深层结构这一层次整个取消,通过意义直接生成句子。以此为基础,他们构建了自己的理论体系。他们的学说在当时产生了很大的影响,许多青年学生追随在他们的门下,他们的学生曾经一度超过了乔姆斯基派的人很多倍。通常人们所说的"生成语义学(generative semantics)派"主要指这一学派。不过,这个学派影响的时间并不长,到20世纪70年代中期,随着该学派的一些主要代表人物学术观点的发展变化以及研究侧重点和研究视角的改变,该学派自行解体。

二、卡茨和福德等人的语义理论

卡茨和福德的理论主要是对转换生成古典理论轻视意义的做法进行修正,他们试图通过自己的语义理论实现两个目的:一是为区分同义句、歧义句和异常句提供系统的理论;二是对可允许出现的句子指派语义解释。为了实现这两个目的,他们设计出了一个"两步走"的方案:第一步,首先对组句成分(如语素、词)进行分析,归纳其词义特征;第二步,设计出支配词义(词典意义)组合的规则,通过规则得出句子的整体意义。

他们认为,词汇意义是解释句子的某些特征关键。举例来说,由于 bill(账单、钞票)可有两种意义,我们无法从句法结构差异的角度去解释这样一个歧义句:The bill is large(这是一张付钱很多的账单/这是一张面值很大的钞票)。因此,要对语言做出充分的描写,就必须系统地列出每一个词的可能有的全部意义。

不过,从句子的生成来看,只说明词义是不够的,最重要的是通过词义分析,表达出词之间的系统关系。如果每一个词,或一个词的每一个义项在词典上都有一个独一无二的定义,那么每一对词都必须有一条规则来说明它们的组合关系。为了做到这一点,卡茨和福德把词的所有定义(词典义)分解成所谓的"意义原子",这些意义原子也就是语义标记(semantic marker)。由于这些意义原子可用于区分成组的词,因此在整部词典中它们是

---

① 徐烈炯.生成语法理论[M].上海:上海外语教育出版社,1988:16.

自成系统的。例如,属于语义标记的有"人类—非人类""男性—女性"等。如果我们将"男性—女性"作为标记,就可以表示许多成对词之间的关系,如"男人—女人""公牛—母牛""光棍汉—处女""叔叔—阿姨"等。如果没有这个"性"标记的话,那么上述每一对词的意义也就完全相同了。

我们可以通过图 4-6 来了解这种语义标记的作用。①

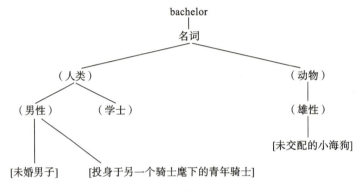

图 4-6　语义标记的作用

在图 4-6 中,每一个带标记的"树枝"都代表 bachelor 的一种意义。顶端的第一个句法标记表明,图 4-6 所考虑的意义仅仅是用作名词的意义。这就可以把 bachelor 和 run(跑;航程),dog(狗;尾随),chase(追逐,追猎者),甚至 cat(猫;把锚吊放在锚架上)等许多词的意义区分开来。圆括号中的词代表该词各自意义的语义标记,这些术语在词典中常用来给其他词下定义。方括号中所包含的是辨义成分,卡茨和福德指出,设计这一部分的目的只是区分 bachelor 一词的各种不同意义,因而为该词所独有。

在分解完意义原子之后,紧接着,就要设计出词典意义如何进行组合的规则,从而得出整个句子的意义。卡茨和福德以"The man hits the colourful ball"这个句子为例,来说明词义组合规则的作用(见图 4-7)。

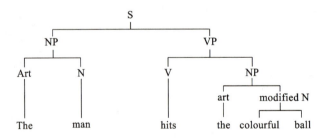

图 4-7　词义组合规则的作用
(那个男人打那个彩球。)

对于图 4-7 中的句子,人们要知道的关键在于,colourful(多彩的)修饰 ball(球),而不

---

①　本节中的几个图皆转引自《乔姆斯基》(J. 格林著,方立、张景智译,中国社会科学出版社 1990 年版)一书。

是 man(男人), the colourful ball(那个彩球)是动词 hits 的直接宾语, The man(那个男人)是全句的主语。卡茨和福德把语义解释规则称作投射规则(projection rule)。所谓投射规则,就是把词项的语义表达式投射到词组、句子上去,其基本特性是合成性,即把单词的意义合成词组语义,把小词组语义合成大词组语义,最后合成句子的语义。就图 4-7 这个树形图而言,出现在树形图最底层的词必须首先组合。然后,这一过程向树形图上方发展,以便组合更大的单位,直到得出整个句子的意义为止。具体地说,图 4-7 中的 The(那个)和 man 或 colourful 和 ball 可以先组合,但不可把 man 和 hits 或 hits 和 the 组合在一起,否则就是超越了句子的成分单位。

决定这些组合规则的根本因素是词义的选择限制。就选择限制如何决定各组可能的组合而言,图 4-8 对 colourful 和 ball 这两个词的表示就说明得很清楚。

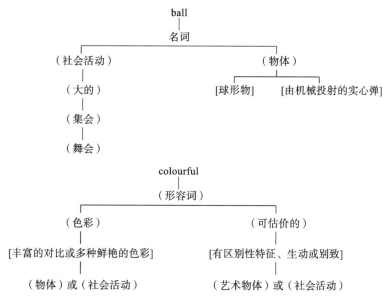

图 4-8 选择限制如何决定可能的组合

colourful 最底端的尖括号所表达的是选择限制,这些限制说明该词的哪些意义可用于哪些类型的名词,通过这一点,我们才认识到为什么要把意义细分为语义标记。在图 4-8 所示的选择限制中,colourful 可用的全部名词并没有被全部列出。这些限制只是说明,一个形容词的某一特定意义,可用于任何一个在词条中有合适语义标记的名词。如 colourful 的"别致"义只能用于那些带"艺术物体"或"社会活动"语义标记的名词。而当 colourful 作"鲜艳色彩"解时,则可用于带"物体"或"社会活动"标记的名词。此外,一条选择限制也可说明,某一形容词的某一意义要求名词同时有两种标记。如英语中 honest(诚实)这个词,在一般的意义上,它可用于一切人类名词,但在作"贞洁"解释时,它只能用于那些同时带"人类"和"女性"标记的名词。

只要能满足这些选择限制的要求,形容词和名词的所有语义标记就能融合。图 4-8 就显示了 colourful 的"鲜艳色彩"意义和"ball"可能是三种意义的结合(融合),因为"鲜艳色彩"的意义既可以修饰物体,又可以修饰各种社会活动。而 colourful 的"别致"意义只能和

"ball"的"跳舞"意义组合,因为 colourful 作"别致"解时,只能用于带"艺术物体"或"社会活动"标记的名词,所以不能修饰任何表示物体意义的名词。同样,动词的选择限制规定着动词可以有什么样的主语和宾语。如动词 hits 有两个意义:"相撞"和"用手或工具打"。第一个意义要求主语和宾语都是物体;但用于第二个意义时,虽然宾语可以是物体,但主语必须是人,或者至少是较高级的动物。现在再回到图 4-7 和图 4-8,由于 hits 要求其宾语具有"物体"的标记,而 colourful ball 表示"鲜艳色彩"或"别致"的舞会时没有这种标记,因而这两种意义就被排除了。但是,由于 hits 的标记中同时包括了"物体"和"较高级的动物",它就可以跟作为主语的 man 组合。剩下的总共有四种语义标记的融合,说明该句子可有四种意义。这四种意义大致可译成:某一特定的男性成年人碰(或打)某个特定的鲜艳色彩的圆形物体(或实心弹)。

这样,运用投射规则,我们就能按照整个句子的句法结构,把各个词的不同意义组合在一起,同时也可以解决句法歧义和词汇歧义等方面的问题。

以上述理论为基础,卡茨等人还提出了一个假设:生成是以句法结构为基础的,语法的语义部分和音系部分一样都不能产生句子结构,二者仅仅是以句法结构为基础的演化表达式,所以二者的作用是一样的,只起解释作用,不起生成作用。同时,句子通过句法转换和音系变换演化出语音表达式,通过语义投射演化出语义表达式,这两个表达式之间不再有直接的联系,因此句子的发音和句法的转换都不影响语义。这就是卡茨-波斯托假设(Katz-Postal Hypothesis)。这个假设为乔姆斯基所采纳,成为转换生成标准理论的基础。

三、莱考夫等人的生成语义学

自公开宣布和乔姆斯基的分歧以后,莱考夫等人随即发表了一系列论文,阐述了自己的主张。代表性的作品有《深层和表层语法》(1966)、《深层结构是必要的吗?》(1967)、《词项插入在没有深层结构的转换生成语法中》(1968)、《语法中语义学的作用》(1968)、《全局规则》(1970)、《关于生成语义学》(1971)等。其中,莱考夫和罗斯合作的《深层结构是必要的吗?》一文提出了生成语义学的核心观点——深层结构无用论。

在标准理论中,乔姆斯基接受了卡茨等人的句法结构决定论的假设,认为语法的句法部分必须限定每一个句子,因此句法的深层结构决定句子的语义结构。根据标准理论的观点,深层结构是一种逻辑表达式,语义解释在这个层次上起作用,转换过程中的词项插入则与语义无关,一旦词项插入以后,词项本身不能换成其他词类,至多只能在原有的基础上做些形态变化。这样,语类结构相同而词项不同的句子就不可能有共同的深层结构,如:

    A. John gave a book to Bill.
        Bill received a book from John.
    B. Mary sold a car to Susan.
        Susan bought a car from Mary.

每组中的两个句子是同义句。既然如此,那么它们的深层结构也应该相同,否则,语义解释在深层结构上如何起作用就成了问题。

莱考夫和罗斯认为,标准理论之所以假设存在一个深层结构,主要是为了在这个层次上完成如下几项工作:①把词项插入结构树;②确定主语、宾语等语法关系;③规定选择限制和同现限制;④进入转换层次。

他们认为,如果这几项工作不必在这一层次进行,那么深层结构也就失去了理论价值。首先,假如我们不强调词项插入工作必须一次完成,也不一定要在转换开始之前完成,可以在任何一个表达层次和表达式基础上进行的话,就这一项工作而言,深层结构存在的意义就大打折扣。

至于第二项工作,莱考夫和罗斯认为,主语和宾语是语法关系概念,与语义解释没有关系。主语不等于施事,宾语不等于受事,如:

A. John tortured Max.

B. John underwent torture.

两句中的 John 都是主语,但 John 在句 A 中是施事,在句 B 中是受事。因此,主宾语这些概念与语义无关,虽然它们可以区分这样的句子:

A. A dog bites a man.

B. A man bites a dog.

但这种区分完全可以在表层进行。同样,规定选择限制和同现限制,也与纯粹的逻辑表达式关系不大。因此,就前三项工作而言,都不必专门设立一个深层结构层次来进行。把词项插入结构树这项工作可以穿插在转换部分处理;确定主语、宾语等语法关系这项工作可以在表层结构中处理;规定选择限制和同现限制这项工作可以在语义表达式中处理。至于进入转换层次这项工作,实际上是以前三项工作为前提的,既然前三项工作可以不依赖于深层结构,那么也就没有必要再专门为此设一个深层结构层次了。

现在面临的问题是:取消了乔姆斯基假设的深层结构,那么,句子的生成基础是什么呢?莱考夫和罗斯否定了乔姆斯基"句法是生成性的,语义是解释性的"观点,认为语义完全可以作为句子生成的基础,整个语法系统的基础表达层次是语义层次。表层结构是由语义层次转换而来的。因此,他们重新设计了语法组织与表达式层次的流程,其语法模式大致如图 4-9 所示。

不难看出,莱考夫和罗斯的语法模式与乔姆斯基的标准理论模式相比,二者存在着根本的区别。在乔姆斯基的标准理论中,语

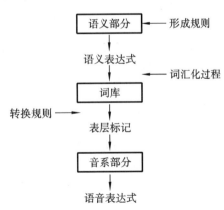

图 4-9　莱考夫和罗斯的语法模式

义表达不属于句法部分,只是深层句法的描写(解释)形式,和表层句法没有直接的关系,因此,在语义表达式与表层结构之间存在一个深层结构这一中介平面。同时,层次和层次之间只存在局部(local)关系,在句子的生成过程中,所有的转换规则都只在相邻层次间起

作用,如语义只对深层结构解释起作用,语音表达只能由表层结构决定。而莱考夫和罗斯提出的这个模式把语义直接输入到句法生成的过程中去,所有的句子都是在语义的基础上直接生成表层结构。因此,在他们看来,生成规则不只是局部的,而是起全局(global)作用的。莱考夫曾专门讨论了全局规则(global rule)这个问题。这里举语义和句法关系为例。

请看下面两组例子。

A. a. The Red Sox will play the Yankees tomorrow.

　b. The Red Sox play the Yankees tomorrow.

B. a. The Red Sox will beat the Yankees tomorrow.

　*b. The Red Sox beat the Yankees tomorrow.

在这两组句子中,a 句中都有 will,b 句则采用删略规则把 will 删去了,但 A 组中的 b 句能成立,B 组中的 b 句不能成立,原因何在?因为 A 讲的是已知的确定信息,以事实为前提;B 讲的不确定的推测,没有事实依据。这两者的区别显然属于语义方面的区别,但 will 是否能够删略的确受到了这种因素的影响,而删略属于句法部分的转换规则,显然,在这两组例句中,语义越过了词库,与转换规则发生了联系。

可以看出,所谓"生成语义学派",实际上是针对乔姆斯基的转换生成标准理论而产生的一个学术派别,从他们讨论的问题来看,他们所关注的不是研究语法的语义部分本身,而在于研究语法各个表达层次之间的关系,所以,生成语义学理论实际上是句法理论,与一般意义上的语义学不太相干。随着乔姆斯基对自己的理论的修正,人们对生成语义学所讨论的问题关注度下降,其主要代表莱考夫等人又将研究兴趣转向了认知语言学,该学派就自然地退出了历史舞台。

第四节　格语法

一、菲尔墨和格语法

20 世纪 60 年代,乔姆斯基提出了转换生成语法的标准理论,把语义引入生成理论,但他把语义部分定位在深层结构中,认为句法不能建立在语义之上,句法组成部分独立地起作用,转换与语义无关,表层结构不能对语义产生影响。这种观点在转换生成语法学派内部引起了激烈的争论,这场争论的结果就是从转换生成理论中分化出生成语义学和格语法理论。本节主要对格语法理论做简要的介绍。

格语法理论的创始人菲尔墨是美国语言学家,1929 年出生,1961 年获得密歇根大学语言学专业博士学位,此后 10 年,菲尔墨任教于俄亥俄州立大学,1971 年,他进入加州大学伯克利分校,任该校语言学系教授,直至 1994 年退休。退休后,菲尔墨又被聘为该校的荣誉教授,继续主持语言学方面的研究工作。菲尔墨在语言学方面的研究工作可以分两个阶段。早年,菲尔墨创立了格语法理论,自 1976 年开始,菲尔墨又致力于创立框架语义学和构造语法理论,因此菲尔墨又被看成认知语言学伯克利学派的代表人物。菲尔墨的代表作主要有:《"格"辨》(1968)、《框架语义学和语言的性质》(1976)、《框架语义学》(1982)、《词典止步的开始处:对计算词典学的挑战》(1994)、《指示语演讲集》(1997)等。

在乔姆斯基的标准理论中,句法结构处于核心地位,语义仅仅是为了解释深层结构而设,所以语义问题并不重要。无论在深层结构还是在表层结构中,起作用的是主语、宾语等句法成分,语义所能起的作用不过是对这些句法成分的合理性进行说明。菲尔墨则提出了相反的观点,他认为语法研究应该以语义为主,深层结构中动词和名词之间的种种语义关系影响句子的生成方式,句法结构不过是表层结构,是由语义结构直接转换生成的。他认为,主语、宾语等只是表层关系,不属于深层结构,深层结构中存在的关系是句法-语义关系。为了说明这种句法-语义关系,菲尔墨借用了传统语法研究中的"格"这个术语,并赋予其新的解释。

在传统语法中,"格"这个术语指的是通过形态变化表示出来的名词(或代词)与句子中其他词语的语法关系,它以形态标记为显性特征。传统语法中的格与名词(或代词)的形态变化联系密切,不同格的名词有不同的形态变化。例如,俄语名词有 6 个格,德语名词有 4 个格,每一个格都同一种特定的形态变化相联系。菲尔墨借用了这个术语,重新对其进行了定义。在格语法中,"格"指的是深层结构中每一个名词与跟它有关的动词之间所存在的语义角色关系,如施事、受事、工具、给予、处所等。这种关系并不一定通过名词或代词的形态变化来显现,它与任何具体语言中的表层结构上的语法概念,如主语、宾语等,没有直接的对应关系。

二、格语法的理论发展的两个阶段

菲尔墨的格语法理论经历了两个发展阶段,第一阶段的代表作有《关于现代的格理论》《"格"辨》等,第二阶段的代表作有《〈"格"辨〉再议》《词汇语义学中的论题》等。

(一)第一阶段理论

在第一阶段理论中,菲尔墨用"概念框架"来解释格的体系并说明深层结构和表层结构之间的区别。他指出,句子在基础结构中包含一个动词和一个或几个名词短语,每一个名词短语以一定的格的关系和动词发生联系,如以下两个例句:

John broke the window.
A hammer broke the window.

两个例句的主语性质是不同的,第一个句子的表层结构中的主语 John 在基础结构的概念框架中是施事,第二个句子的表层结构中的 hammer 在基础结构的概念框架中是工具。

格语法重点研究简单句生成。菲尔墨认为句子包括情态(modality)和命题(proposition)两个部分,即 S→Mod+Prop(可简化为 S→M+P)。由于命题决定句子的模式,因此格语法把分析命题作为主要任务。

菲尔墨认为,命题的核心是由一个述谓成分(predicator)和一个或几个实体(entity)组合而成,可表示为:$P \rightarrow V + C_1 + C_2 + C_3 \cdots + C_n$。充当述谓成分的通常是动词性词语(有时也可以是形容词或名词),命题中每一个实体都和述谓成分之间存在一种深层格(deep structure case)关系。这种关系是一种句法-语义关系,它确定实体在表述中的作用。语义格具有普遍意义,为人类语言所共有。在《"格"辨》中,菲尔墨重点介绍了以下六种格。

(1) 施事格(A=Agentive),表示由动词所确定的动作能察觉到的、典型的、有生命的动作发生者。

(2) 工具格(I=Instrumental),表示对由动词确定的动作或状态而言、作为某种因索而牵涉的、无生命的力量或客体。

(3) 与格(D=Dative),表示由动词确定的动作或状态所影响的有生物。

(4) 使成格(F=Factitive),表示由动词确定的动作或状态所形成的客体或有生物,或者是理解为动词意义的一部分的客体或有生物。

(5) 处所格(L=Locative),表示由动词确定的动作或状态的处所或空间方向。

(6) 客体格(O=Objective),表示由名词所表示的任何事物,在由动词确定的动作或状态中,其作用由动词本身的词义来确定。

后来,在分析具体语言用例时,又增加了一些格。中国学者杨成凯对菲尔墨提到的格进行了总结,如表4-1 所示。

表4-1 中国学者杨成凯对菲尔墨提到的格进行的总结

"格"的中文名称	使用时间			
	1966年	1968年	1971年	1977年
施事	Agentive	Agentive	Agent	Agent
感受			Experiencer	
工具	Instrumental	Instrumental	Instrument	
客体	Objective	Objective	Object	Patient
原点			Source	Source
终点(附:使成、范围)		Factitive	Goal	Goal,Range
处所	Locative	Locative	Place	
时间	(Time)	(Time)	Time	
行径			Path	
与格	Dative	Dative	分入 E、O、G 三格	
受益	(Benefactive)	Benefactive	取消	
伴随	Comitative	Comitative		
永存/转变		Essive/Translative		

每一个格的范畴都可能带上一个格标记(记为 K,这是德语"格"的缩写)。也就是说,动词的补足成分 C 往往是由一个名词性成分和标明其角色身份的格标记组成,即 C→K+NP。

这样,一个用格语法来表示的句子就可以画成如图 4-10 所示的树形图。

在此基础上,菲尔墨提出了由句子的深层结构转化为表层结构的方法。下面以"The door opened(门开了)"的生成为例,进行简要说明。该句在深层结构的基础表达式如图 4-11 所示。

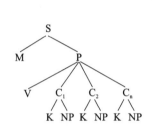

图 4-10 一个用格语法来表示的句子

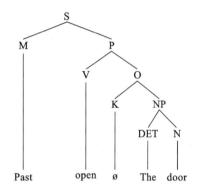

图 4-11 "The door opened(门开了)"在深层结构的基础表达式

表层结构中的主语,来自不同的深层格,由深层结构中的深层格转化为表层结构中的主语的过程,叫作主语化。在主语化时,各个不同的格优先充当主语的顺序为:A>I>O。

从图 4-11 可以看出,该句(S)的情态(M)是 past(过去时),命题(P)由动词 V 和格的范畴 O(客体格)构成,这个格的范畴的格标 K 为空,名词短语 NP 由 The(定冠词)和 door(门)构成。由于这个句子的基础表达形式中没有 A 和 I,只有 O,所以,O 为主语。首先,把 O 移至句首,如图 4-12 所示。然后进行主语介词删除,并删除格标。图 4-12 中的主语介词为 ø,删除格标 K 后,得到如图 4-13 所示的形式。最后把时态 past 加入动词 open,就得到句子的表层形式,如图 4-14 所示。

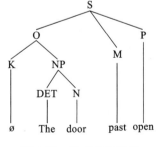

图 4-12 把 O 移至句首

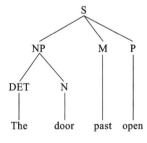

图 4-13 删除格标 K 后的形式

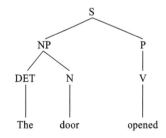

图 4-14 "The door opened(门开了)"的表层形式

（二）第二阶段理论

在第二阶段，菲尔墨对句子的生成模式进行了改造。在第一阶段理论的模式中，菲尔墨把主语、宾语等语法关系统统都看成表层结构单位，在表层背后的结构则是由格关系组成的语义结构，这个结构被称为底层结构(underlying structure)。这时候，底层结构和深层结构(deep structure)这两个概念基本相当，菲尔墨并没有刻意对二者进行区分。后来，菲尔墨意识到，在第一阶段理论中，从语义格到主宾语之间缺少了一个转换的环节，因此，在第二阶段理论中，他将底层结构和深层结构区分开来，使深层结构成为底层语义平面和表层结构平面之间的一个中间平面。这样，属于底层结构的语义格，在转换之前必须经过深层主语和深层宾语等语法关系的分配，从而得到深层结构。深层结构再进入转换部分，经转换得到表层平面。因为格角色关系实际上是语义关系，表层结构关系是语法关系，所以语义关系必须经过深层分配，明确语法关系后才能转换。因此，在第二阶段理论中，每一个句子都有格关系和语法关系两个分析平面，通过这两个平面，就可以把句子和句子所描述的事件联系起来，句子的语义现象和句法现象就都可以得到合理的解释。

在第二阶段理论中，菲尔墨重点解决的问题是深层语法关系的分配。他认为，句子描述的是场景(scene)，场景中的各参与者承担格角色，构成句子的底层结构。底层结构通过透视域(perspective)的选择，一部分参与者进入透视域成为句子的核心(nucleus)成分，每一个核心成分都带有一个（深层）语法关系(grammatical relation)，这个语法关系由每一个核心成分所突出的等级体系(saliency hierarchy)来确定；其他参与者不一定能进入句子，即使出现在句子中，也只能成为句子的外围(periphery)成分。因此，在第二阶段理论中，场景和透视域是两个非常重要的概念。下面进行简要的介绍。

1. 场景

场景既指视觉形象，也指知觉、记忆、经历、行动等，即存在于语言之外的一切真实世界和人们的感知世界。有些场景由一些别的具体场景组成，可以分割，有些场景则不可分割，只能通过指示或经历去体验和认识，很难做具体的解释和说明。也就是说，语言中有很多词和短语只有预先知道某种别的东西才能理解它们，而那种别的东西可能是不可分割的。这样，一个人在理解一段话语时，遇到一个他理解的词时，就可以认为那个词引发(activate)了一个场景，而且指示出那个场景的某个部分。说一个词或一个短语或一个句子或一段话语，都确定一个场景，它突出或强调那个场景的某一部分。

场景对句法和语义来说都是至关重要的。菲尔墨指出，在描写一种语言的作用方式时，人们所需的词汇信息不仅包括相关场景的性质的信息，而且包括可以使用该词项的那些句子的语法形式信息。比如，对于一个动词，我们就需要知道，在和它相联系的场景之中，在数目可能为很多的一些实体中，哪一个要被表现为动词的主语，哪一个要被安排成为直接宾语，其余的实体又将要具有什么样的语法形式，等等。

语义是联系着场景的。在格语法分析系统中，有一个格是施事格，它指的是事件中的一个主动参与者的角色；然而，事件所能具有的主动参与者的数目却不受限制。例如，商务事件有两个不同的人物，都是施事，要想理解一个描述商务事件或它的某个方面的词条,这两个人物的行动就都要理解。但是,在具体的场景中,一个格却只描述情境的一个特定的部分,并不需要囊括它的其他所有的方面。

2. 透视域

语义联系着场景,但二者并不等同。场景不能自动成为语义,而必须经过语言使用者的透视,才能进入语言和语义发生联系。当整个场景都在人们的考虑之中时,只有最集中人们注意力的某一部分才能进入话语的表达。也就是说,人们总是从一个特殊的透视域去考虑一个场景。举个例子来说,一个商务事件,涉及两个个体(买主和卖主)和两个行为(付款收货和交货收款),完整地描述这个商务事件需要确定买主、卖主、款项和货物,甚至连款项还有必要进一步分析为现金和转账两种,一个原生商务事件包括这些所有的内容,但是我们谈这种事件时,所用的单个小句要求我们对事件选择一个特殊的透视域。表示商务事件中任何具体方面的动词都需要我们把事件中的一个或几个实体置于透视域之中。在英语中,这种选择就表现为选出对应底层主语和直接宾语概念的语法功能。例如,想把卖主和货物放入透视域,就用动词 sell(卖),想把买主和款项放入透视域,就用动词 spend(花费),如此等等。每当讲话者使用关乎商务事件的任何一个动词时,商务事件的整个场景就发挥作用,然而选用的具体动词给场景加上了一个特殊的透视域。这样,人们只要听见并且理解了他说的某一句话时,心中就有一个场景包括商务事件的全部必要方面,然而,只有事件的某些方面被确定下来并置于透视域,这些成分就成为句子的核心成分;场景的其他成分的信息也可能包括进来,但只能成为句子的非核心成分。

进入透视域的核心成分在深层结构中一般都有一种语法关系,但是这些成分也不等于是句子的必要成分。同样,外围成分也不一定就不是必要成分。如,在一个击打行为的场景中,一个人拿着一件东西,使它骤然触及他物;这种场景进入透视域的至少有行动者(agent)、他所控制之物(patient)、受控物行动的对象(goal);英语中,可用来表述这种场景的句子至少有 I hit the fence(我击打篱笆),或 I hit the fence with the stick(我用手杖击打篱笆),或 I hit the stick against the fence(我击杖于篱笆)。其中,在"I hit the fence"这个句子中,核心成分并没有完全出现。另外,时间、处所等因素都是外围成分,但因为任何事件都发生于一定的时间,所以任何一个表示事件的句子都可以有一个时间状语;因为许多种事件都发生于具体的场所,表示那些事件的句子就可以有一个处所状语。菲尔墨解释道,处理那些概念上必须而表层可以不用的句子成分,典型的方法就是说那些成分存在于深层结构,而在表层结构中被删略或用了零形式。若用语义联系着场景的观点,那么在理解句子时需要的东西就不必都出现在句子的底层语法结构中。

第二阶段理论的中心问题有两个。第一个问题是,一个场景中的哪一个实体在与该场景相联系的句子中表现为核心成分?(即什么成分进入核心?)第二个问题是,核心成分的级别由什么来决定?(即什么决定一个成分为主语,而另外一个成分为直接宾语?)

关于第一个问题,菲尔墨认为,关键取决于直接宾语的语义内容,其中最重要的是,场景之中的什么性质能够决定某物是否要表现为直接宾语。他认为,起决定作用的性质是事物的显著性,并且列举了一些能提高显著性的条件。

（1）生命性。即受影响的实体有无生命。有生命的实体显著性较高，优先进入透视域。

（2）变化性。即受影响的实体有无变化。如果一个情境有某个名词既可进入核心，又可处于外围，那么有利于它进入核心的一种情况是受到影响的物体经受了某种变化。于是当我们对某物采取一个行动，结果该物发生了某种变化，它就获得了值得进入句子核心的显著性。

（3）有定性。即受影响的实体是否是确定的。确定的实体显著性较高，优先进入透视域。

（4）整体性。即受影响的实体是否与动作的整体性有关。菲尔墨指出，一个动词有时能有一种以上的方式表现它的主宾结构。像总体性或整体性这种显著性质就使某些名词依靠它们的底层格的功能进入核心结构。有些动词，如 cover（覆盖）和 fill（装填），因为所对应的场景中自身就带有那种总体性或整体性的意思，所以我们可以说"He covered the alarm clock with the towel"和"He filled the jar with ink"，却不能说"He covered the towel over the alarm clock"和"He filled the ink into the jar"；而有些动词，如 place（放）和 pour（倒），要求把焦点集中在场景的使用物体方面，不是集中在场景的结果状态方面，因此我们可以说"He placed the records on the shelf"和"He poured ink into the jar"，却不能说"He placed the shelf with records"和"He poured the jar with the ink"。

（5）词汇个性。有时词语的个别特性决定进入核心的成分。如动词 fire［放（枪）］和 shoot（射击）十分近似，但 fire 就没有 shoot 那样一些对目标名词短语的选择条件，我们可以说"I fired a gun""I fired a bullet"，或"I fired at Harry"，但对于同一场景却不可说"I fired Harry"。

关于第二个问题，菲尔墨认为，要回答这个问题，必须考虑如下四种情况。

第一，有些动词可以随意把两个事物中的某一个表现为直接宾语，剩下的一个成分就成为外围成分，可以由一个介词短语来表达。如 blame，既可以说"He blamed the accident on me"，也可以说"He blamed me for the accident"。

第二，有些动词可以随意把两个事物中的某一个表现为直接宾语，但是剩下的一个成分是否能够表达出来却有限制，如 sign，可以说"He signed his name"和"He signed the contract"，也可以说"He signed his name on the contract"，却不能说"He signed the contract with his name"。

第三，有些动词可以把一个不充当主语的名词放在核心，也可以放在外围。如 shoot，既可以说"She shot him"，也可以说"She shot at him"。

第四，有些成对的动词意义相关，但在选择什么成分进入核心、什么成分置于外围时，彼此不同。如 put（放）和 cover（覆盖），可以说"He put a towel over the alarm clock"，也可以说"He covered the alarm clock with a towel"，这两个句子表达的是同一个情境，然而在前句中 towel 是直接宾语，在后句中则是 alarm clock 做直接宾语。

因此，可以看出，第二个问题实质上是在问，对于实义动词（lexical verb），在那些重新组织句子的语法变化还没有发生之前，核心项可以如何安排。菲尔墨提出，由类似格层级的东西来决定怎样安排处于场景中的名词短语，而格层级是和实体的显著性等级相关的。

首先,由于一个句子通常要有一个主语,所以场景中级别最高的实体要被表现为主语。其次,如果有两个实体在核心中,那就要按照它们在层级中的相对位置来分配第一项角色和第二项角色。最后,就同一个动词而言,如果该动词可以用两个事物中的任何一个作为直接宾语,那么在显著性层级中级别较高的一个事物就占据优势。至于如何区分显著性层级,菲尔墨提出了以下七条原则:①主动(active)成分级别高于非主动成分;②原因(causal)成分级别高于非原因成分;③人类(或有生命的)感受者级别高于其他成分;④改变了的成分级别高于未改变的成分;⑤完全的(complete)或个体化(individuated)的成分级别高于一个成分的某一部分或没有个体化的成分;⑥图像(figure)级别高于背景(ground);⑦有定(definite)成分级别高于无定(indefinite)成分。

不过,对于这些原则,菲尔墨认为,在当时,这一切还纯属推测,并非定论。

菲尔墨的格语法,改变了传统的"格"观念,在这个理论体系中,通过对格关系的考察,能够充分揭示深层的语义关系,可以利用它对表层结构进行推断,同时,深层格的功能具有普遍性,适用于一切自然语言,因此在语言信息处理和人工智能以及第二语言习得等方面的研究中尤其具有应用价值。因此,该理论在提出之后,曾在语言学界引起了强烈反响和高度重视。但到20世纪70年代末,由于菲尔墨本人的研究兴趣发生了转移,不再从事这方面的研究,从事格语法研究的人也越来越少,现在几乎没有人再专门从事格语法理论的研究了。不过,格语法中的许多合理的内容已被当代许多其他语言学派所吸收,尤其是底层格的观念已深入人心,至今仍在语法研究中产生着重要影响。

第五节 韩礼德和他的系统功能语法

一、韩礼德及其语言学著作

韩礼德是英国语言学家,1925年生于英格兰约克郡的利兹。他早年在伦敦大学主修中国语言文学专业。大学毕业后,韩礼德来中国深造,1947—1949年在北京大学学习,师从国学大师罗常培先生。1949—1950年,他转入岭南大学,成为王力先生的弟子。回到英国后,他又进入剑桥大学,在伦敦学派的创始人弗斯的指导下攻读博士学位。1955年,他完成了博士论文《〈元朝秘史〉汉译本的语言》,获剑桥大学哲学博士学位。此后韩礼德先后在剑桥大学、爱丁堡大学和伦敦大学任教。1970年以后,韩礼德在世界各地进行讲学活动,先后担任过美国的耶鲁大学、布朗大学,肯尼亚的内罗毕大学等著名学府的客座教授,1972—1973年,韩礼德任美国加利福尼亚州斯坦福行为科学高级研究中心研究员,随后又担任美国伊利诺斯州立大学语言学教授。20世纪70年代中期,韩礼德移居澳大利亚,筹建悉尼大学语言学系并担任系主任。

韩礼德的学术活动大致可分为四个阶段。第一个阶段是20世纪50年代初开始至60年代中期,这一阶段的韩礼德以继承和发扬弗斯的学术理论为己任,在弗斯理论的基础上建立了系统语法理论。第二个阶段是20世纪60年代中期至70年代初,在这个阶段,韩礼德建立了功能语法理论。第三个阶段是20世纪70年代前期,在大约五年的时间内,韩礼德把研究的目光转向对儿童语言发展或个人语言发展的探索。第四个阶段是在20世纪70年代中期以后,韩礼德把研究重点转向探讨语言与社会学和符号学的关系。主要作品有:《〈元朝秘史〉汉译本的语言》(1955)、《现代汉语的语法范畴》(1956)、《语法理论的范畴》(1961)、《文学研究中的描写语言学》(1962)、《语言中词类与链和选择轴的关系》(1963)、《英语的声调》(1963)、《英语语法中的语调》(1963)、《文学话语的语言学研究》(1964)、《语言科学与语言教学》(合著,1964)、《"深层"语法札记》(1966)、《英语小句主位组成的某些方面》(1967)、《语言学与英语教学》(1967)、《英国英语的语调和语法》(1967)、《英语中的及物性和主位札记》(1967—1968)、《语言学与语言学习者》(1969)、《英语口语教程》(1970)、《语言结构和语言功能》(1970)、《语言功能的探索》(1973)、《学习如何表示意义:语言发展的探索》(1974)、《语言与社会人》(1974)、《作为社会符号的语言:通向全面的社会语言学理论》(1975)、《语义变化的社会学面面观》(1975)、《英语的接应》(合著,1976)、《话语作为社会语境中的语义选择》(1977)、《语言和意义的社会解释》(1978)、《语篇与语境》(合著,1980)、《系统的背景》(1983)、《功能语法导论》(1985)、《语言、语境和语篇:社会符号透视下语言的诸方面》(1985)、《通往可能性解释》(1991)。

二、系统功能语法的核心内容

韩礼德的系统功能语法理论的核心内容主要体现在如下几个方面。

(一)结构观

弗斯以结构和系统为坐标考察语言现象,韩礼德继承了弗斯的基本观点,并对其加以改造和发展。在韩礼德的理论体系中,结构(structure)是为了说明语言的连续事实间的相似性而设立的范畴。结构是由符号按线性方式排列的,每一个符号就是一个单位(unit)。和传统意义上的单位不同的是,韩礼德认为,单位本身也是一个层级体系(hierarchy),每个单位都包含一个或一个以上的、紧跟在它下面的单位。在层级体系中,每个单位都有自己的级别(rank),这个级别就是这个单位在层级体系的位置。如英语语法中的基本单位是:句子、子句、词组(group)、词、词素。句子多由子句组成,子句由词组组成,词组由词组成,词由词素组成。它们按大小顺序排列起来,就成了一个级阶(rank scale),如图4-15所示。

```
┌─ 句子
├─ 子句
├─ 词组
├─ 词
└─ 词素
```

图4-15 级阶

每一个单位都由下一级的单位组成,并为上一级的单位提供组成成分。一个单位只能包含下级的完整单位。一个单位不能包含它以下两级或三级的单位。每个单位都在自己的级别上体现着各种关系,如对意义(meaning)、形式(form)和实体(substance)的选择关系等。因此,一个句子往往由许多单位组成,这些单位呈单维、线形排列,形成一个连锁轴。出现在连锁轴上的是大小不同的结构,有主位结构、文字结构、语法结构及词汇结构。

在这些结构的任何一点,又有选择的可能,这样,连锁轴就变成了选择轴(axis of choice)。选择轴上的每一个成分都按照一定的条件进行选择,由于选择的条件不同,在选择轴上就出现了对比关系(contrast),如音位对比、词汇对比等,正是对比关系赋予语言单位以意义,没有对比就没有交际。选择轴把没有出现的单位也联系起来。这就形成了相应的语法,在连锁轴上的语法就是结构。结构是由具有各种独特作用的单位构成的层级体系。这样,人们在研究中,就可以根据上一级的单位的结构为单位分类,同时,又可以按照下一级单位的类别来给结构分类。

(二) 系统观

韩礼德认为,结构研究的只是语言的表层形式,要全面开展语言研究工作,还必须研究语言的深层形式,也就是要研究语言的意义潜势(meaning potential),这就是系统研究。韩礼德发展了弗斯的系统理论,对系统做了新的解释。他认为,语言系统是一种可以进行语义选择的网络,是一份可供说话者进行有效选择的清单。韩礼德指出,语言其实就是一种潜在的意义,这种意义是潜在行为的语言体现,"可能表达什么意义"用语言说出来就是"可能做什么事"。在他看来,人类使用语言的目的就是表达意义和进行交际。而人是生活在一定社团中的,所以人们所表达的意义完全受制于他们所处的社团的发展水平、文化背景、社会环境和生活环境等因素,人们使用语言,实际上就是对这些相关的因素进行选择,语言不提供社会交际中无须表达的意义选择。如下面两个句子:

A. Close the door. (关上门。)

B. Would you close the door, please? (请关上门好吗?)

这两个句子的主题完全一样,但出现的直接情境不一样。第一句一般用于熟人之间,相互不必客气。第二句通常用于不太熟悉的人之间,双方要讲究礼貌。说话者要根据情境进行语言选择。在语言的每一个层次(如语义层、语法层、音位层)上,系统都提供一个意义组合,其中的组合成分被称为意项(term)。如英语中常见的系统包括以下内容(见图4-16)。

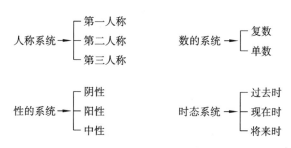

图4-16 英语中常见的系统

意项只是一种语义潜势,说话者必须根据所表示的意义,在系统中做出适当的选择。人们在选择时只选择系统条件得到满足的意项,并且只能选择一个意项(如选择了第一人称,就不能选择第二或第三人称;选择了单数,就不能选择复数)。

系统有三个特征:第一,一个系统内的选择是互相排斥的,选择其一则不能再选其二;第二,每个系统都是有限的,能够准确地说出它所包含的选择数目;第三,系统中的每一个选择的意义取决于其他选择的意义,如果其中一个意义改变了,其他选择也要跟着改变。例如,古英语中的数范畴有三个,即单数、双数、复数;现代英语中的数范畴只有两个,即单数和复数。古英语的复数意义是"多于两个",现代英语的复数意义是"多于一个"。可以看出,所谓选择,实际上是意义的区分。进入一个系统的选择要属于同一个意义范畴,毫无关系的两种选择不能进入同一个系统。例如,否定和复数就不能进入同一系统,否定与肯定构成一个系统。而且,一个系统的选择要具有相同的语法环境,它们的对立必须在同一个语法框架内实现。每个系统适用于一个级,如语态系统适用于子句级,每出现一个子句,就要从陈述句、疑问句、命令句中进行一次选择。系统与系统之间有相互制约的关系。例如,已经选了定式动词,就只能选陈述句或疑问句;选了命令句,就只能选不定式动词。再看主位系统。主位系统中最重要的区分就是无标记和有标记。我们知道,在一个句子中,第一位置和最后位置由重要成分占据,有明显地位。如果一个基本成分占据常规位置,其重要性则不太明显,如果一个成分占了非常规位置,它的地位就被突出出来。如果再使用一种特殊手段,其重要性则更加明显。试比较下面三个句子:

A. The meeting takes place on Tuesday.（会议在星期二召开。）

B. On Tuesday the meeting takes place.（星期二召开会议。）

C. It's on Tuesday that the meeting takes place.（就在星期二召开那个会议。）

在英语中,句子常规位置的顺序通常为:参与者+过程+环境。句A成分的位置符合常规顺序,可以称为无标记句。句B和句C各成分的位置和常规顺序不一致,可称为有标记句。

系统除了具有上面所述的三个特征外,还必须具有一定的输入条件。输入条件是第一个系统输入给第二个系统进行分类的一个实体。以"人称"这个系统为例,作为输入条件系统,它有三个意项(见图4-17)。

该系统中的任何意项都可以作为其他系统的输入条件(见图4-18)。

图4-17 "人称"这个系统有三个意项

图4-18 "人称"系统中的任何意项都可以作为其他系统的输入条件

通过这种方式,就可以把许多系统连接起来,形成一个系统网络,这个网络提供语义的潜在意义。通常,说话者根据表达意图,在系统网络中选择适当的意项,然后运用结构体现规则和功能体现规则对所选意项的特征进行编排,就可以得出表层结构的句子。

（三）功能观

韩礼德认为,要揭示语言的内部规律,首先就要了解语言是如何使用的,因为语言是在使用的过程中不断演变的,这就说明语言的社会功能一定会影响到语言本身的特性,语言功能和语言系统之间有着直接的关系,因此,探讨语言的功能和语言本身之间的关系是语言研究的一个极其重要的方面。

韩礼德从社会学的角度来探讨语言的功能。他首先分析了儿童语言的实际用途,认为对于儿童来说,语言的功能主要体现在七个方面,即工具功能(instrumental function,儿童可以运用语言得到想要的东西)、节制功能(regulatory function,成人通过语言控制和调节自己的行为,自己也可以使用语言去调节与伙伴的关系)、交际功能(interactional function,用语言实施自己和他人的交往)、个人功能(personal function,通过语言显示自己的存在,实现自己的个性)、启发功能(heuristic function,语言帮助儿童认识周围的世界)、想象功能(imaginative function,儿童可以用语言创造自己的世界,这个世界与周围环境可能毫无关系)、信息功能(informative function,儿童可以用语言传递信息,表达命题,对儿童来说这是最不重要的功能)。可以看出,语言对于儿童来说都是具体的实际的用途,但随着年龄的增长,语言的用途就变得更加复杂和抽象,语言的功能范围就逐渐缩减。到成人阶段,语言的功能就减少为三种宏观功能(macro-function),即概念功能(ideational function)、人际功能(interpersonal function)和语篇功能(textual function)。

概念功能包括经验功能(experiential function)和逻辑功能(logical function)。经验功能与话语的内容相联系,它是说话者对外部环境反映的再现,是说话者关于各种现象的外部世界和自我意识的内部世界的经验。在语言中,体现经验功能的是经验系统,这个系统主要解决意义的选择问题。这方面的任务主要是由及物性(transitivity)网络系统来完成的。及物性表示动词的过程(process)和所涉及的人或物之间的关系。通常情况下,动词主要表示动作、事件、变化、状态或关系,因此每个动词都包含一个过程。及物性要表示的就是动词的过程和过程参与者之间以及情境(包括动词表示的过程发生的时间、地点、方式、理由、条件等因素)和过程之间的关系。逻辑功能则是从经验中取得的抽象的逻辑关系的表达。因此,在语言中,逻辑网络系统处理并列、从属和同位结构中结构成分之间所具有的不同的逻辑关系。这些关系可以分为两大类:横向组合(paratactic combination,结构成分之间的地位相等)关系和从属组合(hypotactic combination,结构成分之间有上位和下位关系)。

人际功能是一种角色关系。它既包括说话者在语境中所充当的角色,也包括说话者为话语的其他参与者(包括人或事物)所分派的角色。在语言中,人际部分主要由相互作用系统和人物系统两大系统组成。相互作用系统的主要作用是描写说话者在交际中如何相互沟通、如何通过某些特定的方式来影响对方的行为,从而达到一定的言语效果。在这个系统中,语用因素起着十分重要的作用。它决定语气和语调的选择和言外之意的产生。因此,相互作用系统实际上是由语用意义构成的网络和与之相对应的语调系统组成,说话者在说话时,通常按照一定的语用要求(所要表达的意图)在语调系统中选择适当的意项。人物系统的主要作用是描写说话者的情态意义。说话者在表达特定的命题时,往往会加上对所表达的命题的看法和评价,如用"一定""大概""可能""或许会"等表示命题的可能性。人物系统就是用表示这些意义的意项和其他表示说话者主观评论成分的意项排列而成的一个网络系统。

语篇功能使说话者所说的话在语境中起作用,它体现语言使用中前后连贯的需要。在交际过程中,说话者总是在一定的信息背景下使用语言,这其中既可能包含语言的信息背景和非语言的环境背景,在这些背景中,说话者如果要使自己的话语起作用从而达到预期的交际目的,就需要使自己的话语内容和表达方式与背景信息和背景结构连贯起来,在说出具体的句子前,就需要进行适当的加工,如区别话语中的新信息和听话者已经知道的信息,选择适当的话题,造一个与前面的句子有关系的句子等。这就涉及语篇功能。语篇功能是一种给予效力的功能,没有它,概念功能和人际功能都不可能实现其价值。在语言中,和语篇功能相对应的是篇章系统。篇章系统重点解决这样几个关键问题:主位构造(thematic organization)、命题的信息结构(informational structure)、句子内部或句子之间的衔接(cohesion)等。主位构造主要是指句子内部成分的安排方式,通常可分析为两个部分——主位(theme)和述位(rheme)。主位是表述的出发点,通常是表达在语境中已知的或至少容易得知的事物,述位是表述的核心,是说话者关于表述出发点所述说的内容,是表达听话者所不知道的(至少说话者认为如此)的内容的部分。主位位于句首,它后面的部分就是述位,主位既可能由主语来体现,也可能由其他成分来体现,不过以主语充当为常见形式。信息结构主要指篇章中已知信息(given information)和未知(new information)的排列方式。已知信息是说话者认为听话者可以从语境中了解或推断出来的信息,未知信息则是说话者认为听话者不能从语境中了解或推断出来的信息。信息成分的不同组合构成每个句子的不同的信息结构,一般情况下,已知信息可以在句子中出现,也可以不在句子中出现,但未知则必须在句子中出现。衔接主要是指篇章中结构成分之间的连接关系。在语法层面上,常见的衔接手段有参照替代、省略和连接等。所谓参照替代,就是用一个代词来代替篇章中已经出现或将要出现的成分,替代已经出现的成分叫反指参照(anaphoric reference),替代将要出现的成分叫预指参照(cataphoric reference)。所谓省略,就是不再重复上文中的已知信息,说话者通常用省略的方式来降低话语的冗余度(redundancy),由于已知信息是理解话语的基础,已知信息成分的缺省使得听话者在理解话语时必然到上文中寻找这些信息,因而,省略就成了衔接前后话语的重要手段。连接手段主要用于句子间或命题间的衔接,以反映各种不同的逻辑关系,常见的有递进(additive)、转折(adversative)、因果(causal)和时间(temporal)等关系。

一、名词解释

生成语义学　格语法　主语化　主位和述位　语言的人际功能

二、填空题

1. 1965 年出版的(　　　)一书,被认为是乔姆斯基将转换生成语言学发展到标准理论的标志。

2. 在《句法结构》中,乔姆斯基提出最理想的句法规则具有(　　)(　　)(　　)(　　)(　　)(　　)等性质。

3. 乔姆斯基提出了短语的结构规则可以生成一系列的语符形式,具体包括(　　)(　　)(　　)。
4. 在《句法理论的若干问题》中,乔姆斯基提出了(　　)和(　　)理论。
5. 乔姆斯基认为完整的转换生成语法应该由三个部分组成,即(　　)(　　)(　　)。
6. 在管辖与约束理论中,乔姆斯基认为语法可以分为(　　)(　　)两个部分进行研究。
7. 在最简方案理论中,小句的功能范畴有三个:(　　)(　　)(　　)。
8. 莱考夫和罗斯合作的《深层结构是必要的吗?》提出了生成语义学的核心观点——(　　)。
9. 格语法理论的创始人是(　　)。
10. 菲尔墨认为句子包括(　　)和(　　)两个部分。
11. 菲尔墨认为句子的底层结构是由(　　)和(　　)构成的。
12. 韩礼德认为,到成人阶段,语言的功能为三种宏观功能,即(　　)(　　)(　　)。

三、简答题

1. 转换生成语言学经历了哪几个发展阶段?列举出每个阶段的代表作品。
2. 生成语义学派的核心观点是什么?
3. 菲尔墨对语义格的基本看法是什么?列举出几种常见的语义格,并进行简要说明。
4. 韩礼德认为系统有哪些特征?

四、论述题

1. 试述转换生成语言学的学术背景。
2. 试述转换生成语言学的历史贡献。
3. 试述格语法理论的两个阶段有何区别和联系。
4. 试述韩礼德的系统功能语法理论的核心内容。

第五章
功能主义发展期

第一节 概述

一、当代语言学简况

1976年,在法国圣弗卢尔(Saint Flour)举行的功能语言学研讨会上,会议主办者宣布成立国际功能语言学协会,推举 A. 马丁内的妻子 J. 马丁内为秘书长,把《语言学》杂志定为该会会刊。国际功能语言学协会的成立,不仅标志着马丁内学派影响力的扩大,更主要的是使功能主义的思想得到了普及。就在这一年,认知语法的创始人兰盖克(R. W. Langacker)开始致力于建立认知语法的理论体系,菲尔墨也发表了他的《框架语义学和语言的性质》,提出了框架语义学说。1977年,《语用学杂志》创刊,从此,功能和语用的观念逐渐深入人心。从某种意义上说,1976年是西方语言学界把研究的目光由形式主义传统投向功能主义的转折点。因此,我们把 1976 年以后的西方语言学时期称为功能主义发展期。

从总体上来说,当代西方语言学各流派的产生和发展与对转换生成语言学的批评有着密切的联系。20世纪60年代,乔姆斯基在转换生成语法的标准理论中,把语义引入生成理论,但他把语义部分定位在深层结构中,认为句法组成部分独立地起作用,转换与语义无关,表层结构不能对语义产生影响。这种不彻底的做法不仅在转换生成语法学派内部引发了激烈的争论,也引发了其他同样关注有关问题的语言学家们的思考。到 60 年代末 70 年代初,西方语言学界普遍关注的问题有:①语言的形式和意义的关系究竟如何?形式在多大程度上具有自主性?②语义是如何构成的?语义因素是如何起作用的?③有哪些因素会影响语义的表达,它们又是如何产生影响的?对这些问题的不同解答就形成了不同的语言学流派。以研究语言符号意义和语言表达意义之间作用机制为主要目标的语用学、以研究语言表达过程中意义联系方式为主要目标的篇章语言学、以研究语义构成和语义结构模式为主要目标的认知语义学纷纷登场。而另外一些人,如格林伯格(Joseph Greenberg),则对乔姆斯基的普遍语法观点进行检讨,认为人类语言的共性并非来自人类共有的语言能力,而是与人类的共同经验和认知特点有关,因而建立了现代语言类型学说。于是,在当代西方语言学界,一种理论主宰天下的格局被打破,出现了百花齐放、群星争辉的局面。不过,需要说明的是,尽管转换生成语言学已经不再一家独大、傲视群雄,但仍在不断发展和完善之中,仍是这个时期的主要学术派别之一。同时,韩礼德的系统功能语言学理论尽管也是在前一个阶段产生和发展起来的,但其真正产生重要影响还是在这一时期。另外,这个时期登上主流语言学阵地,和生成语言学瓜分天下的新兴力量不仅有语用学、篇章语言学、语言类型学、认知语言学等成为当代语言学领域的"显学"的各主要学术流派，还有一些在理论和方法上有所创新，在局部领域产生重要影响力的学术理论，如广义短语语法、词汇-功能语法、新历史语言学等。

当代语言学发展的一个大的学术背景是各门学科之间的相互交叉与相互渗透。主流语言学在和其他学科相互交融的过程中形成的一些新兴的边缘学科，如社会语言学、神经语言学、心理语言学、数理语言学、计算语言学等，这些从不同学科的视角关注语言研究的新学科在这个时期也得到迅速的发展，同样也成为当代语言学景观中的重要组成部分。

二、当代语言学的共同特征

当代语言学的一些主要学说理论都是在对传统语言学特别是对转换生成语言学理论批评的基础上产生的，因此就主流学派而言，他们具有如下一些共同的特征。

（一）理论的多元化

当代语言学一个显著特点就是各个学派内部不再像以往的学术派别那样有着相对统一的学术理论，也没有处于领袖地位的学派领军人物。归属于各学派旗下的语言学家们是因为学术观点相近而走到一起的，各有自己研究的侧重点和理论主张。这就造成了各种学术理论百花齐放的局面。

（二）理论和方法相互渗透

当代语言学各派学说之间并没有严格的门户壁垒和界限。各种学说理论之间不是相互排斥而是相互借鉴，有时还会出现相互交叉的情况。如系统功能语言学、语用学和篇章语言学都把语境作为自己的重要研究对象，系统功能语言学甚至把篇章语言学当作自己学说理论的一部分，认知语言学则把语用研究作为自己的一个重要方法，并提出了认知语用学说。尽管认知语义学是在对生成语言学的批评的基础上产生的，但仍把来自生成语义学派的贾肯道夫（Ray Jackendoff）的著作《语义学和认知》奉为认知语义学的经典之一。从这个意义上说，当代语言学的各种学说理论所构成的只是学术思潮，而非学术派别。

（三）功能主义的影响力不断扩大

当代语言学各新兴学派都重视语言的交际功能，对待语言研究采用功能主义的态度。表现在语言观上，认为句子是不自主的，语言结构受语境、语用原则等外部因素的影响，主张从语用和功能等角度研究语言的结构。在方法论上，注重语言的解释，不再把归纳法看成是研究语言的唯一方法。不赞成"纯"语言的研究，主张和其他科学结合，多学科、多角度地考察和研究语言现象。

当然，当代语言学各不同学说之间存在的差异也是十分明显的，从第二节开始，本章将分别介绍当代语言学具有重要影响力的各主要理论学说的概况。

第二节　语用学的产生与发展

一、语用学的学术渊源

"语用学"(Pragmatics)这一术语首先是由哲学家提出来的。1938年,美国哲学家莫里斯(Charles Morris)在《符号理论基础》一书中把符号学(Semiotics)分成三个部分:句法学(Syntax,研究符号与符号之间的关系);语义学(Semantics,研究符号与所指事物之间的关系);语用学(Pragmatics,研究符号与使用者之间的关系)。莫里斯把语用学定义为:语用学是符号学的一部分,它研究符号的来源、用法及其在行为中出现时所产生的作用。此后,在相当长的一段时间内,语用学一直是作为哲学的一个分支为人们所关注,并没有成为语言学的一个重要领域,早期对语用学做出贡献的大多是哲学家。

20世纪50年代中期至70年代,语用学研究取得了重大进展。1955年,英国哲学家奥斯汀(J. L. Austin)在哈佛大学做了题为"论言有所为"的演讲,提出了言语行为理论(theory of speech act)。他的学生、美国语言哲学家塞尔(J. R. Searle)继承、修正和发展了他的学说。塞尔分别于1969年出版《言语行为》和1975年出版《间接言语行为》两部著作,不仅系统地论述了言语行为理论,还提出"间接言语行为"这一概念,从此,语言行为理论成为语用学研究的重要内容之一。1967年,美国语言哲学家格赖斯(H. P. Grice)在哈佛大学做的一次关于美国心理学家和哲学家詹姆斯(William James)观点的演讲中,提出了有重要意义和深远影响的会话含义理论和著名的合作原则。至此,语用学的基本理论已经初步形成。这个时期属于语用学发展的哲学阶段。

到了20世纪70年代,语用学引起了语言学家的关注,进入了语言研究阶段。其中最重要的一件大事是1977年《语用学杂志》在荷兰阿姆斯特丹创刊,这标志着语用学作为一门独立的新兴学科的地位得到了确立。

20世纪80年代以后,是语用学的大发展时期。1983年,由语言学家列文森(Levinson)编著的第一部语用学教科书《语用学》问世,该书对20世纪80年代初以前语用学研究中出现的各种理论做了系统的介绍和科学的分析总结,设定了语用学的研究范围和主要内容,系统地论述了语用学的基本理论和方法,引起了语言学界极大的兴趣。同年,利奇(Leech)也出版了他的代表作《语用学原则》,在书中,利奇指明了语义学和语用学的联系和区别,论述了多种语用原则和准则,提出了礼貌原则,使运用合作原则难以解释的一些话语得以合情合理地解释。《语用学》和《语用学原则》代表了20世纪80年代初语用学研究的最高水平。从此,语用学的重心由哲学领域转入语言学领域,成为语言学的一个分支学科,并获得了长足的发展。

在语用学发展过程中,一个具有里程碑意义的事件是1986年国际语用学学会(International Pragmatics Association,简称IPrA)在比利时正式成立。该学会把《语用学杂志》和《语用学和其他学科》这两本杂志作为自己的会刊。该组织主要从事以下三项活动：①编纂《语用学手册》，出版该会语用学论文集刊；②不定期组织召开国际语用学会议和小型研究会；③建立一个语用学资料中心，收集和提供有关语用学和语用学家的信息，编写较详细的语用学论著提要目录。国际语用学学会的成立是语用学走向繁荣的标志。此后，大批介绍语用学理论和研究的教材和专著纷纷出版，比较有代表性的有格林的《语用学与自然语言的理解》(1989)、布莱克摩尔(D. Blakemore)的《理解话语》(1992)、梅伊(J. L. Mey)的《语用学引论》(1993)、葛朗迪(P. Grundy)的《语用学入门》(1995)、托马斯(J. Thomas)的《言语交际中的意义：语用学概论》(1995)、尤尔(G. Yule)的《语用学》(1996)、维索尔伦(Jef Verschueren)的《语用学新解》(1999)、洛卡斯特罗(Virginia LoCastro)的《语用学引论：语言教师与社会行为》(2003)、霍恩和沃德(G. Ward)的《语用学手册》(2004)、库明斯(L. Cummings)的《语用学：多学科视角》(2005)等。

目前，随着研究的深入，由于研究的侧重点不同，语用学又形成了三个分支：纯语用学(pure pragmatics)、描写语用学(descriptive pragmatics)和应用语用学(applied pragmatics)。纯语用学主要探讨语用学的形式和范畴，研究语用学形式化的最合适的方法，是语言哲学研究的一个重要方面。描写语用学主要描写人们来自经验的有关自然语言的应用原则，分析自然语言如何同语境相联系，即对一种语言与情景结合而出现的种种用法加以描写。应用语用学主要研究语用学的原则和方法在与理解话语有关的所有领域(如文学、修辞学、语言教学、人机对话、人际交往中出现的障碍的研究等方面)的具体应用。此外，语用学在发展过程中还和其他相关学科的理论和方法相互借鉴和渗透，形成了一些交叉学科，如从语篇语境的角度探讨句法结构的选择与句子的意义等问题的篇章语用学(context pragmatics)，探讨语际语言中的语用现象和特征以及这些现象和特征的形成和发展规律的语际语用学(inter-language pragmatics)，以及根据认知科学的方法和理论框架去研究语言运用的认知语用学(cognitive pragmatics)等。

从方法论角度看，在当今的语言学界，语用学研究总体来说存在两大学派：英美学派(Anglo-American school)和欧洲大陆学派(European continental school)。英美学派以列文森、尤尔等人为代表，研究队伍主要由英美语用学家组成，代表作为列文森和尤尔各自著述的两本《语用学》。该学派认为语用学是研究语言在应用过程中表现出来的意义的一门科学，是语言学的一个分支，它与音位学、音系学、句法学、语义学处于平行的地位，有自己的基本分析单元，他们将指示语、言语行为、会话含义理论、预设以及会话结构等作为语用学研究的基本内容，因为这些方面的研究都直接或间接地同话语意图的推导有关。英美学派对语用学范围划分得较为严格，比较接近传统的语言学内容，多与研究句子结构和语法有关，故也被称作微观语用学(micro-pragmatics)，其基本理论被称为"基本分析单元说"(或"分相论")。

欧洲大陆学派以梅伊和维索尔伦等人为代表，研究队伍以欧洲大陆的语用学家为主，代表作为梅伊的《语用学引论》和维索尔伦的《语用学新解》。该派从语言使用者和社会角度研究语用，关注语言使用的社会语境或机构语境，反对基本分析单元说。他们认为语用学不是语言学的一个组成部分，而是从认知、社会和文化的角度对语言使用这种行为的综观,研究语言的使用、选择过程,而语言的选择则指从语境、语言结构等方面动态地根据不同的心理意识程度而做出某种反应。因此,不可能给语用学指派一个基本的分析单元,也不可能鉴别出一个具体的相关对象。他们把语用学看作是超出语音学、音系学、形态学、句法学和语义学范围的学问,是对语言各个层面的功能性综观,在语言所有的层面上都有值得语用学研究的问题。因此,欧洲大陆学派的学说被称为宏观语用学(macro-pragmatics),其核心理论被称为"综观论"。

另外,除了语言学家对语用学进行探讨外,哲学家们仍在继续关注语用学,并做出了一定的贡献。近年来,德国哲学家、思想家哈贝马斯(J. Habermas)创建了规范语用学(formal pragmatics)。和以上两个学派不同的是,哈贝马斯从交际同社会进化关系的角度研究趋向理解的前提和条件。他认为,言语具有三种语用功能:表达讲话者的意向、表征世界的事态以及建立合理的人际关系。而这些功能的实现与交流者的交流能力有关,即交流主体是否具有交流能力是能否在各种语境下进行交流的前提。他运用乔姆斯基对语言能力的阐述,来解释交流能力,认为主体的语言能力和交流能力是内在地连接在一起的,交流主体是一个有语言能力、已掌握语法规则的主体。只有合乎语法规则的句子才能使交流过程得以正常进行,整个交流实际上只是对形式正确的句子的理解过程。作为交流主体的人在哈贝马斯的理论中具有极其重要的地位,他在分析语言及语言与社会的关系时都将人置于重要位置。在他看来,语言是人与世界、人与人发生关系的媒介,不存在脱离人的语言与世界的关系。因此他把句子意义的形式分析和讲话者意义的经验分析有机地统一起来,把对断言的、经验的、意向性的句子的语义分析层面同确认的、表达的、实施言语行为的语用分析层面结合起来。因此,无论是表征事态、表达意向,还是建立人际关系,句子的句法分析都是必要的。他主张在言语行为的语用分析过程中将句法、语义和语用分析方法结合在一起,将语用分析视为对语义分析的补充。在语用的层面上,他将语言的意谓表征和使用与达成理解的真诚性、真理性和恰当性的条件结合起来,这样,他既注意到了语言表达方式的多样性,又强调了言语意义和社会实践之间的关系。哈贝马斯力图把言语行为理论纳入一个宏观的思维框架中,这个框架既按照等级秩序安排现实世界,又把交往的模式、功能、标准置于一种井然有序的关系中,从而形成理想的交流条件。他强调言语交际中语用规范的研究,希望通过对语言的运用所做的具体考察,建立一种可能的、有效的、理想化的语言使用规范,因而人们将他的语用学称为"规范语用学"。

二、语用学的核心理论

关于什么是语用学,目前还没有一个统一的定义。但几乎所有的语用学家都认为,语用学研究的不是语言的语法关系,而是言语的交际系统,所以它的研究对象不是句子,而是特定情境中的特定话语(utterance)。这就不仅涉及言语符号本身,还涉及使用语言的情境。这些(尤其是构成情境的各种因素)都被纳入语用学的研究范围。利奇在《语用学原则》一书中概括了判定是否属于语用学研究范围的四条标准:①语言的使用者(说话者和受话者);②说话者的意图或听话者的解释;③语境;④施事行为。如涉及其中之一,就属于语用学讨论的范围。列文森在《语用学》一书中把语用学的研究内容归纳为五个方面:指示语(deixis)、会话含义(conversational implicature)、预设(presupposition)、言语行为(speech act)、会话结构(conversational structure)。围绕这五个方面,形成了语用学的核心理论。

(一) 指示语

指示语的研究是语用学的一个重要的课题,曾被认为是狭义的语用学。在言语活动中,对言语参与者所谈及的人物、事件、过程和活动的准确理解都必须和某些语境要素联系起来。否则,离开语境要素,任何孤零零的句子都无法确定其具体的意义。话语中那些将语句所言对象和特定交际情境联系起来的词项或语法范畴就是指示语。研究指示语有助于认识话语和语境之间的关系,认识人的社会地位和社交关系,明确语篇中语词的指称关系等。因此,指示语对于理解产生话语的语境和语言使用者非常重要。指示语可分为如下几种。

1. 人称指示

用指示语指示言语行为的参与者,这就是人称指示。主要体现在语法的人称范畴上,通常用三身代词,也有用名词表示第三人称的。此外,一些表示人物关系的词项,如亲属称谓语、表示职位身份的词语、姓名等,都可以用来作为人称指示语。人称指示涉及各话语参与者的话语地位和角色,如发话者(spokesman)、发话源(source)、受话者(recipient)、发话目标(addressee 或 target)、旁听者(bystander)等。请看下面的例子:

A. Mother:Billie is to come in now.
B. Mother:Billy,come in now.
C. Mother:Can Bilie have an ice-cream,Daddy?
D. Mother:Frank,Billie want to have an ice-cream.

例 A 中 Billie 不是发话目标,受话者和发话目标不一致,例 B 中的 Billy 是发话目标,和受话者是同一个人,所以这两个句子有差异。例 C 的发话者就是发话源,但该句可能存在一个旁听者(Billie),发话者是站在旁听者的立场上来称呼听话者(Daddy)的,例 D 中Mother 是发话者,但不是发话源,她只不过是转述来自发话源的信息。

2. 时间指示

时间指示是用指示语表示相对于说话时的各种时间。在言语活动中,指示性的时间表达是以说话者在说话的那一刻作为参照点来计算和理解的。指示性的时间分说话时的时间(如 now、today 等)、话前时间(yesterday、last week 等)和话后时间(tomorrow、from now on 等)三种。另外,还存在非指示性的绝对时间表达方式。

在理解时间指示时,必须区分编码(或说话)时间(coding time)和收听时间(receiving time),在标准的说话环境中,二者是一致的,但在有些场合(如写信、播放预先录制的节目等),二者是不一致的,所以必须确定时间指示中心是在编码时间还是在收听时间上。

时间指示语常由时间名词和时间副词来充当。在有的语言中,表示时态的语法范畴

也是一种指示时间的方式。如:

A. Mum's cooking in the kitchen.

B. I made this model plane myself.

C. I'm going to see the dentist.

这三个例子就分别用动词的时态变化指示现在、过去和将来。

3. 地点(或方位)指示

用指示语表示相对于发话者说话时所在地点的各种空间位置,就是地点(或方位)指示。一个事物的方位可以根据它相对于其他事物的处所或者固定的参照点来确定,如:

The station is two hundred yards from the cathedral.

也可以根据相对于说话时间参加者的处所来指明,如:

It's two hundred yards away.

最常见的地点(或方位)指示是用指示副词(如 here、there)和指示代词(如 this、that)来表示。通常有近指和远指两种情况。

4. 话语指示

话语指示是用指示语表示相对于发话者正说到或写到的一段话语而言的、本次说话过程中的各种语言单位。这里分三种情况:正说(到)的话语部分(如 in this part)、之前的话语部分(如 in the last paragraph)、之后的话语部分(如 in the next chapter)。

话语指示常用地点指示语或表示照应的代词来表示。

5. 社交指示

用指示语表明说听双方的身份或关系,这就是社交指示,常用称谓语来表示。言语交际中的双方有时需要确定谈话双方的身份与称呼。谈话双方的身份、地位以及谈话的场合,直接影响双方互相的称谓。最常用的有敬称和谦称两种。

(二) 会话含义

会话含义即话语的使用意义或语用含义。这方面的研究会帮助理解说话者的交际意图,并根据会话原则推导出语用含义,为产生语用含义的原因提供功能方面的解释。

1. 会话含义的特征

会话含义理论是格赖斯最早提出来的。格赖斯认为会话含义具有五个方面的特征。

(1) 会话含义可以取消。如果在原有的前提上附加某些条件,就可以使某一个含义消除,如:

John has three cows. (约翰有三头奶牛。)

这个句子包含的意义至少有:①约翰有奶牛;②约翰的奶牛只有三头。如果在原来的句子中再增加一个条件,如:

John has three cows, if not more. (约翰有三头奶牛,如果没有更多的话。)

这个句子就不再含有上述第二种意义。

(2) 会话含义具有不可分离性。会话含义附属于说话的语义内容,不属于语言形式,仅仅使用同义词替换并不能使会话含义脱离所说的话,如:

John's a genius.(约翰是位天才。)

在会话双方都知道这个说法确实是假的语境里,该句就具有类似讽刺性质的含义:约翰是个白痴。如果换说其他句子,如 John's a mental prodigy(约翰是位奇才),John's an exceptionally clever human being(约翰是个特别聪明的人),John's an enormous intellect(约翰是位大有才智的人),John's a big brain(约翰是位智囊)等,这些不同的说法表达的命题能产生相同的讽刺含义。

(3) 会话含义可以推导出来。对于每一个假定的会话含义,都可以构建一个如下的推导过程,听话者推导出相应的含义。

说话者 S 说的话 P 具有会话含义 q,当且仅当:①S 说了 P;②没有理由认为 S 不遵守各项会话准则,至少 S 得遵守合作原则;③S 说 P 而又遵守会话准则和合作原则,因此 S 必定想要表达 q;④S 必定知道:双方都知道如果认为 S 是合作的,必须假设 q;⑤S 没有采取任何行动来阻止我(听话者)做出 q 的理解;⑥因此 S 想要我做出 q 的理解,即说 P 时的含义是 q。

(4) 会话含义具有非规约性。即会话含义不属于语句的规约意义(conventional meaning)。既然必须在知道句子的字面意义之后才能在语境中推导出它的含义,这种含义就不可能属于字面意义,如:

Herb hit Sally.(赫伯打了萨莉。)

这个句子具有这样的含义:赫伯打了萨莉,但没有打死她(如果赫伯打死了萨莉,说话者还这样说,这表明他故意隐瞒消息,违反了合作原则)。但是如果赫伯确实打死了萨莉,为了蒙蔽听话者,说话者故意不提供足量的信息,也可以这样说。

(5) 词语意义具有场合性(或不确定性)。即具有单一意义的词语在不同的场合可以产生不同的会话含义,而且在任何场合,这组含义实际上无法确定,如:

John's a machine.(约翰是一台机器。)

这句话的会话含义可以是:约翰是冷漠的,或能干的,或不停地工作,或不停地喘气,或不会动脑筋,或这些含义都有。因此,会话含义至少在有些情形里有某种不确定性,与各种语义理论通常假设的确定不变的意义不相同。

2. 会话合作原则

在言语交际活动中,为了保证谈话得以顺利进行,使谈话目标得以实现,人们在谈话中就必须遵守一定的原则,达到相互了解、相互配合,从而形成一种说听双方的默契。格赖斯认为这个原则就是合作原则(Cooperative Principle)。合作原则要求每一个交谈的参与者在交谈过程中所说的话要符合本次交谈的目标和方向。人们在谈话中遵守的合作原则包括四个范畴,每个范畴又包括一条准则和一些次准则。具体如下。

(1) 量的准则(Quantity Maxim):所说的话应包含交谈目的所需要的信息;所说的话不应包含超出需要的信息。话语所含的信息量与本次交谈所需要的信息量应该一致。

(2) 质的准则(Quality Maxim):努力使你说的话是真实的;不要说自知是虚假的话;不要说缺乏足够证据的话。话语提供的信息内容必须跟语境中的实际情况相一致。

(3) 关系准则(Relevant Maxim):要有关联。话语之间以及话语与话题之间应该相互关联。

(4) 方式准则(Manner Maxim),即说话要清楚明白,包括:避免晦涩;避免歧义;简练(避免啰嗦);井井有条。话语表达方式应该让受话者易于理解。

格赖斯认为,如果说话者违反了合作原则,本次交谈要么无法正常进行,要么说话者是在表达特殊的会话含义。受话者可以在此基础上进行推理而得知。

格赖斯的会话合作原则是一条十分有用的原则,会话含义研究中遇到的许多现象都可以用这条原则进行合理的解释。但他的理论还留下不少悬而未决的问题,特别是合作原则诸准则的性质及来源不够清楚,人们不清楚这些原则和准则是不是普遍适用于各种语言的交流,也不清楚如何运用这些原则和理论进行会话含义的推导。因此一些学者对他的理论进行了批评和修正。比较有影响力的是霍恩提出的数量和关系两个原则以及列文森提出的会话含义三原则。

霍恩将格赖斯的四个准则改造为数量和关系两个原则(简称"两原则"),具体内容如下:①数量原则(Q-principle),即要使你的话语充分,要说得尽可能多(以关系原则为条件);②关系原则(R-principle),即要使你的话语只是必需的,不说多于所要求的话(以数量原则为条件)。

按照数量原则,说话者说 p 时,意味着极限是 p。这就为人们提供了一个理解话语的上限。而关系原则告诉人们:说话者说 p 时,意味着不只是 p。这为人们提供了理解话语的下限。这看起来似乎是一个悖论,其实,这是两条功能对立的原则:人们从数量原则中知道,所接受的话语已是信息量的极限,而从关系原则中知道,这样的话语是发话者认为最经济的。两者结合起来,就是人们在交际中总是倾向于用最经济的话语来表达最充分的信息。霍恩的"两原则"就是引导人们从最小极限化的表达形式中得到最大极限化的内容。

在数量原则的基础上,霍恩提出了"数量等级"的概念(即所谓的"霍恩等级"):某一语法范畴的一组可替换词语,或成对成分,按信息量程度或语义力度排列,组成有序集合的形式$\langle e_1, e_2, e_3, \cdots e_n \rangle$,若说话者说的是 e_2,则隐含$\sim e_1$;若说话者说的是 e_3,则隐含$\sim e_2$,$\sim e_1$,依此类推。霍恩给出的数量等级包括:〈全部,大多数,许多,一些,个别〉,〈和,或〉,〈总是,常常,有时〉,〈肯定 p,很可能 p,有可能 p〉,〈爱,喜欢〉,等等。如:

A. All people have gone to the cinema.(所有的人都去看电影了。)

B. Most of people have gone to the cinema.(大多数人去看电影了。)

C. Many of people have gone to the cinema.(他们中许多人去看电影了。)

A 的含义可蕴含 B、C,而 C 则不能蕴含 A、B,B 不能蕴含 A。因为应用数量原则时,说话者提供了最大数量的信息,听话者可以因此推断出不能超过上限的意义。

在关系原则的基础上,霍恩提出了"语用分工"的概念:数量原则是关于内容的,要提供充足的信息;而关系原则是关于形式的,说话者要采用最小的形式,如果有相应的无标记表达式时使用了有标记表达式,就会被解释成要传递有标记信息,即关系原则推理倾向于常规理解(stereotypical interpretation),数量原则推理倾向于非常规理解,如:

A. Larry stopped the car.

B. Larry caused the car to stop.

例 A 使用的是一个最简表达式,那么,根据常规关系,该句蕴含了 Larry 以常规的方式(如刹车)"把车停下来";例 B 使用了有标记表达式,该句蕴含了 Larry 以非常规的方式(如车祸)引起了"停车"。

列文森认为对会话含义的理解和推导可以依据三条原则:数量原则、信息原则和方式原则。

数量原则包含两点:一是说话者准则,即不要让你的陈述在信息上弱于你的认识允许的程度,除非较强的陈述与信息原则抵触;二是听话者推理。其中,听话者推理包括两种情况:①说话者说出 A(w),而(s,w)形成霍恩等级关系,以致 A(s)蕴含 A(w),则可推断 K~[A(s)],即说话者知道,较强的信息不能成立;②说话者说出 A(w),而 A(w)不蕴含内嵌句 Q 的内容,但信息较强的 A(s)蕴含 Q 的内容,且{s,w}形成一个对比集,则可推断~K(Q),即说话者不知道 Q 是否成立。

信息原则包含两点:一是说话者准则,即最小化准则(Maxim of Minimization),说得尽可能少,只提供最小极限的语言信息(同时注意数量原则);二是听话者推理,即扩展规则(Enrichment Rule)。其中,听话者推理指通过找出特定的理解来扩展说话者话语的信息内容,直到认定说话者的发话意图为止。尤其是:①假定所谈对象和事件所形成的关系是常规关系,除非(i)该假定与确认的情况不符,(ii)说话者违反了最小化准则,用了冗长的表达式;②如果实际存在的情况与已认定的情况相符,就假定这正是句子所要说的;③避免对话语的附加解释。

方式原则也包含两点:一是说话者准则,即不要无故选用冗长的、晦涩的或有标记的表达形式;二是听话者推理,即如果说话者用了冗长的有标记的表达形式,他的意思就同他本来可以用无标记形式所表示的意思不同,尤其是他要尽力避免常规的联想或用信息原则推导出无标记表达形式的含义时。列文森的会话含义三原则是以格赖斯的会话合作原则为基础的,所以又被称为"新格赖斯主义"。

3. 礼貌原则

人们说话并不一定总是遵守合作原则,有时即使违反合作原则,会话仍能进行。格赖斯认为,说话者如果故意违反了合作原则,就是在表达某种特殊的会话含义。但情况并非总是如此。英国语言学家利奇认为,有时出于礼貌,说话者也会故意违反合作原则。因此,利奇提出了礼貌原则。

利奇把礼貌原则划分为以下六种,每种包括一条准则和两条次准则。

一是得体准则(Tact Maxim),即减少表达有损于他人的观点。两条次准则为:尽量少让别人吃亏;尽量多使别人得益。

二是慷慨准则(Generosity Maxim),即减少表达利己的观点。两条次准则为:尽量少使自己得益;尽量多让自己吃亏。

三是赞誉准则(Approbation Maxim),即减少表达对他人的贬损。两条次准则为:尽量少贬低别人;尽量多赞誉别人。

四是谦逊准则(Modesty Maxim),即减少对自己的表扬。两条次准则为:尽量少赞誉自己;尽量多贬低自己。

五是一致准则(Agreement Maxim),即减少自己与别人在观点上的不一致。两条次准则为:尽量减少双方的分歧;尽量增加双方的一致。

六是同情准则(Sympathy Maxim),即减少自己与他人在感情上的对立。两条次准则为:尽量减少双方的反感;尽量增加双方的同情。

(三)预设

预设指的是话语赖以存在的前提,通常是以实际的语言结构意义为根据,靠逻辑概念、语义、语境等推断出话语的先决条件。预设(presupposition)这个概念是哲学家们在讨论逻辑问题时提出来的(逻辑概念"presupposition",汉语一般译为"前提")。在讨论逻辑问题时,哲学家们区分了句子的三种含义:断言义(asserted meaning)、蕴含义(entailed meaning)和预设义(presupposition meaning)。断言义是话语的语面意义,即语言符号的解释义,属于新信息。蕴含义和预设义都是句子的推导义,属于旧信息。但蕴含义和预设义又不同。蕴含义指的是句子表达的意义(A)含有另一种表达义(B),二者的关系是:如果在任何使 A 真实的情况下,B 也都真实,那么 A 语义上蕴含 B。如:

A. That person is a bachelor.(那个人是个单身汉。)

B. That person is a man.(那个人是个男人。)

上面的句子 A 蕴含句子 B。

预设义则是使句子表达义(A)成立的条件(B),二者的关系是:无论 A 是否真实,B 都是真实的,如果 B 不真实,A 就根本无法存在。如:

A. I'm afraid my car broke down.(我的车恐怕坏了。)

B. I have a car.(我有一辆汽车。)

在上面两个句子里,句子 A 的预设是句子 B。无论车坏还是没坏(A 是否真实),从 A 都可以推断出 B 是存在的,如果 B 不存在(即 B 为假),则 A 就是荒诞的。

我们可以用一个例子来说明断言义、蕴含义和预设义的区别,如:

John managed to stop in time.(约翰设法及时停了下来。)

这个句子的断言义是:约翰实施了一个行为——停下来,并且停得很及时。我们至少可以从这个句子中得出下面两个推理:

A. John stopped.(约翰停了下来。)

B. John tried to stop.(约翰试图停下来。)

A 是蕴含义,B 是预设义。因为如果我们否定 A:

John didn't manage to stop in time.(约翰没有能及时停住。)

此时,A 就不再真实,而 B 则仍然是真实的。

从逻辑关系角度来探讨的预设一般被称为"语义预设",它决定句子的真假。

而语用学家们关心的则是句子在使用过程中的合适性问题,即一个合适的句子所需要依赖的条件。通常情况下,话语参与双方应该共同具有与话语内容有关的一些知识,否则话语交流就无法正常进行。但在说话之前,说话者也未必准确知道听话者是否了解与其即将说出的话语有关的信息,所以所谓说听双方共有的话语知识,也只是说话者的设想。因此在语用学家们看来,所谓预设,就是说话者设想的听话者了解的与话语内容有关的背景知识。这些知识可以通过句子推导出来。如下面这个句子:

But Jenny has never gone out with a married man before.
(可是詹妮以前从来没有跟一个已婚男子出去过呀!)

我们可以从这个句子做出推断,在说这句话之前,说话者预先假设听话者至少已经知道下面这些内容:①有一个名叫詹妮的人;②说、听双方都认识詹妮;③詹妮跟男性外出过;④詹妮最近刚跟一个已婚男性外出了;⑤詹妮是女性;⑥詹妮尚未结婚;⑦詹妮通常不跟已婚男性外出;⑧詹妮已成年;⑨詹妮的行为使人感到意外。预设是话语理解的基础,根据双方共知的信息,说话者和听话者可以相互理解各自的言语行为。预设的存在可以保证人们在说话时不至于把话讲得使听话者莫名其妙。它决定句子的合适性和句子信息的中心内容。研究预设实质上是研究影响话语意义的因素。

预设和语境关系非常密切,从某种意义上说,预设实际上存在于整个交际语境之中,是语境的一部分,随着语境的改变,说听双方共有的知识也会改变,这就决定了语用预设的一个特点——可取消性(defeasibility),即预设在一定的语境里会消失。在某些情况下,如果交谈双方都知道某些事实不成立,即使在其他情况下所说的句子可能预设这些事实,还是不会得出相应的预设。如在英语中由用"before"引导的从句表达的命题一般是预设。比如:

Sue cried before she finished her thesis.(苏在完成她的论文前哭了。)

这句话的预设是:Sue finished her thesis(苏完成了她的论文)。

但如果我们把这个句子改变一下:

Sue died before she finished her thesis.(苏在完成她的论文前死了)。

此时就不会有上面的预设。其原因应该是:断言所表达的意义是苏的死亡事件发生在(预期的)完成她论文的事件之前,人死后不能再干什么,这是人们普遍认同的常识,因此她不可能已完成她的论文。因此在这个语境背景里该预设被消除。

(四)言语行为

言语行为理论最早是英国哲学家奥斯汀1955年在哈佛大学做的题为"论言有所为"的演讲中提出来的。在这次演讲中,他认为应该把话语(utterance)和句子(sentence)区分开来,他用话语来指实际使用的语言,用句子来指脱离语境的语言系统的抽象单位,在此基础上,他把话语分为表述性话语(constative)和施为性话语(performative)两大类。表述性话语的作用是"以言指事"(陈述或描述某一事实),因此是可以验证的,即或是真实,或是谬误,都可以通过语境事实来检验。施为性话语的作用是"以言行事"(完成一种行为),其内容无所谓真实或谬误,因而是不可验证的,说话者使用这种话语只是为了实施一种行为。下面几个例子都是施为性话语:

A."I do."(在婚礼上)

B."I name this ship Elizabeth."(在船舶命名仪式上)

C. "I give and bequeath my watch to my brother."（在遗嘱中）

D. "I bet you sixpence it will rain tomorrow."（在和人打赌的时候）

说话者通过以上话语,分别实施(完成)了结婚、命名、遗赠、打赌这几种行为。这种用言语来施行各种语用意图的行为就是言语行为。一个完整的言语行为又分为:①言内行为(locutionary act),即以言指事,用言辞表达话语的意义;②言外行为(illocutionary act),即以言行事,用说话来体现说话人的意图的行为;③言后行为(perlocutionary act),即以言成事,受话者听到话语后受到的影响,也就是话语带来的后果。奥斯汀又进一步把言外行为分成五类:裁断行为(verdictives)、行使权力行为(exercitives)、承诺行为(commissives)、表态行为(behabitives)和阐发行为(expositives)。这五种行为被称为言外之力(illocutionary force)。表示裁断行为的话语主要用来陈述某种发现,常见的关键词语有 assess、estimate、diagnose、interpret as 等;表示行使权力行为的话语主要用来行使权力、权利或施加影响、压力等,常见的关键词语有 appoint、vote、order、warn、advise 等;表示承诺行为的话语主要是说话者对未来行为的许诺和承担,常见关键词语有 promise、undertake、side with 等;表示表态行为的话语用来表明说话者所采取的态度,常见的关键词语有 apologize、commend、congratulate、challenge 等;表示阐发行为的话语主要说明所说的话在整个交际中的作用,常见的关键词语有 I conclude、I illustrate、I assume、I agree 等。

奥斯汀的学生塞尔进一步系统化他的理论。奥斯汀的言语行为理论主要建立在对孤立的话语的研究的基础上,塞尔则将言语行为理论和人类语言交际规则结合起来,认为言语行为是言语交际的最小单位,即言语交际过程不是由单词或句子等单位构成的,而是由一个接一个的言语行为构成的。因此对言语交际的研究应该重点放在两个方面:一是说话者如何根据一定的规则来实施想要实施的言语行为;二是一个接一个的言语行为如何构成连贯的、有意义的言语交际。

塞尔把奥斯汀的言内行为进一步分为话语行为(utterance act)和命题行为(propositional act)两类。话语行为指的是说话动作本身,即人们说出词句的行为;命题行为指的是通过所谓词语和谓词所实施的"谈及"和"述说"两种行为。塞尔对奥斯汀的言外行为的分类提出批评并进行了重新分类,他也将言外行为分成五类,但和他的老师有着较大的不同:①表述行为(representatives),即说话者保证所表述的命题是真的,代表性的行事词语有 assert、state、swear、guess 等;②指令行为(directives),即说话者企图让听话者做某件事,代表性的行事词语有 request、advise、order、demand 等;③承诺行为(commissives),即说话人保证将采取某些行动,代表性的行事词语有 promise、undertake、vow 等;④表情行为(expressivess),它表达一种心理状态,代表性的行事词语有 apologize、thank、regret、congratulate 等;⑤宣告行为(declarations),即引起事态发生即刻变化,代表性的行事词语有 name、appoint、declare 等。

塞尔的一个重要贡献是提出了间接行为理论。塞尔注意到,人们有时不是坦直地去说自己想说的话,而是拐弯抹角地通过某种间接的方式表达自己的想法。他认为,这实际上是通过实施另一种言语行为来间接地实施某一种言语行为。如:

A: What about a picnic on Sunday?
B: The weatherman says there will be rain on Sunday.

表面上看,B的回答是在实施一种表述行为,即告诉对方气象员说星期天要下雨,但实际上他实施的是一种表态行为,即否决了对方的提议。

(五) 会话结构

会话结构是语用学和篇章语言学都十分感兴趣的课题。不过,列文森认为语用学对会话结构的分析和篇章语言学的分析有着不同,因为语用学的分析是以言语行为为基本单位,篇章语言学的分析以句子为基础。所以话语分析不能像句法分析那样采用形式化的方式,而应该以经验为基础,通过对具体语境中的大量材料进行归纳,从中寻找反复出现的模式,从而探索其中的规律。

1. 会话的基本单位

(1) 话轮。

会话是说话的参与者各方不断互换角色轮番说话(turn-taking)的过程,每一个参与者一次连续说的话,就是一个话轮(a turn)。话轮至少是一个句子,只要没有别人插话,无论多少句话都是一个话轮。列文森论述了话轮转换的基本规则,主要内容如下。

如果用C指当时的说话者,N指下一个说话者,TRP指一个轮番单位的可以识别的终结位置,那么就有规则一,它应用于第一个TRP(不论从哪一番话开始):①如果C在当时一番话中选择N,那么C必须停止说话,N必须接着说话,转换发生在选择N后的第一个TRP;②如果C没有选择N,那么任何其他参加者可以自我选择,谁先说话,谁就获得说下一番话的权利;③如果C没有选择N,也没有其他参加者按照前一条做自我选择,那么C可以(不是必须)继续说话(即要求继续说下一番话的权利)。除了规则一,还有规则二,它应用于以后的每一个TRP:在C已经应用规则一中的第三条后,规则一中的三条都适用于下一个TRP,并反复适用于下一个TRP,直到实现说话者的转换为止。

(2) 话对。

前后相邻、内容相关并且分别由会话双方的两个话轮构成的会话单位就是话对(adjacency pair)。最典型的话对是一问一答、互致问候、提议/认可、道歉/抚慰等。话对具有如下几个特征:①前后两番话是邻接的;②前后两番话是由两位说话者分别说出的;③前后两番话分为始发语和应答语;④有一定的类型,即始发语要和特定的应答语相配,如跟提议配对的是认可或拒绝,问候应该跟问候配对等。

支配话对的基本规则是:在说出话对的始发语后,此说话者必须停止说话,下一个说话者此时必须说出相关的应答语。

当然,以上特征也不是绝对的。如在具体的会话中,有时也会在两个内容相关的话轮之间插入一些与此无关的话,这样就会导致应该发生的话对暂且搁置,在经过一段(甚至是长时间)别的话语之后,才又回到原来的应答上来。针对这种现象,列文森就话对中的始发语和应答语之间的关系给出了一条解释:始发语和应答语之间存在一种有条件的关联,即始发语和应答语之间有直接的联系,而且应答语在期待之中;如果期待中的应答语没有接着出现,出现的是另一番始发语,那么它可以被看作应答语出现以前的预备性对答的一部分。

(3) 话段。

围绕着同一个主题展开的一组话对构成一个话段。只要发生主题转移,话段就结束。因此,一个话段可能由若干个话对构成,也可能就是由一个话对构成。一次完整的会话通常由连续发生的若干话段组成,但也可能就只有一个话段。

2. 会话的整体结构

从整体上看,会话通常由开端(opening)、主体(body)和结尾(closing)三个部分组成。会话的主体部分由话段构成,其结构会因会话的性质、内容的不同而有不同的情况,其规律性不太明显,因此,相比而言,人们更为关注会话的开端和结尾。

(1) 开端。

开端主要有两个方面的作用:发话者的招呼作用和听话者的回应作用。发话者通常用称语或呼语来提请对方注意或邀请对方参与。听话者通常用应答语表示回应。因此,会话的开端通常以"召唤—应答"的方式出现。开端有这样几个特点。

一是非终止性(non-terminality),即开端的"召唤—应答"不是一次会话的最后一次交谈,它后面必定有别的会话内容,因为召唤决定了召唤者有义务再次说话。

二是不可重复性(non-repeatability)。这是因为召唤者在得到应答后不可能再发出第二次召唤。

三是制约性(conditionality)。召唤一般要求应答(特别是在当面的情况下),否则就会导致尴尬。

说听双方也可以用体态语来表示开端;另外,在合适的情况下,也可以直接进入会话主体。这种情况通常被称为零形态开端。

(2) 结尾。

要使会话结构完整、自然,话语需要结尾。完整的结尾通常由三个部分组成。

一是结束信号语。一方或双方产生结束会话的动机,会有一方发出信号,对方则做出回应——反对或认可。方式有多种,如归纳谈话内容、提醒对方活动时间已到或发出下次活动邀请等。

二是前置收尾语。这是正式结束之前的过渡语,是一方或双方出于礼貌和让对方考虑自己的需要(征求意见)而发生的。

三是收尾语。这是会话正式结束的标志,通常由道别语或叮嘱语组成。

三、几部有代表性的语用学教材

(一) 梅伊的《语用学导论》

梅伊,丹麦人,南丹麦大学(奥登塞校区)语言学终身名誉教授,《语用学杂志》的创办人之一,一直任该杂志的主编。自1989年起,梅伊在丹麦大学为研究生开授"语用学"课程。为教学需要，他编著出版了《语用学导论》一书。该书初版于 1993 年，曾印刷多次，2001 年又出了修订后的第二版，第二版吸收了梅伊自第一版出版后多年的研究成果，改动较大，中国大陆获得版权的即为该版本，本部分以该版本为介绍对象。

该书由三部分组成，共分为十一章。第一部分为"基本概念"(Basic Notions)，第二部分为"微观语用学"(Micropragmatics)，第三部分为"宏观语用学"(Macropragmatis)。

"基本概念"由第一章和第二章构成。第一章为"语用学定义"，在这一章中，作者在简要回顾了语用学的历史后，给语用学下了一个定义：语用学研究由社会各种条件所决定的人类交际中的语言使用(Pragmatics is the study of the conditions of human language uses as these are determined by the context of society)，并论述了语用学研究的必要性和研究目标。第二章为"语用学中的一些问题"(Some Issues in Pragmatics)，作者讨论了与语用学密切相关的一些有趣的话题，如"语用学这个废纸篓""哲学家、普通人和普通语言""猫和鸭子的问题""语言学和现实""语言使用者的世界"等。通过这些话题讨论，作者说明了语用学的地位和价值，语用学研究的领域，语用学研究所涉及的对象和所关注的基本要素，以及语用学的研究取向。第一部分主要是为后面开展理论叙述做铺垫。

"微观语用学"由第三至第六章构成，主要论述日常交际言语所涉及的语用问题。第三章为"语境、会话含义和指示"(Context, Implicature and Reference)，作者表述了这样几个核心观点：①语境是一个动态的概念，是在交际者言谈交际时不断变动着的环境，语境是以语言使用者为指向的，不同的人对同样语境的感受会不同；②语言是规约性的，语言是在社会语境中形成的，语言使用者使用的是具有社会规约性的语言表达形式，语境决定了语言的运用；③蕴含(implication)和会话含义(implicature)不是一回事，蕴含是逻辑学中的一个专门术语，通常表示一个命题包含另一个下位命题，蕴含义的推导不需要依赖语境，而会话含义是在会话中进行语用推理得到的含义，会话含义的推导要依赖语境，语用学把会话含义作为自己的研究对象，主要是因为这种语言现象是句法或语义的规则所无法应付的，而专门要由语用原则来解释。

第四章是"语用原则"(Pragmatic Principles)。作者阐述了交际原则、合作原则和礼貌原则。值得注意的是，交际原则(communicative principle)是作者在本书中首次提出的。他认为，当人们使用语言时，语言使用者沉浸在交际活动中。这时候，是否严格遵守句法或语义规则并不重要。因为他们谈话时想到的是向人交流信息。这就是交际原则。交际原则是所有言语行为的基础，也是人类语用活动最起码的前提。有关合作原则和礼貌原则的介绍，则和经典理论基本一致。

第五章为"言语行为"(Speech Acts)，系统地说明了奥斯汀和塞尔提出、发展和完善言语行为理论的过程，以及当代言语行为理论的核心内容。

第六章为"会话分析"(Conversation Analysis)。作者论述了会话分析的重要性：因为会话是语言运用的"原型"。会话体现了多种多样的言语行为，包括大量的间接言语行为。作者认为，会话分析包括形式和内容两方面。从形式来分析，该书介绍了话轮、轮接、过渡关联处等概念。从内容来分析，该书则讨论了话对、偏好话语组织结构等的作用。此外，作者还分析了衔接与连贯在会话中的表现。

"宏观语用学"由第七至第十一章组成。这一部分占了该书近一半的篇幅,说明了作者对这一部分内容的重视程度。作者指出,如果真正从语用学角度看语言,我们就不应该也不能把语言局限于像会话含义、指称、所指和回指等微观方面。相反,我们应当拓宽研究领域,走进宏观天地,即"宏观语用学"。"宏观语用学"可有两个方面的理解。一是扩大研究对象的范围(即外延,extensional),不是对孤立的句子、话语进行分析,而是把它们置于它们存在的语境中进行考察。二是挖掘语用学的"内涵"(intensional)这个根基,重视那些虽未表示出来但却决定语篇形式的因素。这一部分的各章节就是论述作者自己所理解的宏观语用学理论。

第七章为"元语用学"(Metapragmatics)。在该章中,作者提出"元语用学"这个概念,所谓"元语用学",就是对语用学的研究进行审视、反思、研究之"学",是在高一级的层面对对语用学进行研究。通俗地说,就是对语用学研究的研究。元语用学要反思语用学研究的范围、对象、目标、任务、方法、理论框架、观点等,主要目的是审视既往、展望未来。该章阐述了元语用学研究的三种取向:一是建构语用学的元理论,使语用学研究在研究范畴和方法论上得到理论上的指导;二是研究各种语用限制使用的条件;三是"指示语式"的研究,即认为话语隐藏着一些看不见的"指示语",即话语有可能隐性地透露出说话者身份和话语语境等。

第八章为"语用行为"(Pragmatic Acts),该章给"语用行为"下的定义是:语用行为是语境化的适应性交际活动,它包括言语行为、间接言语行为、会话行为、表征感情的外露行为等,甚至"沉默"也可以是一种语用行为。其中,言语行为总是发生在一定的情景之中,通常表现为某一类的制度化了的社会活动,如教学、邀请、看医生、参加茶会等,这些场合被称为言语事件。在言语事件里,言语的运用是预先已有设定的。因此,个别言语行为只有在言语事件里才有意义。

第九章为"文学语用学"(Literary Pragmatics),该章将语用行为理论扩展到文学活动领域,认为不仅作者的创造活动是一种语用行为,读者对文学作品的阅读也是一种语用行为。在文学作品阅读中,读者、作者以及可能包含在作品中显性或隐性存在的叙述者,都是语言运用者。文学作品是读者同作者共同创造的,作品文本既是作者取向(author-oriented)的,同时也要以读者为取向(reader-oriented),只不过是由作者做指引(author-guided),而由读者驱动(reader-activated)。读者通过填充文本留下的空白,参与作者对故事的创造;读者对文本的理解并不完全依赖于文本所说的内容,而是主要依赖文本所提供的语境。这就是作品意义产生的辩证过程,也是文学语用学研究的重点。

第十章为"跨文化中的语用学"(Pragmatics across Cultures)。该章提出这样的观点:一定的话语表达形式是否具有社会合适性总是与特定语境密切相关;文化不同,语言不同,语境也会不同。因此,言语行为总是依赖于一定的文化。在来自不同文化背景的人的交际活动中,不同文化往往会提供不同的文化预设,这种不同的预设常常会造成理解失误。在该章中,作者列举了大量事例来说明这种现象。

第十一章为"语用学的社会各方面"(Social Aspects of Pragmatics)。该章论述了语用学在社会各方面的运用所涉及的种种问题。该章指出,在传统的语言学中存在着纯理论语言学和应用语言学之间的隔阂,研究语用学在社会各方面的运用就是要消除这种隔阂,把语用学研究与社会密切结合起来,进一步阐明语言的本质,指导人们认识语言,使用语言。语用学在社会各方面的运用虽然可以表现为多方面的问题,但有一点是共同的,即都集中在"是谁的语言"这个问题上,所以,语言运用者应该成为社会语用学关注的核心。该章具体讨论了教育考试的语言、传媒语言、医患语言、性别语言、语言歧视等方面的问题。作者从语言运用者这一角度出发,分析了西方国家在这些方面的语言运用情况,认为在社会活动中存在着语言运用的权力不平衡现象,即任何一种语言中都有相当一部分语言使用者社会地位低下,他们的语言也因之变得地位低下。对他们社会地位低下原因的考察显然会使人懂得语言在这一过程中所起的作用。反过来说,社会不平等是通过语言来表达的。不能充分享受语言权利的人往往在教育、工作、住房等方面也失去了权利。所以语用学与社会斗争之间存在着密切的联系。语用学要帮助人们认识语言运用权力不平衡现象,认识语言歧视现象,并努力避免这种现象发生。在语言运用权力不平衡的情况下,人们在会话中的自由度是不大的,语用学研究就是要争取加大这一自由度。所以在作者看来,言语行为的研究不能满足于研究其分类及各种合适条件,而是要进一步研究在这样的条件下可以怎样做和如何做得更好。

该书以一种崭新的视角去审视语用学这个学科,不仅用通俗易懂的语言介绍传统语言学的核心理论,还吸收了语用学理论方面的最新成果。尤其重要的是,该书把宏观语用学作为重点内容加以介绍,首次系统地阐述了宏观语用学研究的重要性、必要性和重大价值,以及研究可能涉及的方面,奠定了宏观语用学的理论基础,为语用学研究和发展开辟了新的领域,形成了不同于以往教材的独特的特点,因此,无论是从语用学的理论学习,还是从具体的应用研究的角度来看,该书都是值得认真阅读的。

(二)乔治·尤尔的《语用学》

乔治·尤尔是美国路易斯安那州立大学语言学教授。1996年,由他编著的《语用学》一书出版。该书系著名语言学家威多森(H. G. Widdowson)主编的"牛津语言研究导论丛书"中的一种。全书除前言外,共有四个部分:概述、名著选读、参考文献简介、术语解释。

第一部分为"概述",是该书的主体部分。在这一部分,作者全面系统地介绍了语用学的基本理论以及当时的语用学的最新研究成果。这一部分共分九章:第一章是"定义与背景"(Definitions and background);第二章是"指称与交际距离(Deixis and distance),第三章是"所指与推理"(Reference and inference);第四章是"预设与蕴含"(Presupposition and entailment);第五章是"合作与含义"(Cooperation and implicature);第六章是"言语行为与言语事件"(Speech acts and events);第七章是"礼貌与交往"(Politeness and interaction);第八章是"会话与优选结构"(Conversation and preference structure);第九章是"话语与文化"(Discourse and culture)。

"概述"部分的第一章主要说明语用学研究的对象、任务和研究范围,并将其与句法学、语义学等有关学科进行了比较。

第二章主要介绍指示语及其分类。作者对人称指示、空间指示、时间指示等逐一做了较为详细的说明，特别指出所有的指示语都可大致分为两大类：表示"靠近说话者"（proximal）的指示语和表示"远离说话者"（distal）的指示语。而所谓的距离，既可以是时间和空间上的距离，也可以是心理上的距离。这就把早期的指示语的理论推向了更为深入的一步。

第三章主要论述指称和推理以及二者之间的相互关系。作者区分了指称表达式（referring expression）的所指（referential）用法和修饰（attributive）用法，特别讨论了名词（name）与所指（referent）之间的关系、上下文（co-text）在理解所指中的作用，对篇章中一种重要的指称手段——前指及其理解进行了讨论和分析。

第四章主要论述预设与蕴涵的区分及其相关的理论。作者把预设分为存在（existential）预设、事实（factive）预设、词汇（lexical）预设、结构（structural）预设、非事实（nonfactive）预设和反事实（counter-factive）预设等，并分别进行了解释，同时对预设的映射（projection）问题进行了分析。这是到此书为止对预设理论最为详细而深入的探讨。在这一章，作者还介绍了有序蕴涵（ordered entailment）及其种类。

第五章主要介绍会话合作原则和会话含义。作者不仅介绍了格赖斯的合作原则，还通过分析日常会话中的模糊修饰语（hedge）的使用来说明人们在日常会话中采取合作的态度，并且遵循一定的会话准则。同时，该章分析了会话含义产生的原因，花了大量的篇幅讨论违反合作原则而产生的会话含义，分析了一般（generalized）会话含义、逐级含义（scalar implicature）、特殊会话含义（particularized implicature）等不同的会话含义的类型及其识别特征。作者不仅介绍了会话含义的经典理论，也吸收了当时的最新研究成果。

第六章重点介绍言语行为理论。作者对言语行为和言语活动这两个基本概念进行了区分和界定，对奥斯汀的言语行为理论进行了介绍和评说，对言外之力的指示手段（illocutionary force indication device）、实现言语行为的恰当条件（felicity condition）、行事假设（performative hypothesis）、言语行为的分类、直接和间接言语行为进行了重点介绍。最后，作者说明了言语活动在实现言语行为中的作用。

第七章主要介绍言语交际中的礼貌原则。作者详细介绍了列文森等人的面子理论，对面子的顾及（face wants）、积极（positive）面子与消极（negative）面子以及交际中为顾面子所采取的策略，如不表达（say nothing）、表达（say something）以及表达的技巧，如明确（on record）、不明确（off record）、明目张胆（bald on record）、缓和手段（mitigating devices）、积极礼貌（positive politeness）和消极礼貌（negative politeness）等方面的现象和问题进行了认真的分析和说明。作者将积极礼貌现象视为一种亲和策略（solidarity strategy），而将消极礼貌视为敬畏策略（deference strategy），认为会话中的前置系列（pre-sequence）的使用实际上也是说话者使用的一种礼貌策略。这些论述都是比较具有新意的。

第八章主要介绍会话结构理论。作者对会话分析涉及的一些基本概念，如话权（floor）、话轮（turn-taking）、会话空间操纵系统（local management system）、转换关联位置（transition relevance place）等进行了介绍；对一些话语分析中常见的现象和问题，如会话中的停顿、重叠、倾听反馈信号（backchannel signals）、会话风格、话对、插入系列等，进行了分析和说明;讨论了优先选择结构及期待(preferred)与非期待的(dispreferred)等问题。

第九章讨论话语与文化的关系。该章在简述语言的三大元功能的基础上,讨论了话语分析和语用学的相互关系及差异,并介绍了图式(schema)、框架(frame)、文化图式(cultural schemata)等概念;重点介绍了20世纪末兴起的跨文化语用学(cross-cultural pragmatics),对比语用学(contrastive pragmatics)和语际语用学(interlanguage pragmatics),认为上述研究的重点在于揭示不同文化背景的说话者和受话者的语用口音(pragmatic accent)的不同特征,以保证跨语言交际的成功。

在"名著选读"部分,围绕第一部分各章的内容,作者精心选编24篇当代语用学研究方面的名家,如菲尔墨、盖达(G. Gazdar)、格赖斯、塞尔、利奇、布朗(P. Brown)、列文森、托马斯等人的名作片段,具有一定的代表性,不仅可以使读者从中领略语用学原著的风格,更主要的是,可以帮助读者更深入地理解第一部分的相关内容。在每篇节选后,作者设计了2~3个具有启发性的问题,供读者思考和讨论;详细注明了每篇节选名作的出处,为有兴趣的读者寻找原文提供方便,以便他们进行更全面的阅读,为进一步深入研究有关课题奠定了基础。

第三部分是"参考文献简介"。和一般著作仅仅罗列参考文献的做法不同,该书作者不仅根据专题详细列出了近20年来语用学方面的主要著作和论文及出版社的名称和出版日期,而且根据难易度将其划分为三类:导论性论著、中级难度(more advanced and technical)论著和专门化(specialized and very demanding)论著,并对每一种论著的性质、特点和研究重点进行了简要的点评,使读者对这些论著有了初步的了解,以便他们根据自己的兴趣和专长有选择地进行研读。

最后一部分"术语解释"则对"概述"部分以黑体出现的135个专业术语做了简明扼要的解释,大多数术语都配有例子进行说明。同时,作者注明了每个术语在书中出现的页码,以利读者进一步查阅。这样该部分既起到作为该书索引的作用,也可作为简明的专业术语词典供人查阅。

作为一本语用学入门教科书,该书写得深入浅出,通俗易懂。在内容上,不仅能兼收并蓄,融合各家观点,还有适当的拓展和创新。因此,该书既适合没有语用学基础的初学者作为教材学习,也可以为从事语用学研究的专业人士提供参考。所以该书是一本非常具有实用价值的教材。不过,该书主要关注语用学的经典理论,对该书出版时的一些热点问题,如关联理论、话语活动类型、话语角色类型、语用模糊及语用学的应用等方面的问题,没有进行介绍,这是该书的不足之处。

(三) 维索尔伦的《语用学新解》

维索尔伦是比利时语言学家,国际语用学学会秘书长,1999年出版了《语用学新解》一书(书名又译为"语用学的理解")。在这部书中,维索尔伦提出了宏观语用学的系统理论,以全新的视角来看待并诠释语用学。全书由一个绪论和三大部分组成。主体的三大部分分别为:第一部分"语用学综观"(The pragmatics perspective);第二部分"语言的意义发生作用的诸方面"(Aspects of the meaningful functioning of language);第三部分"话题和趋势"(Topics and trends)。

绪论部分从语言使用、语言意义功能等方面入手来讲语用学的定义,并论述了语用学与传统语言学理论中的分科研究之间的区别、语用学与跨学科研究的关系以及语言的表义功能,为后面的论述进行铺垫。

"语言学综观"这一部分由第一章和第二章构成。第一章"语言和语言的使用"(Language and language use)主要是对传统语用学的研究中的一些共性课题进行回顾,如指示语、言语行为、隐含意义、意向性、语言使用风格等。第二章"重要概念"(Key notions),提出了作者自己在语用学概念理解中的一些思考:语言选择(linguistic choices)、语言选择中的可变性(variability,即语言选择得以进行的可能范围)、商讨性(negotiability,即语言选择不是机械地或按照严格的形式-功能关系进行,而是在高度灵活的原则和策略的基础上进行)和顺应性(adaptability,即使语言选择变得具有商讨性,以便刚好满足交际需要)等,主要是为了阐明作者自己的观点:语言的使用过程就是语言选择的过程(即顺应论)。

"语言的意义发生作用的诸方面"由第三至第六章构成。第三章"语境"(Context)主要介绍语境关系顺应理论。作者提出了"语言信息通道"(linguistic channel)这个概念,他把语境分为交际语境和语言语境:交际语境由物理视角、交际世界和心理世界构成;语言语境则由语言在使用过程中根据语境因素而选择的各种语言手段构成。语境不是静态的,而是由不断被激活的语境因素和一些客观存在的事物动态生成的。语境产生于交际双方使用语言的过程中,语境会随着交际过程的发展而不断变化。第四章"结构"(Structure)阐述了语言结构顺应理论。作者论述了语言结构在五个方面的选择:①语言(language);②语符(code)与语体(style)的选择;③构建话语的因素(utterance-building ingredient)的选择;④话语与话语束(utterance and utterance cluster)的选择;⑤构建话语的原则(utterance-building principle)的选择。第五章"动态性"(Dynamics)分析了语言选择过程本身的动态顺应。这一章内容体现了维索尔伦顺应论的核心思想。作者从交际动态性的定位("Locating"the dynamics of communication)、行为、事件与意义框架(Activities, events and frames of meaning)、意义生成的策略(Strategies of meaning generation)、相互作用的意义生成的动态性(The dynamics of interactive meaning generation)几个方面展开了论述。第六章"突显性"(Salience)主要阐述了与顺应有关的认知心理因素,即意识突显,具体讨论了心理的社会性(Mind in society)、感知与表达、计划、记忆(Perception and representation, planning, memory)、突显度(Degrees of salience)、元语用意识(Metapragmatic awareness)等几个方面的问题。其核心思想就是:顺应过程中不同的社会心理会导致使用不同的语言手段。

"话题和趋势"由第七至第九章构成。第七章"微观语用学"(Micropragmatic issues)主要阐述与语言结构层面有关的语用学问题,重点论述了词序话语语用意义的关系问题和言语行为理论,特别是运用大量的例证对言语行为动词的施为性做了详细的解释和说明,对一般行为动词(linguistic action verb)和施为动词(speech act verb)进行了区分,为对日常言语行为进行具体分析提供了操作依据。第八章"宏观语用学"(Macropragmatic issues)主要阐述从宏观层面(如跨文化跨民族的交际,语篇和意识形态等)分析和解释语言使用情况所涉及的语用学理论和方法,如不同语言变体的选择、语篇中思想模式的反映等。第八章还论述了宏观语用学思想:语言使用过程是集认知、社会、文化因素于一体的语言选择过程,所以语言使用者的思想意识对这个选择过程会产生决定性的影响。这就决定了语言具有变化性。宏观语用学关注的不是语言本身的结构,而是语言、语符和语体这些具有显著变异性以及处于不断变异中的话语构建成分。在第八章,作者还就语料搜集和利用的问题提出了一些建设性的建议。第九章"语用学综览"(The pragmatic landscape)对语用学发展的历史和研究现状进行了综述,主要介绍了语用学理论产生和发展的概况,和同类学科、相关学科之间的关系,以及语用学研究范围的界定等。在此基础上,作者从综观论的角度提出了自己的看法:语用学是对语言各个层面的功能性综观,它与跨学科的领域有着非常密切的联系,因此,只有跨出语言学学科范围,与社会、心理、认知等结合起来进行研究,语用学才能有效发挥作用。

从以上解释可以看出,在《语用学新解》这部书中,维索尔伦提出了一种和传统语用学不同的理论——综观论,认为语用学渗透在语言运用的所有层次,为语用学提供了一个全面而科学的研究视角,尤其是其中的核心理论——顺应论,不仅对语言使用中的变异性给出了合理的解释,而且把过去传统语用学研究课题的内容都贯穿起来了,使人们觉得作者并没有抛弃传统另起炉灶,同时又有较大程度的创新。该书作为大陆学派的代表作,产生了重大影响。

第三节 篇章语言学

一、篇章语言学的产生和发展

篇章语言学(Textlinguistics),又叫话语语言学(Discourse Linguistics),使用较多的术语是话语分析(Discourse Analysis,也有人译成"篇章分析"或"话语分析"),术语的不统一说明学界对这个学科的理解存在一定的分歧,包括该学科的研究对象、研究的范围等理解都不尽相同。有人把"话语"(discourse)看成口语,把"篇章"(text)看成书面语;有人认为"话语"不仅指口语,也应该包括书面语;还有人认为"篇章"既包括书面语,也包括口语。因此,就有了有关该学科的不同定义。如美国社会语言学家拉波夫(Labov)认为,话语分析就是制定规则,把所做与所说或所说与所做联系起来,强调话语规则的先决条件,认为必须满足一定条件,话语才可以被看作某种特定的交际行为。辛克莱(J. Sinclair)和库尔哈德(M. Coulthard)(1975)认为话语分析是话语语法学,认为话语分析主要是对语篇衔接和话语连贯的研究。威多森认为话语分析是对句子用于交际以完成社会行为的研究,强调话语的交际功能。凡·迪克(Teun A. van Dijk)则和韩礼德看法相似,把话语分析看成一种社会分析方法,认为话语分析就是揭示人类如何理解彼此的话语。斯塔布斯(Micheal

Stubbs)认为话语分析是对自然发生的连贯的口头或书面话语的语言分析。因此,它的分析单位大于句子或从句的语言单位,如口头会话或书面语篇。布朗和尤尔认为话语分析是对使用中的语言的分析,它不仅仅是探索语言的形式特征,更是对语言使用功能的研究。

不过,尽管有着以上认识上的差别,但从总的方面来看,它们也存在基本的一致性,可以概括如下:篇章语言学主要研究篇章各部分的组织方式和相互关系,以及它们如何构成有意义的整体,其目的是通过对比句子、话段等更大的语言单位来进行语言分析,解释人们如何构造和理解各种连贯的语篇,其核心内容是研究语篇的衔接和连贯。这样,篇章语言学就把语言学的研究重点从传统的句子研究和语法分析,转移到探索句子同相邻句子之间的联系,以及句子在整篇谈话或篇章中的地位和作用,为语言研究开辟了一条新的路径。

一般认为篇章语言学成为独立的学科始于20世纪70年代,但把篇章(或话语)纳入语言研究,或提出篇章研究的理论(或思想)的时间却要早得多。早期的布拉格学派和伦敦学派的理论中就包含了话语分析的思想。如20世纪20年代末,布拉格学派就提出了"话语"这个概念,认为要研究连贯的语言,其代表人物马德修斯提出要把句子的实际切分和形式切分区分开来,认为形式切分是从语法要素的角度研究句子成分,实际切分是研究句子与上下文的具体情境的方式,而句子的具体上下文正是句子形成的基础。30年代,伦敦学派的创始人弗斯提出要在语境中研究言语的意义,研究形式与意义的关系。当然,这时的有关篇章语言学的思想还处于零星的萌芽状态。最早把篇章作为明确的研究对象并提出比较系统的话语研究理论的是苏联语言学家。1948年,苏联著名的语法学家波斯别洛夫(Н. С. Поспелов)发表了两篇论文——《复杂句法整体及其主要结构特征》和《现代俄语中的复杂句法整体问题》,提出并全面阐述了复杂句法整体学说。他认为由于客观事物、现象之间存在着密切的相互联系和相互制约的关系,相应地,句子与句子之间也同样存在密切的相互联系和相互制约的关系,因此,应该把语法句子理解为存在于连贯独白言语的组成之中,与其上下文有着不可分割的联系。通常,不是句子而是由一组句子构成的复杂句法整体,才是连贯、独白性的言语的实际句法单位。只有这种复杂的句法整体,才能表达一个复杂完整的思想,并在上下文中具有相对的独立性,这一独立性是单个句子所没有的,所以这种复杂的句法整体才是语言研究的主要对象。波斯别洛夫被认为是俄国篇章语言学的奠基人。苏联话语语言学的另一个代表人物菲古洛夫斯基(И. А. Фигуросвкий)在1948年也发表了一篇论文《从单句句法到话语句法》,研究句子之间语义上的联系以及句际联系的语法表现手段。1961年,他出版了专著《全文句法与学生笔头作业》,把理论和实际结合起来研究句法关系和句际连接手段。但由于政治历史原因,当时苏联处于相对封闭的状态,俄语篇章语言学的这些理论和研究成果不为当时欧美等西方国家语言学界所了解。因此,在欧美语言学界,一般都把美国语言学家海里斯看作"话语分析"概念的首提者。

1952年,美国结构主义语言学家海里斯在《语言》杂志上发表了《话语分析》一文(该文英文标题为"Discourse Analysis"),指出语言不是在零散的词或句子中发生的,而是在连贯的话语中的。此后，"Discourse Analysis"这个英文术语在欧美语言学界被普遍接受并广泛使用。

到了20世纪60年代，对篇章和话语的研究逐渐引起人们的重视，英国语言学家韩礼德建立的系统功能语言学中，篇章研究是其中的重要组成部分。不过，到60年代末，关于篇章或话语的研究还没有形成完整的理论体系，对有关问题的研究也都是零星的，附属于其他理论框架之下。作为一个独立的学科，篇章语言学形成于20世纪70年代。

20世纪70年代初，德国语言学家温瑞切（H. Weirich）提出了"篇章语言学"（Textlinguistik）这个概念。在整个70年代，出现了大批有关的论文和著作。比较有影响力的著作有：《超语段》(1970)、《篇章语法的若干问题》(1972)、《篇章和语境》(1977)、《在内部城市的语言》(1972)、《话语的条理》(1975)、《英语的连贯》(1975)、《理解语法》(1979)。影响较大的论文集有：《篇章语法研究》(1974)、《面向话语分析》(1975)、《篇章和句子：篇章语言学的基本问题》(1978)、《话语论文集》(1978)、《框架概念和篇章理解》(1979)、《话语和句法》(1979)等。20世纪70年代，篇章语言学成为独立学科的另一个标志就是1978由弗里德（Roy O. Freedle）主编的《话语过程》杂志在美国创刊，篇章语言学开始有了自己的学术阵地。

20世纪80年代及以后是篇章语言学大发展的时期。1981年，《篇章》杂志在荷兰创刊，由荷兰阿姆斯特丹大学的凡·迪克教授担任主编，该刊物很快就成为篇章语言学的主要阵地。此后，有关的论著不断出现，其中最重要的有：《篇章语言学导论》(1981)、《话语分析：自然语言的社会语言学分析》(1982)、《话语分析》(1983)、《话语语法》(1983)、《话语分析导论》(1985)、《话语分析手册》(1985)、《话语》(1989)、《话语分析参考书》(1991)、《话语和语言教育》(1992)、《话语步骤》(1994)、《话语分析导论：理论和方法》(1999)、《话语分析手册》(2001)等。

目前，篇章语言学已成为当代语言学的一个主要的分支学科。在这个学科的发展过程中，韩礼德和凡·迪克的影响和贡献最大。韩礼德对语言性质、语言系统、语言功能、语言结构、语言与语境的关系、衔接与连贯的关系等一系列理论问题的看法，对话语分析的发展产生了广泛而深刻的影响。不过，韩礼德是把篇章研究作为他的系统功能语言学的一部分来研究的，在第四章中我们已经进行了简要的介绍。下面我们主要介绍凡·迪克的成就。

二、凡·迪克的篇章语言学理论

凡·迪克是荷兰著名的语言学家，1943年生于海牙附近的一个工人家庭，早年曾先后就读于阿姆斯特丹自由大学和阿姆斯特丹大学，学习法国语言文学和理论诗学，获语言学博士学位，其博士论文为《篇章语法的若干问题》(1972)。后来，他还分别在法国斯特拉斯堡、巴黎和美国的伯克利进行深造。博士毕业后，凡·迪克在阿姆斯特丹大学文学研究系任教，任该系教授。他最早从文学角度研究语言，不久便转向篇章语法（text grammar）和话语语用学（discourse pragmatics），对篇章语言学的发展做出了突出的贡献。

凡·迪克的贡献主要表现在如下三个方面。① 第一个方面是他本人对篇章语言学理论的贡献。他对篇章语言学的研究目标、对象和方法的看法，他对话语宏观结构和微观结构所做的论述，他对话语与语境相互关系的探索，他对话语分析与种族歧视、意识形态等社会政治问题的关注，都对篇章语言学理论的建设和完善发挥了十分积极的作用。第二个方面是他运用自己提出的理论和方法，对新闻报道等具体话语所做的宏观分析和微观分析，从实践上丰富了篇章语言学的内容和范围。第三个方面是他通过主编《篇章》这本学术杂志和主编多部篇章与话语分析论文集，极大地扩大了篇章语言学在全世界的影响力。

从个人学术活动来看，凡·迪克在篇章语言学方面的研究工作大致可分为三个阶段。② 第一个阶段是1972—1977年，研究重点在篇章语法方面，代表性的著作有《篇章语法的若干问题》(1972)和《篇章与语境》(1977)等，这一时期他的主要贡献是提出了句子语法不能圆满解决的一些问题，论述了篇章中句子的局部和整体的连贯等一系列问题，建立了篇章语法理论，把篇章语言学引上一条跨学科的道路。第二个阶段是1978—1983年，他的研究重点在篇章和话语理解方面，代表性的著作有《宏观结构》(1980)、《篇章语用研究》(1981)和《话语理解的策略》(1983)，这一时期他的主要贡献是提出了区分话语的宏观结构和微观结构并论述了二者之间的关系，进行了话语处理的认知心理研究，创立了篇章和话语认知处理的跨学科理论。第三个阶段是1984以后，他的研究重点在社会话语分析方面，代表性的著作有《话语和交际》(主编，1985)、《话语分析手册》(主编，1985)、《交际中的种族歧视》(1987)、《作为话语的新闻》(1988)、《新闻分析》(1988)、《话语和歧视》[与斯密瑟曼(Geneva Smitherman)共同主编，1988]、《种族主义和新闻界》(1990)、《意识形态：跨学科的视角》(1998)等。这一时期他的主要成就体现在两个方面：一是研究了新闻界的新闻报道的结构、制作和理解及其相关问题；二是分析了各种话语类型（如教科书、新闻报道、对话等）在语言表达上体现出来的种族歧视，尤其强调了话语结构、少数民族和被歧视的第三世界各民族的社会认知，以及在西方社会中再现的各种种族歧视之间的关系。他的主要贡献在于重视通过话语所表现出来的社会中的权利和意识形态的现象，研究意识形态、知识和话语，把篇章语言学和话语分析引向一个更广阔的领域。

凡·迪克的篇章语言学理论涉及诸多方面，全面介绍有很大难度，下面就其中的一些核心内容做简要的介绍。

（一）关于篇章和篇章语言学的基本看法

凡·迪克本人没有对话语和篇章概念做出明确的划分，不过从实际使用情况来看，涉及书面材料时，多用"篇章"，涉及口语时，多用"话语"。二者的基本含义没有太大的区别。

---

① 朱永生.话语分析五十年：回顾与展望[J].外国语，2003(3).
② 关于凡·迪克的语言研究工作的三个阶段，学者们有不同的意见，本书采用施旭的观点(施旭.冯·戴伊克的话语理论及其最新发展[J].外国语，1989(6)：46-48.)。

他认为,可以把话语(或篇章)看成是交际事件和言语成品。广义的话语指的是某个交际事件,包括交际行为的参与者(说话者/作者、听话者/读者)或者特定的场景(时间、地点、环境)。交际事件可能是口语,也可能是书面语;可能是言语的,也可能是非言语的形式(如手势、脸部表情等)。狭义的话语指的是谈话(talk)或篇章(text),是完成的或正在进行的交际事件的"言语成品"(verbal product)。话语具有社会性和符号性两个特点。话语的社会性主要体现在:①话语具有社会范围的性质,如有政治话语、学术话语、医学话语等,在不同的情境中使用不同的话语,从这个意义上来说,话语是社会建构的产物;②话语有时效性、区域性和文化性,不同的时代,使用的话语可能不同,不同的群体,不同的文化背景,使用的话语也不同。

对篇章语言学,凡·迪克不是从学科的角度,而是从科学(science)的角度来认识。他认为篇章科学(或话语科学)的任务是从各种角度来描写和解释语言使用方式和交流方式,其目标指向所有的话语种类和各种与此相关的上下文或语境,并从理论、描写和实际运用的状态和作用的角度去探讨它们。篇章科学以语言学为基础,但包括的范围却更广。他认为篇章科学应该涉及一般语言学和文学所不能考虑到的语言使用方式,如报刊文章和其他新闻机构的文体、广告、使用说明、法律和管理系统的应用文,以及会话形式、社会环境、使用某种语言的机构和文化等,都在篇章科学的研究范围之内。

(二)篇章语义分析

凡·迪克认为,篇章语义学除了具有一般语义学的特征之外,还研究一些单靠孤零零的词、短语和句子所表现的意义无法说明的现象,主要包括以下三个方面。

1. 语篇的连贯

篇章里由命题组合而成的序列中,各个命题之间除了有线性关系以外,在语义上也要前后连贯。命题间的语义连贯可以分两种:一种是条件连贯(conditional coherence),即前一个命题表示后一个命题的条件/原因/背景;另一种是功能连贯(functional coherence),即后一个命题对前一个命题进行限定/补充/解释,等等。在具体语篇中,命题与命题之间的语义是否连贯,取决于整个命题的意义,以及交际双方对于外部世界的了解。命题与命题之间语义上的连贯性对于命题表现为句子时的排列顺序起制约作用。发话者用语序、连词等词法、句法或者词汇手段来指示句子与句子之间的语义连贯,而受话者也正是从这些手段中推断句子与句子之间的联系。这种存在于前后相连的句子之间的语义联系是局部连贯(local coherence)。

2. 信息分布

话语的信息结构有主题和评论两个部分,前者表示已知信息,以此同上文相接,后者表示新的信息,以此推动话语的展开。它们可以在句子中表现为不同的句子成分,也可以在句群中表现为不同的句子。例如,主题部分在英语句子中可以由做主语的不重读的定指名词或者代词担任,在句群中则可以由位于句群开头的从属小句担任。

3. 总体连贯

语篇中除了有两个前后相连的句子之间构成的局部连贯外，还应该存在一种从头到尾的总体连贯（global coherence），这种连贯是在宏观结构（macrostructure）上体现出来的。宏观结构概括整段话语的意义，是主题、主位等直觉概念的理论表述，有时以话语标题的形式出现，或者以起始句或结尾句的形式出现。以话语组织中最基本的命题为基础，由下而上，层层概括，最后可以得出话语的宏观结构。如果无法抽象概括出宏观结构，整段话语便没有意义。

（三）宏观结构

凡·迪克把语篇结构分成微观结构（microstructure）和宏观结构（macrostructure）。微观结构指的是语篇诸句之间的直线关系（主要是语义型关系，也包括一定的句法关系）结构。微观结构是表达最基本事件或状态的基本命题。但语篇却并不仅仅是由这样的直线关系构成，而是还具有建立在语篇总体之上或建立在话语中一个较大的单位的总体之上的结构，这个结构就是语篇的宏观结构。宏观结构是一种语义结构。他认为只有具有宏观结构的句列才能被视为语篇，也就是说，宏观结构抽象地体现了话语整体意思的结构。所以只从句列的角度来看，句列内部的关联常常是（虽然并不总是）直线延续的，而从语篇的角度来，句列内部不仅要具备这种直线型的关联，而且还必须存在一种总体关系。语篇的宏观结构不但能用来研究话语的句子系列如何能在语篇范围内形成整体，还能鉴别语篇和非语篇。宏观结构可以通过运用一些为数有限的宏观规则，从语篇的微观结构或微观命题那里转换而来，若干基本命题浓缩成比较大的命题，就是微观结构向宏观结构的转化过程。常见的规则有以下四种。

（1）删略规则[(a&b)→b]，即在若干信息单位中删去无关紧要的信息单位。如把下面三个信息单位"A girl was dressed in skirt""The skirt is yellow""The girl had gone"浓缩成"A girl dressed in yellow skirt had gone"就使用了删略规则。

（2）选择规则[(a&b)→a/b]，即在几个信息单位中选择一个能够包含其他信息单位的一项。如在以下三个信息单位"Peter walked to his car""Peter got in his car""Peter drove off"中选择"Peter drove off"作为宏观结构，此时所保留的"drove off"信息单位，在语义价值上比前面两个单位重要，因为它隐含"walked to his car"和"got in his car"两个信息单位。

（3）概括规则[(a&b)→c]，即把两个或两个以上的信息单位浓缩成一个宏观结构。本条规则以严格语义蕴涵为准，a 和 b 分别是 c 的下义成分，操作时以上义词替换下义词。如可以把"A doll lay on the ground""Some building blocks lay on the ground"两个信息单元浓缩成"Toys lay on the ground"这个宏观结构。

（4）组编（或归总）规则[(a+b)→c]，也是把两个或两个以上的信息单位浓缩成一个宏观结构。组编规则与概括规则不同。概括规则的操作依据是上下义关系，而组编规则的操作依据是心理框架①关系,即 c 表示的是一个比 a 和 b 单元更高一个层次的心理知识单元,a 和 b 是 c 单元的组成部分,它们要组合后才能蕴含 c,所以属于非严格语义蕴涵。比如把"I went to the station""I bought a ticket""I walked to the platform""I got on the train"浓缩成"I took a train",原句中诸小句的意义是"乘火车"这一心理框架或知识单元的组成部分,缺一不可,组编规则把心理框架内容细节浓缩成一个整体,变成心理框架的名称。

(四) 语境模式

语境即语言背景或环境,通常指围绕特定事件的一系列解释性因素的集合。传统对语境的理解通常是:①特定语句的上下文(书面)或前后语(口语);②语言被使用的具体社会情景或场合。但在凡·迪克看来,这样的语境仅仅只是话语的微观语境,他给语境下的定义是:语境是话语参与者对同话语关联的制约因素的主观构建(subjective construction),是参与者对话语活动赖以发生的社会情境所做的主观定义。从这个定义来看,语境和话语的关联不再单纯是客观、抽象的决定关系。关联总是对特定参与者而言的关联,必须被参与者认知。因此,这里的"语境"已是一个社会概念,属于认知心理范畴,是一种认知心理模式,即语境模式。

首先,语境模式是一种表征并储存在人们记忆中的一种关于事件或情景的个性化和主观化的解释方式。它类似一个自传式记忆库,在这个记忆库中,人们积累了各式各样的关于日常生活的主观体验。这些体验经过抽象化和概括化处理以后,便成为人们的经验,为人们进行交际互动或话语交流提供一般性知识。在通常情况下,交际互动要持续受到各种心理表征的控制,这些表征决定人们从记忆调取哪些相关信息,选择怎样的适当的语言方式,以及如何处理听话者已知信息和可能兴趣所在。对于特定交际者而言,语境模式是他们关于交际情境的个体和局部的解释方式,它是引发话语内部出现纯粹主观性特征的根本原因。从认知意义上讲,语境的作用是对交际互动或话语活动实施总体上的策略控制,以保证交际参与者的话语对于当前交际情景和目的来说具有最大程度的相关性和合适性。

其次,语境模式也是一种普遍的社会现象,反映社会现实。交流和互动是人日常经验的一部分,语境模式不过是一般意义上的人的社会性的一种具体化。语境反映的是某个社会环境中的所有结构性特征,这些特征可能和篇章话语的产生过程、结构、解释和功能

---

① 凡·迪克的框架概念主要指人的知识框架,即人们对世界作为常规确定下来的认识的一定排列、分类等组织形式。这些组织形式是人的记忆中的语义组成部分。框架既跟一般的生理学、生物学、心理学的规律与规范有关,也跟在社会环境中的无数规律、规范、习俗、人物、角色、职责、行为等有关。比如,在饭店进餐、坐火车旅行等就可构成不同的框架,这样的框架确定了有哪些行为,以及这些行为的顺序、带有多大程度的必要性需要人们去进行。所以人们根据经验知道坐火车要买票,到饭店用餐要付钱。这些框架代表了认知思维的组织形式,表现了人的记忆中语义的概念结构。(钱敏汝.戴伊克的话语宏观结构论(上)[J].国外语言学,1988(2):87-93.钱敏汝.戴伊克的话语宏观结构论(下)[J].国外语言学,1988(3):128-131.)

有关。如果不根据社会现实建立或适时更新语境模式，人们将无法进行任何形式的体验或互动。语境模式涉及以下方面的内容。①

（1）范围。这里的范围指的是哪一方面的话语，如法律的话语组成"法律"的范围，政治话语组成"政治"或"政策"的范围，还有医学话语、学术话语等都是指不同范围的话语。

（2）整体互动和言语事件类型。参与者常对言语事件的计划，在进行中的交际操作、理解和再现等进行分类，如对话、闲聊、会议、上课、议会辩论、看病、读报纸和写申请书等，这些都可作为不同的话语类型。

（3）功能和动机。功能是指交际行为反映社会的作用、反映某些机构的作用。比如，议会辩论的功能是建立政治决策，法官的功能是通过司法审判来体现和维护社会公正，新闻报道的功能是报道新闻信息、反映和引导舆论等。动机是指交际行为的意图，也就是说，参与者在当前的语境里通过他们想要说的和做的，来展现其心理模式。

（4）目的。这里的目的指交际行为的目的，参与者在当前的语境中的语言行为的目的，如参加议会讨论的目的就是通过或者否定某个提案。

（5）时间和地点。

（6）环境。

（7）小道具和有关物体。这里指和交际有关的物体，如有关教学的小道具就包括黑板、粉笔、投影仪等。有关物体包括老师的讲台、学生的课桌等。

（8）参与角色。这里指的是交际事件的参与者，如说话者、听话者、作者、读者等。

（9）职业角色。这里指的是参与交际的某个方面的角色，如教授、法官、警官等。

（10）社会角色。这里指的是在社会上扮演的角色，如朋友、敌人，聊天中的支持者和反对者等。社会角色和职业角色不同，职业角色通常跟某个机构和职业联系在一起。

（11）机构。这里指的是和说话者相联系的单位和组织。如扮演某个职业角色的参与者所说的话，经常不代表他们自己，而是代表某个机构。

（12）社会成员。这里指的是某个群体和社会团体的成员。

（13）社会他人（social other）。这里指在谈话中涉及的重要的第三者，如医生跟某人（不是病人）谈话时会涉及病人，病人就是社会他人，是未在场的参与者（absent participant）。

（14）社会再现（social representation）。这里指的是人们共有的知识、观点和意识形态。

最后，在跨文化交际中，语境模式会反映不同文化间的差异性。语境社会性表明，语境既可以是一定群体间的，也可以是某个特定群体内的一些共享因素。在一些文化中，亲属、朋友关系、所属地域范围、相互认识时间长短等会被认为和话语方式关联而直接影响人们的言语表达，其他文化却会忽略这些因素。有时候，即使在同一文化内部，人们的某些外貌或行为特点，如发式、眼睛颜色、行走、握手方式等，虽有一定的社会意义，却很少系统地反映在话语结构上。语境模式的内容，即个体的主观性或关于社会情景的定义、解

---

① 徐赳赳. van Dijk 的话语观[J]. 外语教学与研究，2005(9)：358-361.

释,可以是一般性社会知识的特殊体现,但其内在结构却必须普遍共享。语境模式不是任意的,它是人们从小就在特定的社群或文化中习得的一个社会性认知模式。

(五) 话语和意识形态的关系

凡·迪克认为,在话语中,意识形态这个词并不仅仅体现人们的信仰,意识形态还具有劝说的功能,也就是说,话语不只是用来表达自己的信念,还可以用来改变别人的想法或思想。他认为,语境、话题、局部意义、语式、风格、修辞、互动策略、操控等方面的因素都是和意识形态紧密相连的。这些因素的具体作用简要介绍如下。

(1) 语境。语境在体现话语的意识形态方面起到很大的作用,有时同样一句话,在这个语境中是一种意思,但在另一个语境中表达的又是另一种意思。

(2) 话题。话题对整个事件的组织和过程都有很大的影响。

(3) 局部意义。如话题是局部意义,它对某个话语能起到连接整体的作用,也能起到激活相关知识和建立话语最高层次的作用,但是,局部意义的作用可能被忽视,被降到次级不重要的地位,其实局部意义(某些信息)也表现出意识形态的内容。

(4) 语式。话语不但有全局的意义,还有全局的形式和语式。如故事通常有完整的叙述体的性质,有开始、完成和结果的图式,通常来说,由规范的语式组成的故事,就容易被人接受、理解,也便于记忆。

(5) 风格。如果带有观点的词汇贯穿整个话语,便可称整个话语带有词汇风格。

(6) 修辞。修辞的表现形式在语义层次上有隐语、委婉语、讽刺语和对比语等;在语音层次上有头韵和尾韵等。修辞的结构和策略的主要功能是控制听话者/读者的理解过程,并借此来控制对方的心理模式结构。

(7) 互动策略。上述各种话语结构实际上都具有一种互动的性质,互动在话语结构中扮演重要的角色。

(8) 操控。操控和意识形态密切相关,操控有不同的形式,它通过不同的策略来控制公众的思想,试图建立共识,或依照在社会中占据统治地位的社会团体的授意来捏造一种共识。

(六) 语篇分析的原则

关于如何进行语篇分析,凡·迪克提出了如下几个原则。

(1) 自然语料原则。即必须保证语篇分析材料的真实性,语篇分析者所采用的材料应该是取自自然状态下的语料,而不是经过研究者自己编辑和加工的材料。

(2) 语境原则。语篇和语境密不可分,分析语篇就必须研究语境,将话语放到语境中考察。由于语境本身具有局部语境和全局语境、社会语境和文化语境之分,在语篇分析的过程中,也必须做相应的区分。

(3) 对话原则。对话(talk)是最基础、最原始的话语形式,语篇分析应该以对话分析为基础。

(4) 社会实践原则。话语是人们的一种社会实践活动,语篇分析必须和这种社会实践相结合。

（5）序列原则。语篇具有线性和序列的特性，每个层次，每个结构单位（句子、主题、行为）都和前面出现的内容有关，语篇分析应该和这种序列一致。

（6）结构原则。语篇是由大小不同的结构单位构成的，同时，这种结构还具有层次性。

（7）层次原则。语篇有层次，从语音、形式、意义到行动，各个层次之间都有联系。语篇分析应该充分考虑话语的结构层次及不同层次之间的联系。

（8）意义功能原则。进行语篇分析时，需要考虑这样的问题：为什么这句话在这里说？为什么这句话在这里具有这种意思？

（9）规则原则。语言交际和话语都受规则制约，语篇分析必须考虑到这些规则。

（10）策略原则。为了有效地理解和完成话语，语言的使用者便会使用心理的和互动的策略。语篇分析需要分析语言使用者使用的策略。

以上只是对凡·迪克篇章语言学的核心理论进行了大致的介绍，实际上，凡·迪克的研究领域是非常广泛的，其理论和实践几乎涉及篇章语言学的各个方面，可以这样说，凡·迪克开辟了迄今为止篇章语言学的所有主要研究领域，因此，他本人毫无异议地被认为是篇章语言学的领军人物。

第四节　语言类型学

一、概述

语言类型学有广义和狭义之分。从广义上来说，一切对世界语言进行分类的研究都可以被称为语言类型学，这样，19世纪以来对语言进行谱系分类、形态分类和地理（地域）类型分类的研究都可以归入这个范畴。狭义的语言类型学主要是指建立在功能主义哲学观基础上，根据语言的结构特征来对语言进行分类的研究，即根据那些并非由于共同的亲属来源或区域性接触而共享的结构特征来给语言分类，其研究的最终目标是研究语言之间可能的差异的范围以及这种差异的限制。本书所述的语言类型学（即所谓的当代语言类型学）指的是狭义的语言类型学。

从历史渊源来看，当代语言类型学可追溯到布拉格学派，该学派对具体语言的语音系统中标记现象的考察，可以被看成是功能类型学中标记理论的源头。乔姆斯基的普遍语法观点对当代语言类型学也产生了重要影响。但人们普遍认为，格林伯格是当代语言类型学的开创者，"是他最早阐明了在语音之外的形态和词汇等系统都存在着标记对立现象，并强调语音、语义和语言使用的普遍性因素，还认为语言变化是语言解释的有机组成部分，从而为类型学确立了全球性的视野和经验主义的研究方法"（江轶，2006）。格林伯格在《语法的某些共性：论有意义成分的次序》（1966）一文中，首次把词序作为划分语言类型的基本参数，开创了以句法结构特征划分语言类型的先河，该文被认为是当代语言类型学的奠基之作。此后,格林伯格本人和一些同道者便将主要研究精力投入到这方面的语言事实研究和理论探讨之中。20世纪70年代,一些有影响力的论著产生了,其中具有解释性质和较大影响力的有:奥特曼(Altmann)和里赫菲尔德特(Lehfeldt)的《普通语言类型学:原则和方法》(1973)、格林伯格的《语言类型学:历史和分析》(1974)、温那曼(Theo Vennemann)的《话题、主语和词序:从SXV经过TVX到SVX》(1974)等。

语言类型学真正产生较大的影响力,并进而成为"当代语言学中的一门显学"(金立鑫,2006)是在20世纪80年代以后。1981年,伯纳德·科姆里(Bernard Comrie)出版了他的重要著作《语言的共性和类型》,马林逊(Graham Mallinson)和布莱克(Barry J. Blake)合作创作了《语言类型学:跨语言句法研究》;1983年,豪金斯(John Hawkins)发表了《词序共性》;1987年,韦因弗雷德(P. L. Winfred)出版了《语言类型学:语言中的系统平衡》;1990年,克劳夫(William Albert Croft)出版了《类型与共性》(克劳夫的英文书名为"Typology and Universals",外语教学与研究出版社出的"当代国外语言学与应用语言学文库"将该书译为《语言类型学与普遍语法特征》);2004年,纽梅伊尔(F. J. Newmeyer)发表了《类型学的证据和普遍语法》。

当代语言类型学的主要特点是将语言类型研究与语言的共性和普遍现象研究结合起来,既注重从语言类型学的角度解释语言的共性,也注重从语言的共性的角度来解释语言中的特异现象。其理论基础就是人类语言存在着一种普遍的共性特征,世界上的语言存在于某种有限的形式范围之内,不同语言的具体形式只是在共同原则的前提下按照不同的具体参数进行有规则的选择的结果。其核心理论就是"蕴含共性论"。和传统的语言类型研究不同,当代语言类型学研究所追求的目标不是对世界的语言进行分类,而是探求各种语言类型及其内部的种种细微差别,并力求给出合理的解释。因此,在研究方法上,当代语言类型学和传统语言类型学有着很大的不同。传统语言类型学是建立在语言调查和统计分析基础之上的,而当代语言类型学则不再是单纯地进行统计分析,更多的是采用逻辑验证和认知解释的方式,这和功能主义语言学在方法论上取得了一致。就研究对象来看,当代语言类型学既关注共时的语言现象,也关注历时现象。在共时平面,当代语言类型学既注重跨语言的共同特征和原则的归纳和总结,又注重在共同的原则下对不同语言之间存在的种种差异进行解释;在历时平面,当代语言类型学关注的主要问题是语言演变的过程,关注人类语言在语言演变过程中体现出来的普遍的共性,因此,"语法化"研究受到当代语言类型学者的高度重视,他们尤其关注语法化过程中所体现出来的跨语言共有的机制,认为这是人类语言的历时共性(diachronic universal),是形成共时共性(synchronic universal)的重要原因,研究者们希望通过历时的考察为共时的语言现象给出充分合理的解释。

从现象上看,人类语言是纷繁复杂、多种多样的,但在语言类型学者们看来,在这些纷繁复杂的表象背后,存在着对各种语言都起作用的普遍性因素。语言类型学通过跨语言比较,通过大量的语言考察、统计和对比,对这些对语言形式起制约作用的普遍性因素进行观察,揭示其中的作用机制和运作规律,这样就可以解释为什么某些语言形式是可以接受的,而另一些语言形式却不能被接受。这就使得语言类型学的成果能在各种外语教学、翻译、人工智能等领域充分发挥其指导作用,显示出极其重要的社会应用价值。

二、科姆里的《语言的共性和类型》

1981年,美国芝加哥大学出版社出版了《语言的共性和类型》一书。该书是南加州大学语言学教授科姆里为语言学专业学生学习语言类型学而写的一本教材,是第一部全面系统介绍当代语言类型学理论和方法的专著,因此,它在语言类型学的发展史上有着重要的地位。

该书共有十一章,前三章属于总论,第四章至第九章则分别介绍现代类型学所使用的各个基本参数及其操作程序和方法,第十章主要说明类型学与历史语言学的关系,第十一章是对全书的总结,同时也对语言类型学的前景进行了展望。

该书第一章主要讨论了有关语言共性研究的方法、分类和解释方面的问题。作者将格林伯格一派关于共性研究的方法和乔姆斯基一派关于共性的研究方法进行了比较:格林伯格一派认为语言共性应建立在许多语言之上,乔姆斯基一派认为语言共性可以从某一语言的深入细致的研究中获得;格林伯格一派认为语言共性应建立在对语言现象的具体描写之上,乔姆斯基一派则认为语言共性应建立在语言现象的深层结构的抽象描写上,与语言的表层描写没有什么关系;格林伯格一派认为语言共性可能是由心理、生理、社会等多方面的因素造成的,乔姆斯基一派则认为语言共性就是人与生俱来的那些抽象体和抽象原则。

科姆里支持格林伯格一派,对乔姆斯基一派的语言共性观和研究方法提出了批评,他认为乔姆斯基一派理论的最为致命的弱点是它的先验性和不可验证性。同时,由于对同样的语言现象,不同的人经常会做出不同的抽象分析,分析的结果自然因人而异,所以建立在抽象分析上的理论和抽象分析本身一样不可靠,而把语言共性是建立在某一语言的分析之上,缺少其他语言的材料验证,其结论同样也是非常不可靠的。

关于语言的共性分类,科姆里从三个方面对不同性质的共性进行了区分。一是区分了形式共性(formal universal)与实质共性(substantive universal)。前者主要指对语言规则的种种限制,后者指的是语言共有的或可能具有的具体成分、结构或规则。二是区分了蕴含共性(implication universal)与非蕴含共性(non-implication universal)。蕴含共性是指某一种语言现象的存在蕴含着另一种语言现象的存在,非蕴含共性指的是某一种语言共性独立存在,并不由蕴含关系所建立。三是区分了绝对共性(absolute universal)与倾向性(tendency)。所谓绝对共性,是指没有例外的共性,倾向性指的则是出现频率很高的语言现象。

关于语言共性的来源,科姆里列举了三种解释。一是单一祖语说,即认为今天全世界的语言都源于同一祖语,今天的语言共性就是这个祖语的残存成分。二是天赋说,即语言共性来自天赋。这是乔姆斯基一派的观点。三是功能和语用说,即认为有些语言共性是为了便于语言信息的处理、增强语言的交际功能而产生的,有些语言共性源于语言的运用。科姆里认为,在目前的条件下,有些共性还没有可以验证的解释,但有些共性却可以从认知、功能和语用等方面来给予解释。

该书第二章主要探讨语言的类型,涉及三个方面的问题:①语言的类型与语言共性研究的关系;②确立语言类型的参数;③根据词形建立的语言类型。

科姆里指出,语言的共性研究与语言的类型研究是同一种研究的两个侧面。它们都是研究语言之间的差异的,差别在于,共性研究主要是确定差异的极限,而类型研究主要是发现可能的差异。就方法而言,在进行语言分类时,总要选择某些类型参数,并假定这些标度具有语言共性的性质,适用于所有的语言。类型参数是多种多样的,其中较为重要的类型参数是在逻辑上彼此独立,但有对应关系并能揭示有关语言的结构和语言类型的那些参数。他认为,传统的语言类型学根据词形把语言分为孤立型、黏着型、融合型、聚合型四种类型,这种词形类型是建立在单一的类型参数基础上的,是不够的。他认为词形类型虽在语言类型研究中占有稳固的地位,但它不是唯一的,也不是最有见地的划分语言类型的方法。

第三章概括说明了进行语言的共性和类型研究的基本理论,为后面各章的具体讨论建立了一个总体理论框架。该章主要讨论了四个方面的问题:语义角色、语用角色、句法关系和词形格。

所谓语义角色,实际上就是菲尔墨格语法所指的那些语义格。科姆里认为,确立任何一个语义角色都必须在某一语言中找到相应的语法区别。他没有对所有的语义角色展开讨论,只讨论了与该书要讨论的问题有关的五个语义角色:施事、动力、工具、感受者和受事。他认为它们并不是一组离散(discrete)的语义角色,而是代表一个连续体上的几个点,由施事到受事的序列反映了自控力由大到小的排列。

所谓语用[也叫篇章或语篇(discourse)]角色,指的是对同一信息进行不同的编排以反映旧信息和新信息的流向的各种手段。科姆里提出了两对语用角色。一是焦点(focus)与非焦点(non-focus)。焦点是指句中的新信息,句中其余的旧信息就是非焦点。有些语言在表达句中焦点时有相应的句法手段。二是话题(topic)与评论(comment)。话题是句子谈论的对象,评论是对话题进行述说。在有些语言里,话题有相应的句法表达手段。

所谓句法关系,指的就是我们一般所说的主语、直接宾语和间接宾语等成分之间的关系。句法关系概念不能和语义或语用概念相等同,但是很多句法现象要和语义与语用角色联系起来才能全面被理解。如,典型的主语往往是施事与话题的结合,这也可以作为确定句子中某一成分的主语身份(subjecthood)的依据。

在传统语法里,词形格(morphological case)经常与句法关系和语义角色相联系,有时人们还把某个格与某一句法关系等同起来。科姆里则认为,词形格与语法关系之间不能画等号。他举了大量的例子,说明许多句法行为与词形格无关,只是在个别情况下,词形格对句法行为起决定性的作用。

该书从第四章开始,依次论述了词序(word order)、主语(subject)、格标记(case marking)、关系子句(relative clause)、使成结构(causative construction)、生命度(animacy)等六个类型研究参数。

关于词序问题,科姆里认为,我们一般所说的词序并不是单指单词的次序,也包含短语结构和词内部的词素的顺序,所以"词序"这个术语用得不恰当,他觉得改为"结构成分顺序"(constituent order)更为合适。不过,他在书中仍沿用"词序"这个名称。在书中,科姆里只讨论了子句和几种常见的名词短语的词序。他认为子句的词序是所有词序中最重要的。子句的词序主要是指子句中主语、动词和宾语的相对位置次序。在逻辑上,这三个成分一共有六种可能的次序:主—宾—谓(SOV),主—谓—宾(SVO),谓—主—宾(VSO),谓—宾—主(VOS),宾—谓—主(OVS),宾—主—谓(OSV)。到目前为止,已确定了前面五种基本词序的存在。具有前面三种词序的语言占绝大多数,特别是前面两种词序占的比例最大。关于词序共性的标准和作用问题,科姆里没有提出明确的意见,只是概括性地介绍了一些前人的研究成果。

关于主语,科姆里提出了他自己的看法,他认为,尽管"主语"这个术语由来已久,但它到底指什么,人们并没有一致的看法,所以必须设法为主语下一个既符合典型事例,又能够对不明确的情况提供有洞察力的见解的定义,为此,在为主语下定义之前,我们应明确以下几点:①不先假定主语这个概念一定适用于所有的语言;②不先假定一旦某一种语言有主语,那么它所有的句子都有主语;③不先假定某一种语言的主语经过翻译之后还是另一种语言的主语;④虽然话题与施事和主语的定义有关,但它们并不等同。他为主语下的定义是:典型的主语既是话题,也是施事。

不同的语言对主语的处置方式可能不同,有些语言倾向于把不及物结构的主语与及物结构的施事等同对待,成为"主—宾格"语言,有的语言倾向于把不及物结构的主语与及物结构的受事等同看待,成为"施—受格"语言。有的语言有时把及物结构中的施事看成主语,有时把受事看成主语。至于施事和话题的关系,科姆里认为,人有选择施事性强的成分为话题的倾向,因而存在施事与话题的自然对应关系。这就可以解释为什么大多数的语言表现出"主—宾格"系统的句法行为,而比较少的语言表现出"施—受格"系统的句法行为。不过,在有些语言里,主语由话题来决定,而与施事无关;而在另一些语言里,主语有时由施事来决定,有时由话题来决定。

关于格标记,科姆里指出,如果不及物结构中的S(主语)与及物结构中的A(施事)和P(受事)每个都只用一个格标记,那么在理论上,就有五种不同的格标记系统:①S、A相对于P;②S、P相对于A;③S、P、A都一样;④S、P、A都不同;⑤A、P相对于S。采用第一种格标记的就是"主—宾格"语言。采用第二种格标记的就是"施—受格"语言。采用第三种方式的语言就是无格标记语言,这种类型的语言相当多。在有格标记的语言之中,采用第一和第二类系统的占绝大多数;采用第四和第五类系统的语言相当少见。对于这些现象,科姆里的解释是,在不及物结构中,只有一个S,因此没有必要加任何格标记,但在及物结构中,除非有格标记以外的手段,否则就会产生歧义,因为S与A或P不在同一结构中出现,表示A或P的格也可用来表示S。"主—宾格"语言选择了S与A同格,"施—受格"语言选择了S与P同格。第四种系统给S、A和P指派不同的格标记是不必要的,而第五种系统却将该做区分的A与P没做区分,使得格标记的功能大大减弱。这种解释和传统的看法有很大的不同,以往的研究都是假定词形格与语义角色或句法关系有密切的对应关系，科姆里则是从功能的角度来进行解释，认为语用因素对词形格的选择起重大作用，而格标记与句法关系并没有直接的联系，它们只是用来区别施事与受事，所以有时候格标记与句法关系并不一致。

关于关系子句，科姆里从跨语言的角度为它下了一个通用的定义：典型的关系子句（限制性关系子句）包含一个中心词语和一个限制子句，后者包含一个命题，以符合命题来限制前者所指的一群可能的对象。这样，有些语言就没有关系子句这种结构。

中心词语和关系子句的位置，大致有三种类型：①中心词语在子句的前面；②中心词语在子句的后面；③中心词语停留在原来子句的位置上，在主句里没有表达出来。

按中心词语在关系子句里的表达方式，关系子句又可分为四种类型：①中心词语保持原样；②用人称代词替代原来的中心词语；③用关系代词替代原来的中心词语；④零形式。在第一种类型中，中心词语在关系子句中的表达方式是最明确的，在第四种类型中，中心词语的表达方式是最不明确的。有些语言有不止一种形式，但这几类在任何语言中的分布都不是任意的。

至于关系子句中的哪个名词短语可以用来造关系子句，即"关系子句化"，是有严格限制的。科姆里提出了关系子句化的可及度等级。可及度等级从高到低的顺序是：主语—直接宾语—间接宾语—所有者。在这个可及度等级上，存在这样一个语言共性：任何语言如果可以使等级上的某一点关系子句化，那么它也可以使这一点左边的任何一点关系子句化；同时，这个等级反映了所有语言对这四个点可关系子句化的制约情况。由于遇到一些例外情况，科姆里又将这个共性改写为：每一种语言都可以将主语关系子句化；任何关系子句化的几个点在可及度等级上一定不可中断。

中心成分在关系子句中的表达方式与可及度等级也有联系。比较明确的表达方式用于可及度较低的位置，而比较不明确的表达方式用于可及度较高的位置。科姆里的解释是：可及度较低的地方需要较明确的表达方式来表达哪个成分关系子句化了，以便听者在处理信息时"找回"这个信息成分。

关于使成结构，科姆里从形式参数和语义参数两个方面进行说明。根据形式（通常指词形）参数，可以将使成结构分为三类：①分析式使成结构（analytic causative），其中一个动词表示原因，另一个动词表示结果；②形态使成结构（morphological causative），用能产的（productive）构词手段，使动词变成使成动词，表达使成情景；③词汇使成结构（lexical causative），用单一动词表示使成情景，这个使成动词与意义对应的非使成动词之间无形态上的联系。区分使成结构类型的语义参数有两种：一是因果关系是否直接，二是使成者（causee）能自我控制的程度。在许多语言中，因果关系是否直接有形式上的对应区别，因果关系的疏密与使成结构表达式的繁简有很好的对应关系。当一种语言有几种表达式时，直接的因果关系通常用词汇式使成结构来表达。在有些语言里，使成者的自我控制能力的程度上的区别有形式上的不同标记。根据使成者自我控制的能力的大小，可以建立这样一个格等级：工具格—与格—宾格/受事格。使成者自我控制能力最大的用工具格，最小的用宾格/受事格。

关于生命度，科姆里提出了一个从高到低的基本等级结构：人—动物（人以外的生物）—无生命物。科姆里同时指出,生命度经常与其他参数相互作用,很少单独起作用;并且,生命度所表现出的语言共性不是绝对的,而只是具有比较强的倾向性而已。他列出了几种与生命度有关的形态上的区分:①代词因生命度不同而不同形;②同一语义角色由于生命度的不同而有不同的词形格;③高生命度的词语有数的区别,而低生命度的词语则没有数的区别;④高生命度的名词与动词有数的一致,而低生命度的名词则没有。

科姆里认为,生命度是一个十分重要的参数,因为生命度等级不是单一的狭义的生命度的反映,而是许多参数,如狭义的生命度、定指度、个体化等因素交互作用的反映。

在该书后面的部分,科姆里论述了语言类型学研究对历史语言学的重要性,以及当时类型学方法存在的一些问题。他指出,语言间的共同点可能出于自然巧合,也可能出自同源或借用,也可能是语言共性或倾向性的表现。过去历史语言学家不太注意来自共性或倾向性的共同点。历史语言学应该充分利用共性与类型研究成果,或从中吸取教训,例如,常见的语言共性不能用来建立语言间的亲属关系;如果构拟的母语违反了共性或类型差异的可能范围,就应予以排斥;语言结构的共性和语言变迁的共性都可以提供母语构拟的线索;从语言的共性寻找语言变迁的机制的解释。

作为对该书的总结,科姆里指出了该书(实际上也是当时类型学研究)所用的方法存在的一些问题:①研究者在应用别人提供的语料时是否能忠于语料,而不是让语料迁就个人想建立的共性;②所用的语料仅限于描写成人的母语,没能兼顾其他的语料来源;③在解释语言共性时,语言的媒介物本身到底能提供多少解释;④我们今天所见到的语言是否能穷尽人类语言潜在能力的全部,而不只是历史上某一阶段的反映。

该书的学术价值在于,它不是单纯、抽象地介绍语言类型学的理论和方法,而是用大量的生动的语言材料来论证当代类型学的每一种理论和方法的作用、意义和不足,这样有利于读者在全面学习和掌握这些理论知识的同时,形成自己的见解和判断。不过,从主观愿望来看,作者希望把该书写成一本关于语言共性和类型的入门教材,但是由于作者本人的高度专业化的学术背景和此前人们对相关的知识介绍得并不充分,所以,该书还是显得有些过于专业化,对于普通读者来说,阅读该书是存在一定难度的。

三、克劳夫的《语言类型学与普遍语法特征》

当代语言类型学的另外一部重要著作是由剑桥大学出版社1990年出版的《语言类型学与普遍语法特征》(又译为《类型与共性》),该书的作者是格林伯格的学生威廉姆·克劳夫。该书吸收了当代语用学和功能语言学的一些最新成果,把类型学理论推向了一个新阶段。

该书共九章:第一章为"导言"(Introduction),第二章为"类型学分类"(Typological Classification),第三章为"蕴含共性"(Implicational Universals),第四章为"类型学中的标记现象"(Markedness in Typology),第五章为"语法等级"(Grammatical Hierarchies),第六章为"原型和类型模式的交互作用"(Prototypes and the Interaction of Typological Patterns),第七章为"外部动因和形式-功能关系的类型"(External Motivation and the Typology of Form-function Relation),第八章为"历时类型学"(Diachronic Typology),第

九章为"语言学解释的动态范式"(Linguistic Explanation in the Dynamic Paradigm)。

在"导言"部分,克劳夫为语言类型学下了定义:语言类型学研究通过跨语言比较发现语言的模式,特别是那些只有通过跨语言的比较才能被发现的模式。同时,他还提出了一些跨语言比较的方法。

在第二章,克劳夫重点谈了当代语言类型学和传统的形态类型学对语言类型理解的不同,对语言类型的传统理解局限于词的形态类型,而当代语言类型学对语言类型的定义则是:一个类型就是在一个特殊的语言当中体现出来的和特殊的结构相联系的特殊的结构特征。这就说明,在当代语言类型学看来,语言类型主要是指语言的结构类型。传统的语言类型学只用词的形态这一个参数作为划分语言类型的依据,由于影响语言结构类型的因素是多方面的,所以当代类型学必须着眼于多个参数来考察语言的类型变化。

第三章重点论述蕴含共性。这是当代类型学的重要概念,也是该书论述的核心概念,后面三章所论述的三个概念——标记性、语法等级、原型都与此密切相关。与蕴含共性相对立的是无限制共性(unrestricted universal,又译作"非蕴含共性"),即所有语言在某些参数上属于同一类型,其他类型无法找到或极其罕见。例如,"所有语言都有口腔元音""所有语言都有名词和动词"就是无限制共性。无限制共性说明语言的一致性,但在数量上相对较少。蕴含共性说明语言变异所受的限制或变异的模式,是对可能有的语言类型的范围做出说明。例如,如果一种语言的名词(noun)位于指示语(demonstrative)之前,那么名词也位于关系子句(relative clause)之前。这个蕴含共性覆盖了如下四种在逻辑上可能有的语序类型:①指示语和关系子句都在名词后面(NRel,NDem);②关系子句在名词的后面,指示语位于名词之前(NRel,DemN);③关系子句位于名词之前,而指示语位于名词的后面(RelN,NDem);④指示语和关系子句都在名词前面(Re1N,DemN)。这个蕴含共性把语言的变异限制在第一、二、四种类型,排除了第三种类型。因此蕴含共性抓住了语言的变化模式,这和只能说明语言的一致性的无限制共性不同,蕴含共性只能通过语言之间的比较才能发现,它比无限制共性更有意义,因为它可以说明两个或多个语法参数之间的依存关系。

第四章介绍标记性。这是当代类型学中的另一个重要概念。语言中普遍存在的不规则或不对称现象实际上是标记模式的体现。标记概念由布拉格学派提出,但传统的标记理论只把不对称现象分成有标记和无标记两类,即一个范畴要么是有标记的,要么是无标记的。基于类型学的标记模式,克劳夫则把二元标记扩展到多元标记,认为标记之间存在体现程度差别的等级。当代类型学在判断有标记和无标记的区别时,采用以下三类标准。一是结构标准(structure)。语法范畴的有标记项使用的语素数目至少不少于无标记项的语素数目。二是行为标准(behavior),又分屈折行为(inflectional behavior)、分布行为(distributional behavior)两种。屈折行为标准是:如果有标记项的有一定数量的变化形式,那么无标记项的屈折变化形式不会少于它。分布行为标准是:在一种语言内或跨语言之间,如果有标记项出现在一定数量的语法背景之中,无标记项的分布范围不会小于它。三是频率标准(frequency)。无标记项在给定的语言样本和各种语言类型中出现的频率不低于有标记项。

第五章论述语法等级,对标记模式做进一步的说明,同时阐述了语法等级和蕴含共性以及标记性之间的内在联系。克劳夫着重介绍了如下几种常见的语法等级:数(number)、名词短语的可及度(NP accessibility)、生命度(animacy)、有定性(definiteness)、(修饰语和中心名词)黏合性(bondedness),同时为了说明语法等级的普遍性,克劳夫还论述了音韵等级(phonological hierarchy)。语法等级或标记性等级代表一个蕴含共性"链",例如,数范畴的标记性等级由低到高的次序是:单数—复数—双数—三数/少许数。这个标记性等级表明,三数/少许数的存在蕴含双数的存在,双数的存在蕴含复数的存在,复数的存在蕴含单数的存在。各种语言在语法等级上有不同的截止点,但都不会违背语法等级的规定,不会越出规定的变异范围。

第六章论述原型(prototype)和类型模式的相互作用。"原型"原是认知心理学中一个重要概念,由认知语言学将其引入语言研究领域。原型理论认为,一个范畴是由一组通常聚集在一起的特征(a cluster of features)组成的,范畴边界并不是清楚的,内部成员的地位也不是均等的,有样本成员(原型)和非样本成员之分。如在名词这个范畴中,样本成员是主格单数阳性名词;在动词这个范畴中,样本成员是第三人称单数现在时主动态肯定式动词。也可以说,主格、单数、阳性是名词的原型特性,第三人称、单数、现在时等是动词的原型特性。原型和标记性是相通的。原型的名词就是无标记名词,原型的动词就是无标记动词。原型也有程度的问题,所以原型和语法等级也是密切相关的。类型模式的相互作用主要就是原型互补(complementary prototype),也就是标记颠倒(markedness reversal)现象。这实际上是一个范畴相对性的问题。如,复数名词相对于单数名词来说是有标记项,这是就个体名词而言的,如果就集合名词而言,复数则反而成了无标记项。再比如,施事充当主语为无标记,受事充当主语为有标记;受事充当宾语为无标记,受事充当主语为有标记。标记颠倒可以把几个不同的范畴联系起来,建立比较复杂的关联标记模式,如施事和受事、主语和宾语之间的标记颠倒就有两个语法等级与之相关:一个是生命度的等级,即"施事＜受事",另一个是语法关系的等级,即"主语＜宾语"。由施事充当的主语是典型的主语,由受事充当的宾语是典型的宾语。通过建立复杂的关联模式,许多表面上看起来是例外或不规则的现象可以得到合理的解释。

第七章主要是对语言共性进行解释。克劳夫认为语言之间存在共性是由于各种语言的功能是一致的,即交流信息(communication)。这是语言共性的外部动因(external motivation)。交流信息受一定的原则支配。该章论述了影响语言功能类型的两个基本原则:经济原则(economy)和象似性原则(iconicity)。经济原则要求用尽量少的形式表达尽量多的意思,因而在标记模式中,无标记项的使用频率高,不用或少用附加的语素标志,这是为了说话经济而缩短或省略常用的语言成分。象似性原则指的是语言的结构反映经验的结构,包括成分象似和关系象似。成分象似指语言成分与经验成分互相对应,即"形式相像,意义也相近",如语法手段相似的形式,其语法意义基本相近;关系象似指语言成分之间的关系与经验成分之间的关系互相对应,如概念上相差的距离和语法结构成分排列上相差的实际距离大致对应。经济原则和象似性原则互相竞争,经济原则从提高信息传递和理解效率出发,要求不用或少用附加语素标记,而象似性原则要求语言结构和经验结构相对应,要求经验结构有的成分要尽可能在语言结构中出现。这种竞争的结果要么是前者获胜,要么是后者获胜,但排除一种可能性——既不经济又不象似。例如,有标记项和无标记项在附加标志的数目上有三种可能性,但实际只存在两种。要么是有标记项比无标记项的标志多,这是经济原则获胜(常用项不加标志);要么是两项的标志数目相同,这是象似性原则获胜(一个意义、一个形式)。不可能出现的是有标记项比无标记项的标志少,这既违反经济原则,又违反象似性原则。

第八章论述历时类型学。历时类型学研究语言演变的类型,找出语言演变在类型上的变异模式。这种研究有两个前提:一是假设构拟中的原始母语的类型也是现有共时语言类型的一种,二是假设语言可以改变所属的类型,例如拉丁语词序从 SOV 型演变为法语的 SVO 型。与类型演变相关的又有两个假设:一个是互变性,就是说各种类型可以互相转变;另一个是渐变性,就是说不会同时改变多个语法特性,而是一次改变一个。另外,演变不仅有先后顺序,还有单向性和循环性。过去的形态类型学建立了"孤立语—黏着语—屈折语"的单向演变模式,但忽略了演变的循环性,即屈折语又朝孤立语演变,如现代英语。共时类型学和历时类型学的不同之处在于:共时类型学着眼于可能有的和不可能有的类型,历时类型学则着眼于可能性的程度,或语言类型出现的频度。这样,共时类型学中所遇到的一些例外现象,在历时类型学那里就可以得到合理的解释:所谓例外,就是出现频度极低的类型,它其实是一种极不稳定的类型,很容易转变为其他类型,不会长久存在。历时类型学非常关注语法化现象,认为语法化在共时平面上的反映是,有些成分的虚化程度高于另一些成分,共时平面的语言变异体现出历时平面的语言变异的不同阶段。因此,当代类型学把共时分析和历时分析结合起来,注重语言演变的模式对共时类型模式的解释作用。

该书的最后一章主要说明当代语言类型学所采用的功能-类型的研究路向和生成语言学研究路向的不同。作者认为,对语言的科学解释有三个"概括性"(generalization)层次:①对语言事实做出观察;②对语言内部做出概括;③对语言进行外部概括。这三个层次由低到高,只有功能-类型学解释达到了第三个层次。同时,功能-类型学和生成语言学在语言共性的研究方面也存在不同:功能-类型学侧重于揭示受限制的共性(蕴含共性),而生成语言学则侧重于揭示不受限制的共性。其根本原因在于二者对语言结构产生的心理基础的看法不同,功能-类型学认为语言结构是适应语言功能的结果,即"功能调适"(functional adaption),生成语言学认为语言结构来自人的语言能力。所谓功能调适,就是指语言为了成功、高效率地实现其信息交流的功能,而不断地调整自己的结构以适应实际的需要。这样语言结构的演化就和生物的演化一样,是不断适应周围环境的过程。因此,功能-类型学认为,语言的变化是绝对的、永恒的,语法总是处于动态之中,语言结构由当代的功能调适决定,共时的系统处于一种连续的流动状态,说话者所知道的语言知识就是控制这种流动的动态原则,这就是一种新的语言研究的范式——动态范式,所有的语言变化形式——跨语言的(类型学)、语言内部的(社会语言学和语言习得)和历时的(历史语言学)——都统一在这种范式之中。

第五节　认知语言学

一、认知语言学的产生和发展

认知语言学是将认知科学和语言科学结合而形成的一门科学,主要研究人类认知与语言的关系,它为语言研究提供了一个崭新的视角。目前,认知语言学尚处于不断发展的阶段,因此,关于什么是认知语言学,人们还没有形成统一的看法,也就没有一个权威的定义。昂格雷尔(F. Ungerer)和施密德(H. J. Schmid)在二人合著的《认知语言学入门》这本书做出了如下解释:认知语言学是以人们对世界的经验以及对世界进行感知和概念化的方法为基础来研究语言的科学。① 这被看作一个比较有代表性的定义。

认知语言学的产生,一般以1987年莱考夫的《女人、火与危险事物:范畴显示的心智》、约翰逊(Mark Johnson)的《心中之身:意义、想象和理解的物质基础》和兰盖克的《认知语法基础》三部著作的出版作为其诞生的标志。事实上人们此前在这方面就已经做了大量的工作并取得了一些重要成果。据兰盖克介绍,他本人自1976年开始就致力于建立空间语法(Space Grammar,"认知语法"的前称);1980年,莱考夫和约翰逊合作出版了认知语言学的重要著作《我们赖以生存的隐喻》;1982年,格语法创始人菲尔墨出版了《框架语义学》,提出了框架语义理论;1983年,来自生成语言学派的贾肯道夫出版了《语义学和认知》一书,该书同样被后来的认知语言学家们奉为经典;1985年,海曼(Haiman)出版了《自然句法》,该书中论述的象似性理论是认知语言学的重要理论之一;1986年,法国学者斯珀伯(Sperber)和英国学者威尔逊(Wilson)合作出版了《关联性:交际与认知》,该书写作的目的是"给认知科学打下一个统一的理论基础"②。认知语言学产生世界性影响是在1989年以后。1989年春,在德国杜伊斯堡(Duisburg)举行了第一次国际认知语言学会议,会上宣布成立国际认知语言学学会,定期举办国际认知语言学会议并出版专业杂志,第二年,国际认知语言学学会(International Cognitive Linguistics Association,简称ICLA)正式成立,同年《认知语言学》杂志创刊,1993年,又出版《语用学与认知》。此后,认知语言学进入全面发展的时期。

认知语言学是在反对以生成语法为首的主流语言学的基础上建立起来的,其哲学基础是经验主义哲学或非客观主义的经验现实主义哲学。哲学是一切科学的基础,哲学观同样影响着语言观。哲学在历史上就有唯物主义与唯心主义的区分,并且形成与之相对应的唯物主义认知观和唯心主义认知观。这两种认知观的共同特点就是承认主客体的对

---

① 昂格雷尔和施密德的原文是:"Cognitive linguistics, as presented in this book, is an approach to language that is based on our experience of the world and the way we perceive and conceptualize it"(*An Introduction to Cognitive Linguistics*,外语教学与研究出版社,2001年9月第1版)。

② 见该书第1版封底。

立,其区别仅仅在于是认为存在(客体)决定思维(主体),还是思维(主体)决定存在(客体)的问题,因此,在认知语言学家的眼中,他们在本质上是相同的,属于客观主义(Objectivism)认知观。客观主义认知观的总的特征是:世界是由相互对立的两部分——客观的物质世界和理性的心智世界组成的。客观主义认知观把客观物质和理性心智看成两个独立的系统,认为人的理性是对物质世界的反映,主观的认知和客观的物质之间存在着对应关系,但人的理性又具有相对的独立性。人的思维和推理是大脑中概念和思想之间的关系运算,不受人的自身的生物功能和外部世界特性的制约,是绝对抽象的,其真假值表现在是否与客观现实相对应。因此,理性、思维、观念等是自主的,不受人的生理和外部环境的制约。与此相对应,语言也被看成一个相对独立的系统。客观主义对传统的语言研究有着重大的影响。

然而,认知语言学家认为,客观主义认知观存在着严重问题。首先,客观世界并不是独立于人类的心智而独立存在的,世上各种事物的范畴(或类别)都是人类按照自己的标准进行划分的结果。其次,现实中的范畴并不是客观地摆在那儿等着人类去反映的,概念范畴的形成受制于人类感知及运动机能特性,人类心智的想象力和创造力在这个过程中起着重要作用。概念的意义与人类的生理构造、身体经验和想象力都有着非常密切的联系。因此,认知语言学坚持非客观主义(Non-objectivism)认知观。非客观主义认知观认为,人的理性世界并不是对客观的物质世界简单的、直接的反映,而是在人的主观经验的参与下进行的认知活动的结果。人的生理特征、主观经验、认知方式、认知环境都会对认知的结果产生影响。所以理性世界并不和客观的物质世界直接对应,而是和人的认知经验相对应。因此,语言并不是完全自主的独立的封闭系统,而是依赖于人的主观经验的开放系统,句法结构对应于以人的经验结构为基础的概念结构,概念结构和认知模式具有完形特性。这种认知观又被称为经验主义(Experientialism)认知观。

在这种观念的指导下,认知语言学对众多的语言现象,包括一些传统的语言问题进行了深刻的反思和再认识,提出了新的见解。认知语言学家吉尔拉兹(Dirk Geeraerts)在《认知语言学》发刊词中列出了认知语言学关注的一些主要研究课题:概念结构及自然语言范畴化的结构特征(包括原型性、认知模型、心智空间、意象、句法隐喻等)、语言构造的功能原则(包括象似性、标记性等)、句法和语义的概念界面(包括兰盖克的认知语法、菲尔墨的框架语义学等),以及语言运用的经验及语用背景、语言与思维的关系等。[①] 不过,由于认知语言学家们的个人兴趣和学术背景不同,他们研究的侧重点各有不同,因而形成了各具特色的理论体系和研究成果。如兰盖克建立了认知语法学(Cognitive Grammar),莱考夫和约翰逊建立了认知语义学(Cognitive Semantics),福可尼尔(Fauconnier)提出了心理空间(Mental Space)理论,海曼提出自然句法(Natural Syntax)理论,菲尔墨提出了框架语义学(Frame Semantics)和构造语法(Construction Grammar),莱曼(Lehmann)、海讷(Heine)、特拉高特(Traugott)、霍珀(Hopper)等人建立了语法化学说,斯珀伯和威尔逊提出了关联理论和认知语用学,另外还有一批以汉语为研究对象的语言学家提出了与汉语

[①] 张敏.认知语言学与汉语名词短语[M].北京:中国社会科学出版社,1998:9.

研究相适应的认知语言学理论,如戴浩一的认知功能语法(Cognition-based Functional Grammar)和谢信一的组成认知语法(Compositional Cognitive Grammar)等。目前,有关认知语言学的重要著作除上文提到的几部外,还有泰勒(Taylor)的《语言的范畴化:语言学理论中的原型》(1989)和《认知语法》(2002)、斯威策(Sweetser)的《从语源学到语用学》(1990)、霍珀和特拉高特的《语法化学说》(1993)、福可尼尔的《心理空间》(1994)、莱考夫的《超越冷静理性:诗性隐喻分析指南》(1989)、莱考夫和约翰逊合著的《体验哲学:体验心智及其对西方思想的挑战》(1999)、兰盖克的《语法与概念化》(2000)、托密(Talmy)的《走向认知语义学》(2000)等。

目前,认知语言学研究在美国形成了两个有重大影响力的学派:一是以兰盖克为代表的圣地亚哥学派(San Diego School),其核心理论是兰盖克的认知语法;二是以莱考夫和菲尔墨为代表的伯克利学派(Berkely School),其核心理论是莱考夫的认知语言学、菲尔墨的框架语义学和构造语法。

二、兰盖克的认知语法

兰盖克是美国加州大学语言学教授,是认知语言学圣地亚哥学派的创始人,其主要学术思想集中体现在分别于1987年和1991年出版的《认知语法基础》的第一卷(理论前提)和第二卷(描写应用)这部巨著中。其核心内容如下。

(一) 理论前提

兰盖克的认知语法是在批评生成语法的基础上建立起来的。他指出,生成语法建立在以下三个基本的假设之上:①语言是具有算法特征的自足(self-contained)系统,有着独立于其他认知系统的高度自主性(autonomy);②语法(尤其是句法)是与词汇和语义不同的独立的语言结构层面,是一个自足的形式系统;③对语义的描写必须采取基于真值条件的形式逻辑方法。

兰盖克的认知语法的理论前提则与此完全相对,他认为:①语言不是一个自足的认知系统,不能离开人的感知体验和互动认知,所以对语言的描写必须参照人的一般认知规律;②语法不是一个自足的形式系统,语法在本质上和词汇一样,是一个约定俗成的象征系统,所以句法分析不能脱离语义;③以真值条件为基础的形式逻辑不能涵盖语言表达所有的意义,所以将其用来描写语义是不够的,语义描写必须参照开放的、无限度的知识系统。

(二) 意义和语义结构

认知语法认为句法是以语义为基础的,在认知语法中,意义占据着极其重要的地位,在兰盖克看来,意义等同于形成概念(conceptualization)(或心理经历),即意义不仅包括固定的概念,而且包括新概念和刚发生的经历,不仅包括抽象的理性概念,而且包括感觉、情感、现象等概念,甚至还包括一个人感受到的言语行为的有形的、社会的和语言的语境。

形成概念是一个认知过程（神经活动），形成某个概念或体验某个心理经历存在于某种复杂的认知事件的发生过程，约定俗成的概念只不过是个认知常规，即牢固树立为有机整体的认知事件（或事件类型）。一个词语有若干个约定俗成的意义或义项，这些义项构成一个有层次的语义结构或网络。义项与义项之间有具体和抽象的关系。在语义结构（或词义网络）上，不同的节点或关系"突显"的程度是不同的，一般情形下，最突显的意义就是这个词的原型意义。

语义学的任务是描写概念结构，而概念结构是认知过程的产物，因此语义学的最终目标是阐明具体的认知过程。兰盖克认为，一个表达方式的语义值不仅存在于它所描述的实体或情景的内在特性中，而且还涉及考虑这一实体或情景的方式以及形成意象的方式。因此，描写语义结构最重要的是描写认知域（cognitive domain）和意象（imagery）。认知域是描写语义结构时涉及的概念域，它可以是一个简单的知觉或概念，也可以是一个复杂的知识系统。各种概念和知识系统构成一个有层次的结构。描述高层次的概念依赖于对低层次概念的认知操作，对一个事物的认知是以认知域为背景的。兰盖克认为，人类生活的世界存在一些基本认知域，如时间、空间、颜色、感情、味觉、嗅觉、触觉、亲属关系等。它们处于概念层次系统的最底层，为其他概念提供基础和参照。有的语义描写只涉及一个认知域，但很多概念需要在多个认知域中表达。如"刀子"涉及形状域、切割域、材料域、餐具域等，共同构成认识"刀子"这个概念不可缺少的复杂认知域网络。

意象就是形成一个概念或概念结构的具体方式。一个认知域可能是意象的一个方面，因此，描写认知域时，只描写到认知域是不够的，还要描写一个词语约定俗成的意象。在相同条件下都是真实的表达方式、指称相同或外延相同的表达方式，由于头脑对同一客观环境的构想方式不同而意义相对。如英语句子"The glass is half-empty"（玻璃杯是半空的）和"The glass is half-full"（玻璃杯是半满的），就是典型的由于意象的不同而导致的意义对立。在认知语法中，意象指人们以不同的视角，选择不同的注意点和辖域，突显不同的方面来观察某一情景，形成不同的意象，以便去理解和把握某一感知到的事物和情景的能力。同一情景之所以有不同的意象，取决于突显、详细程度、辖域、视角等几个方面。下面对与意象有关的方面和要素进行简单的介绍。

1. 基体和侧面

这是一对与意象形成具有密切关系的重要概念。基体（base）是一个语义结构（predication）在相关认知域中的覆盖范围。当基体的某一部分成为注意的焦点或被突显时，这个部分就是侧面。侧面（profile）是词语所标示（designate）的那一部分的意义。如"斜边"这个词所涉及的认知域是"直角三角形"，"直角三角形"是基体，"斜边"是侧面。一个词语的意义取决于基体和侧面的结合。

2. 突显

人们在对情景或事物进行认知的时候，通常会确定注意力的方向和注意的焦点，这就形成了突显（salience）原则。在认知语法看来，人们对每一种情境的识解都将一个侧面加于一个基体之上。认知主体从不同的角度出发观察同一情景或事件，就会产生不同的认知过程，有了不同的语言表达，它们也就突出了同一情景的不同侧面。突显有很多种情况,常见的有以下几种。

(1) 突显的侧面不同,如:

A. I mailed a package to Bill.(我寄一个包裹给比尔。)

B. I mailed Bill a package.(我寄给比尔一个包裹。)

例 A 中,Bill 是突显的成分,被安排在句末焦点的位置;例 B 中,package 是突显的成分,被安排在句末焦点的位置。

(2) 突显的关系成分不同。认知心理学上著名的图形/背景(figure/ground)就属于这种情况。再看下面的两个例句:

A. Louise resembles Rebecca.(路易斯像瑞贝卡。)

B. Rebecca resembles Louise.(瑞贝卡像路易斯。)

例 A 中,Louise 是"图形",Rebecca 是"背景";例 B 中,Rebecca 是"图形",Louise 是"背景"。

(3) 明显和隐含不同,如:

A. This is a triangle.(这是一个三角形。)

B. This is a three-sided polygon.(这是一个三边形。)

例 A 突显了图形"角",隐含了"边";例 B 突显了"边",隐含了"角"。

(4) 视角或立场不同,如:

A. Brian is sitting to the left of Sally.(布莱恩坐在萨丽的左边。)

B. Sally is sitting to the right of Brian.(萨丽坐在布莱恩的右边。)

这两个例子属于视角不同,下面两个例子则属于立场不同,如:

C. Soviet Union invaded Afghanistan.(苏联入侵阿富汗。)

D. Afghanistan is invaded by Soviet Union.(阿富汗被苏联入侵。)

3. 辖域

辖域(scope)指被激活的概念内容的配置,包括侧面和基体,和认知域大体相当。人们在理解一个事体时,所涉及的辖域有大有小,这就形成辖域的级阶。在很多情况下,辖域的边界是模糊的,没有明显的界。根据辖域的范围大小,可将辖域分为最大辖域和直接辖域。前者指一个表达式所能激活的最大内容,后者是最相关、最邻近的概念。如在"指甲、手指、手、胳膊、身体"这个词语序列中,每一个事体都以后面紧跟的事体为直接辖域,"身体"为最大辖域。直接辖域的运用体现在很多语言现象中。如在很多由两个名词构成的定语结构中,前一个名词突显了后一个名词的直接辖域,后一个名词突显了前一个名词的下一级直接辖域,如"手"是"手指""手掌""手背"的直接辖域。只有当部分和整体的关系处于直接辖域的范围之内,语义才是可以理解的,否则就无法理解。

4. 详细程度

对同一情景可以有多种描写的句子形式,但描写的详细程度(level of specificity)可能不同,如:

A. All cats are playful.(所有的猫都是顽皮的。)

B. Any cat is playful.(任何猫都是顽皮的。)

C. Every cat is playful.（每只猫都是顽皮的。）

D. Each cat is playful.（各只猫都是顽皮的。）

这几个句子的概念内容相同：同类成员（猫）都具有一种特性（顽皮）。然而，在如何看待这些成员时运用了不同的意象，这与描写的详细程度有关。例 A 是说明该类（猫）的整体，对每个成员的特性未加说明；另外三个例子都说明该类别的一个任意成员（这个成员）的特性也是所有其他成员的特性。但例 B 表示的意象是任意选择的意象：任选一个成员就能显示该特性。例 C 和例 D 表示该特性不仅属于全体成员，而且该特性表现在每个成员身上（而不是整体），不过，它们之间的区别是：例 D 表示对各个成员进行逐一检查后得出的结论。所以，例 D 对这个情景的描写的详细程度最高。

（三）语法性质

兰盖克认为，一种语言的语法是约定俗成的语言单位有结构的总体（a structured inventory of conventional linguistic units）。而所谓"单位"，则是一种认知常规（cognitive routine），是被说话者熟练掌握的结构。一个单位的内部结构可能极为复杂，但说话者能够灵活自如地使用，不必顾及其组成的细节，因而又是简单的。构成语法的单位代表了说话者掌握了语言的习惯，约定俗成的结构并不限于随意构成、没有理据、无预见的结构，语言结构的理据构成一个连续统。说话者把这种结构的连续统作为一个完整的系统使用。同时，这些约定俗成的单位形成的总体是有结构的，某些单位可以充当另一些单位的组成部分（次常规单位）。

语法具有象征性、概括性和网络性。

1. 语法的象征性

兰盖克认为语言单位只有三类：语义单位、语音单位和象征单位。此外没有别的单位。象征单位是存在于语义单位和语音单位之间的象征关系，因此具有两极性（bipolar）（语义极和语音极），可表示为：语义/语音。词汇、词法和句法形成了象征结构的连续统，语法（词法和句法）只通过象征单位来处理。而所谓象征（symbolic），是指一定的形式代表一定的意义，而且这种代表是约定俗成的（conventional）。认知语法的一个重要观点是：过去语法分析中大大小小的单位、各种各样的语法范畴和语法结构式都是象征单位。首先，单位不管大小，都是象征单位，只有复杂程度之别。例如，sharp（尖利）是一个简单的象征单位，sharpen（削尖）、sharpener（磨削器）、pencil sharpener（卷笔刀）是复杂程度递增的象征单位。其次，单位不管异同，也都是象征单位，只有抽象程度之别。例如，名词 ring 的每个义项（如环形、环形物、戒指等）同语音单位［ring］结合成抽象程度不等的象征单位。复杂程度和抽象程度都是渐变的，划分出大小不等的语法单位（如语素、词、词组）完全是人为的，实际上没有划一不二的界线。

语言单位可以是具体的语言结构，也可以是对语言结构的抽象，即图式化（schematization），形成结构图式。结构图式一旦形成，即可对新的语言成分进行范畴化（categorization）处理。如果具体语言单位（instantiation）完全符合结构图式，并成为语法系统的一部分，那么该具体语言单位就是合格的（well-formed）。结构图式、具体语言单位以及尚未成为单位的语言成分(从非单位到单位是一个渐进的过程)构成一个结构化的清单,即它们之间具有类似网络的特征。词类和句法结构都是图式化的结构。在认知语法中,词类是高度抽象的象征单位。名词是"事物/X",动词是"过程/Y",其中"事物"和"过程"都是抽象的概念,X 和 Y 代表抽象的语音单位。语法结构是既复杂又抽象的象征单位。例如,英语中的动词名物化结构——如 teacher(教师)、helper(帮手)、hiker(徒步旅行者)、thinker(思想家)、diver(潜水员)——是复杂的象征单位,包含"过程/Y"和"ER/er"两个抽象的象征单位。这个复杂的象征单位又可跟一个名词象征单位"事物/X"结合,构成一个更大的象征单位。这个更复杂的象征单位具体化之后,就成为 pencil sharpener、lawnmower(割草机)、taxidriver(出租车司机)这样一些具体的象征单位。这种由抽象到具体的关系即类属关系(categorizing relationship),例如 pencil 一词属于名词类。对类属关系的完整描写构成一个词语的结构描写(structural description)。在认知语法中,类属关系也是一种象征单位。这就是说,认知语法打破了词汇和词法、句法的界限,认为这种划分也是人为的,词汇和词法、句法只有具体和抽象程度上的差别。这也意味着句法不是一个自足的系统。

语法的象征性蕴含了认知语法的如下四个具体特征。①

(1) 语法结构的自然性。由于任何一个语法结构都包含一个语义结构(极)和一个音系结构(极),并由象征联系把两者联结成一个整体,语义和语音就像同一枚硬币的两面,彼此不可或缺,这恰好体现了语音作为能指、语义作为所指的符号关系,也恰好体现了语言最本真的功能,即有声语言传达说话者意义的功能。语言是有意义的声音,这一朴素的语言学观点被认知语法当作其理论的基石,这正是认知语法的语法结构自然性的表现。

(2) 概念的统一性。认知语法可以完全还原为象征关系,即还原为形式语义对(form-meaning pairing)。词汇、形态和句法是一个连续体,可借助象征关系对这一连续体做穷尽性的描述(exhaustively describable),也就是说,象征关系的高度概括性体现了认知语法概念的统一性。

(3) 语言结构必须满足内容要求(content requirement)的原则。这就是说,它只允许包括语义内容和音系内容的三类要素进入认知语法系统:①作为语言单位的语义、音系和象征结构;②结构图式,即规约语言单位的抽象化;③规约语言结构的范畴化关系(categorizing relationship)。

(4) 语言结构的象征性决定了语法和语义的互释性。一方面,语法可以还原为象征结构,预设一种语义观,即语义等同于概念化(conceptualization),而且包含人的识解(construal),即人以不同方式构想同一情境的能力。如,词项的语法范畴是由其侧面的本质决定的,一个词项之所以是名词,是因为它使一个事物(thing)成为侧面,一个词项之所以是动词,是因为它使一个过程(process)成为侧面,在这里,"事物"和"过程"是最高抽象的概念化,属于象征关系中的语义极。因此,"tree"之所以是名词,是因为它对一个解释名词范畴的图式做了具体化,即"(THING/X)(TREE/tree)","spray"之所以是动词,是因为

---

① 刘宇红. R. W. Langacker 认知语法述评[J]. 外语研究,2004(4):6-11.

它对解释动词范畴的图式做了具体化,即"(PROCESS/Y)(SPRAY/spray)"。

2. 语法的概括性

认知语法学认为,人类的一些基本认知原则在语言的各个层面、各个方面反复地起作用,揭示这些认知原则就能对语法不同范畴、不同层次、不同结构体中存在的平行现象做出概括性的解释,收到以简驭繁之效。如各类语法范畴都是由它们的语义极所勾画的对象决定的,比如名词,其语义极勾画的是事物(thing),而事物则是由在认知上相互联系的一群实体(entity)构成的集合,这些实体不仅仅指具体事物本身,还包括体现在这些具体事物身上的关系、级别、感觉、距离等。动词的语义极所勾画的是过程(process),过程自然受时间影响,有起点和终点。所有的这些具体的认知特征都被包括在范畴之内。

再来看语法结构。在兰盖克看来,语法结构是基于用法的模型。因此,认知语法从实际存在的语言单位入手,从认知原则出发,在语言单位的基础上抽象出不同抽象程度的结构图式,如人们在无数场合使用的 desks、books、hands、toes、dogs、trees 等,通过对这些具体化的表达式的观察,就可以得到一个复数单位,其结构图式为:"PL/-s"。不过,尽管在上述具体化单位中提取了图式结构,人们不能运用这个图式来反推(或运算出)这些具体单位的特性。也就是说,语法不仅包括结构图式,也包括成了单位的语言结构,结构图式不具有运算性,只是为语言现象提供解释。认知语法就是这样从语言现象入手,从具体的语言单位中抽象出最基本的结构图式,再将底层图式概括为高层图式,从下到上地进行概括,从而达到对语法现象进行充分解释的目标。

3. 语法的网络性

认知语法认为语法结构是一个网络模型。兰盖克把语法看成由范畴成员结成的网络。在这个网络中,每个范畴成员都是网络的一个结点(node),各结点通过三种范畴化关系达成联结。第一种是对原型图式的延伸(extension),如果用 A 来表示原型图式,用 B 来表示具体化单位的话,这种情况就可以表示为:A—B,即尽管 B 在某些方面不相容,但 B 仍然被 A 所范畴化。第二种是对原型的具体化(elaboration),这种情况可表示为:A→B,即 B 完全满足 A 的要求,不过,B 比 A 更具体(elaborate)。第三种是具体化单位间的相似性(mutual similarity),如果 A、B 都是具体化单位,也可以表示为:A—B,不过,它和延伸不同,延伸具有方向性,而相似不具有方向性。

结点和范畴化在认知突显性(cognitive salience)和被说话者接受的程度上存在差别,一般情况下,低层图式往往比高层图式更突显,更易习得,在中性的语境中最先被激活。如英语中的动词 run 的抽象意义是"快速移动"(rapid motion),有三个并列的具体化的意义:①有腿名词的快速运动(rapid n-legged locomotion);②快速的机械运动,如发动机运转(rapid mechanical motion);③快速流动,如水流淌(rapid fluid motion)。"有腿名词的快速运动"又可具体化为表示"人(person)的快速运动"和"动物(animal)的快速运动"等;表示"人的快速运动"还可以再具体化为表示"竞争性的有腿的快速移动——赛跑(race)",表示"动物的快速运动"还可以具体化为狗、马等动物的奔跑。在动词 run 的语义网络模型中,表示人的快速行走具有最大的突显性,可接受的程度最高,而表示抽象意义的"快速移动"可接受程度最低。

网络模式和结点的认知突显性理论对具体的语言现象有很强的解释力。兰盖克曾据此解释 ambiguity(模糊)和 vagueness(含混)之间的不同。ambiguity 包含的两个(或数个)语义在认知中都具有较高的突显性,被接受的程度较高,而 vagueness 所包含的两个(或数个)语义则并非如此,相反,它的上一级图式化表达具有较高的突显性,被接受的程度较高。图 5-1 和图 5-2 分别是单词 uncle 和 bank 的基本网络模型。

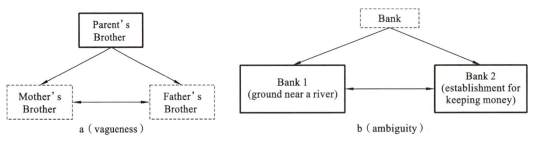

图 5-1　uncle 的基本网络模型　　　　图 5-2　bank 的基本网络模型

图 5-1 是 uncle 的语义网络模型,属于 vagueness,因为 uncle 既指父亲的兄弟(叔伯),又指母亲的兄弟(舅舅),这两个语义本身的突显度并不高,它们的上级图式(父母的兄弟)则具有较高的突显性。图 5-2 是 bank 的语义网络模型,属于 ambiguity,它有两个突显性较高的语义:河岸和银行,它们的上级图式则不具有突显性,因此就造成了下面两个例子的差别:

A. Mary has an uncle, and Jill does too.
B. Bob has gone to the bank, and Jack has too.

例 A 语义不明确(人们无法知道说的是叔叔还是舅舅),但没有歧义;例 B 则有歧义,因为它既可以表示去了银行,也可以表示去了河岸。

三、莱考夫等人的认知语义学

莱考夫是美国加州大学伯克利分校的语言学教授,国际认知语言学学会主席,是认知语言学伯克利学派的代表人物,他和俄勒冈大学哲学教授约翰逊等人创立了认知语义学。莱考夫等人著作甚丰,其认知语义学理论和成果主要体现在莱考夫的《女人、火与危险事物:范畴显示的心智》和《超越冷静理性:诗性隐喻分析指南》,约翰逊的《心中之身:意义、想象和理解的物质基础》,以及二人合作出版的《我们赖以生存的隐喻》《体验哲学:体验心智及其对西方思想的挑战》等几部著作之中。认知语义学的核心内容包括以下几个方面。

(一)理论基础

认知语义学的理论基础是被莱考夫、约翰逊等人称为"体验哲学"(非客观主义)的理论体系,这个理论体系在《体验哲学:体验心智及其对西方思想的挑战》中得到全面系统的论述。其理论前提是:①心智本来就是基于身体的(The mind is inherently embodied);

②思维大多是无意识的(Thought is mostly unconscious);③抽象概念大部分是隐喻性的(Abstract concepts are largely metaphorical)。

以此为基础,认知语义学提出了和乔姆斯基学派完全对立的认知观和语言观,具体表现在以下六个方面。①

第一,人的语言能力在本质上是人的神经能力,正是这种能力将大脑中分管概念和认知功能(注意、记忆、信息流)的部分与分管表达(音位形式、符号化语言中的符号等)的部分连通起来。语法是对概念进行符号化的能力,对语法的限制不仅受抽象形式的限制,也要受神经和身体经验的限制。范畴化倾向于呈辐射状,而且是分等级的,各有关情况中的限制是自然的。

第二,语言结构生来就是扎根于身体经验的。基本语法范畴和受语法构造限制产生的语言结构是从我们的体验性结构中获得的。

第三,句法范畴由概念范畴促使而成,而概念结构又来源于我们的体验性本质,没有完全不受意义和认知约束的自主性句法。

第四,语法构造是复杂的概念范畴和认知功能与表达它们的方式之间的配对连接体。

第五,语言能力是表达概念和认知功能的,能被语言表达的概念范围是人类语言能力的一部分。在任何语言中,不管用什么表达方式,它们都是人类语言能力的一部分。乔姆斯基的理论将语言能力缩小限定在语言的正确形式部分,而认知语言学则从最宽广的角度将任何语言的任何部分所涉及的,都视为语言能力。

第六,语法的普遍性是指在形式与内容的配对连接上所具有的普遍现象。语言普遍现象不仅表现在形式上,还表现为概念普遍现象(如原始空间关系、普遍概念隐喻等)、认知功能普遍现象和在象似性上的普遍现象。

(二) 语义与概念

认知语义学主要研究人类的概念系统、语义和推理。其主要理论大致包括以下两个方面的内容。

1. 语义观(或概念观)

莱考夫认为,语义不只是客观的真值条件,而是与概念、功能、人类的知识紧密联系的,语义结构不但反映人类所观察到的情景的内容,也反映了人类对内容的结构和解释的方式。语义形成的过程就是概念化的过程,而概念化过程就是基于身体的体验过程。

在认知语义学看来,概念是通过身体和大脑对世界的体验(embodiment),特别是通过感知和肌肉运动能力而得到的,也只有通过体验,概念才能被理解。直接基于身体经验的概念包括:基本层次概念、空间关系概念、身体动作概念、体貌概念、颜色概念以及其他概念。这种基于身体的概念化机制和思维是处于一种无意识的隐藏状态之中的,但它们建构了我们的经验,是我们进行有意识活动的基本要素。抽象概念则来自较为直接的体验性概念的隐喻性映射。概念在大脑中并不以孤立的原子单位出现,其理解要依赖由背景

---

① 王寅. Lakoff & Johnson 笔下的认知语言学[J]. 外国语,2001(4):15-21.

知识组成的语境。在语义结构的建构过程中,人的大脑(或心智)具有建立在以往体验基础上的背景知识模式,并以某种方式(体验)对世界经验进行概念化。不同的说话者可以用不同的方式对相同的经验进行概念化。语义结构的最基本形式就是意象图式和比喻结构。

所谓意象图式,就是有意义地组织起来的经验模式(如物理运动结构、感知互动结构等),是人类经验和理解中的抽象结构,这种抽象结构是一种在人们互动和运动感觉中重复出现的动态模式,因此,它使人们的经验获得了结构性和一致性。意象图式不是命题性的,而是以连续不断的、类比的形式存在于理解中的。意象图式是一种抽象的存在,而不是具体的、有丰富内容的心理图像。如,在生活中,我们经常体验到各种包含关系,我们可以走进/出房屋、汽车及其他有界的空间,我们可以将物体放进/拿出某些容器(如杯子、盒子、书包、抽屉等)。这种进/出(里/外)经验是包含图式的基本结构,其根据是有界性(boundedness),而有界性的主要特征是围住的三维的空间(three-dimensional enclosure),如子宫、摇篮、房间等。实际上,我们的身体就是一个三维的容器,每天我们都将一些东西(如食物、水、氧气等)放进去(吸取),也将另外一些东西(如废物、尿液、二氧化碳等)输出来(排泄)。在生活中,我们也常见到一维或两维的包含关系,如某一点在某个圆内/外;某一点在某条直线上/外。不过,无论是一维、两维还是三维的空间,里/外经验中都包含着区别、分离、包围等意思。这些反复出现的动态模式及其结构,就是人们在空间经验的基础上形成的意象图式。比喻结构则是对意象图式的扩展和应用,同一个意象图式可以出现在不同的领域(domain),包括各种不同的具体领域和抽象领域。通常我们通过比喻将经验图式投射到其他领域,这样意象图式就得到了具体的运用。如 in 和 on 的基本意象图式是在空间经验的基础上形成的,当具体应用到 in the afternoon 和 on Sunday 等结构中时,就是一种比喻结构,是从空间领域向时间领域的投射。

2. 范畴观

认知语义学提出了和传统的范畴观完全不同的范畴理论。传统的范畴观把"范畴"定义为一组拥有共同特性的元素组成的集合(set),元素隶属于集合的程度相等,没有核心和边缘之分[①],也就是所谓的"对内有统一性,对外有排他性"。认知语义学则认为,范畴是一种原型(prototype)现象,所有的范畴都是模糊范畴,这具体表现在两个方面。一方面,同一范畴的成员不是由共同特征决定的,而是由家族象似性决定的,即范畴内部未必具有一组全体成员共有的特征,但范畴成员之间总是享有某些共同特征。有的成员比其他成员享有的共同特征多,有的成员比其他成员享有的共同特征少。另一方面,既然有的成员比其他成员享有更多的共同特征,人们就可以根据其享有的共同特征的多少来决定其成员的身份,比其他成员享有更多共性的成员为该范畴的典型的和中心的成员,即原型,其他成员为非典型的或边缘的成员。因此,范畴不能用一组充分必要特征来定义。范畴是由一组聚集在一起的特征(a cluster of features)组成的,实体范畴化是建立在好的清楚的样

---

① 石毓智.《女人、火、危险事物——范畴揭示了思维的什么奥秘》评介[J].国外语言学,1995(2):17-22.

本的基础之上的,然后将其他实例根据它们跟这些好的清楚的样本在某些属性上的象似性而归入该范畴。这些好的清楚的样本就是原型,它们是非典型事例范畴化的参照点。由于各范畴都有边缘成员的存在,范畴的边界往往是模糊不定的,在边缘上可能与其他范畴相互交叉。如,典型的名词是人和事物的名称,典型的动词表示动作,典型的形容词表示特性,典型的介词表示空间关系。所有范畴的原型概念经常以各种方式隐喻性地向非中心区域进行扩展。

认知语义学从神经心理学的角度对原型现象进行了解释。他们认为,人类之所以具有范畴化的能力,是因为人类有完善的神经系统,神经具有充分扩展的功能,能以概念中心范畴结构为基础,辐射状地向外扩展。以名词范畴为例,由于儿童早期形成的范畴属于感知动觉范畴,是以有定界的物理性实体(如人、地、物)为中心的,在他们成长的过程中,范畴不断扩展,基于现有的概念隐喻和其他神经性认知机制,将有定界的客体所形成的范畴中心呈辐射状地向外扩展,结果就形成了辐射性范畴。名词这个范畴通过扩展,也就包括了状态、活动、思想、抽象概念等。

原型范畴的存在自然会引出一个结论:语义对语法有制约作用。属于同一个语法范畴的词,有的拥有该范畴全部或绝大部分语法特征,有的则只有个别的特征,即同一范畴的词语之间存在成员资格优劣的问题。那么,是什么因素决定了其成员资格呢?很明显,就是它们的概念义。如上文所说的"典型的名词是人和事物的名称""典型的动词表示动作"等说法中的"人和事物""动作"等就是语义因素。由此可见,语义和语法是密不可分的。

(三) 隐喻

隐喻理论是认知语义学最为核心的理论。隐喻是个历史悠久的概念,亚里士多德就把隐喻作为一种重要的修辞手段加以研究,他认为隐喻是对常规语言的一种变异,是一种用于修辞话语的修辞现象,其主要功能是修饰语言,增强语言的感情色彩,这种看法一直为后世所遵从,成为传统隐喻理论的基本观点。认知语义学则提出了和传统观点完全不同的看法,认为隐喻不是一种语言现象,而是一种认知现象,它是人类抽象思维的最重要的特征。认知语义学从人类思维的一般规律的角度来看待隐喻,把隐喻的认识提到一个新的高度。从此,隐喻研究跳出了以文学和修辞学为对象的狭隘范围,进入了更为广阔的认知科学领域。认知语义学的隐喻理论主要有如下几个方面的内容。

1. 隐喻的本质

认知语义学认为,隐喻不是一种语言结构,而是一种概念结构,隐喻语言只是概念隐喻的表层表现。隐喻不仅存在于语言之中,也体现在人们的思想和行动中。我们的概念系统本质上是隐喻的。一个概念从隐喻的视角构筑,被隐喻性地理解,就构成了概念隐喻。人类对世界的看法可以用不同义域的观念表述,一个义域的概念可以被另一个义域的概念隐喻化。请看下面几个与 argument 有关的句子:

Your claims are *indefensible*.

He attacked *every weak point* in my argument.

His criticisms were *right on target*.

I *demolished* his argument.

I've never *won* an argument with him.

If you use that *strategy*, he'll *wipe you out*.

这几个句子都包含了"Argument is war"（争论是战争）这个概念隐喻。这一概念隐喻支配了我们对争论的理解以及我们在争论中的行为，同时它还衍生出一系列与我们在争论中的行为相对应的语言表达。上述例句中的斜体部分都是表示战争概念的词语，也就是说，人们对待争论的方式是由战争概念衍生而来。在语言中，类似的隐喻概念和相关的语言表达形式比比皆是。因此，在语言表达上，隐喻是一种正常表达方式，而不是传统观点所认为的是对常规语言的一种变异，或者是对正常表达方式的偏离。

传统隐喻理论的另外一个观点是，隐喻是本体和喻体之间相似性的表达。认知语义学对此持否定意见。他们认为隐喻表达的不是相似性，而是跨域映射。隐喻包含两个域：源域（source domain）和目标域（target domain），前者通常是人们较为熟悉的、具体的概念，后者往往是人们不太熟悉的、抽象的概念。通过将源域映射在目标域上，目标域得以被理解。如以上各例句中，战争概念就是源域，争论概念就是目标域，本来用于战争概念的那些斜体词语被用于争论概念，属于跨域映射。

2. 隐喻的基本类型

莱考夫和约翰逊将隐喻大致分为以下三类。①

(1) 结构隐喻。

结构隐喻（structural metaphor）指以一种概念的结构来构造另一种概念，将两种概念相叠加，将谈论一种概念的各方面的词语用于谈论另一个概念，从而产生了一词多用的现象。下面几个句子中关于 time（时间）的表达就是结构隐喻。

You're *wasting* my time.

This gadget will *save* you hours.

I don't *have* the time to *give* you.

How do you *spend* your time these days?

That flat tire *cost* me an hour.

I've *invested* a lot of time in her.

You're *running out of* time.

He's living on *borrowed* time.

I *lost* a lot of time when I got sick.

这几个例句包含的概念隐喻是"Time is money"（时间是金钱）。因此，时间可以被"waste"（浪费）、"save"（节约）、"spend"（花费）、"invest"（投资）、"borrow"（借）、"lost"（损失），等等。这些用于金钱概念的词语，通过隐喻又可被用于时间概念，形成一词多用。

---

① 赵艳芳.语言的隐喻认知结构——《我们赖以生存的隐喻》评介[J].外语教学与研究,1995(3): 67-72.

结构隐喻大量存在于我们的思维及语言的各个方面,并帮助构筑我们理解世界的概念系统。

(2) 方位隐喻。

方位隐喻(orientational metaphor)指参照空间方位而组建的一系列概念隐喻。方位隐喻来自人们与大自然的相互作用,是较早产生的、人们可以直接理解的概念隐喻。它将人们赖以生存的最基本的概念,即上和下、前和后、深和浅、中心和边缘等具体概念投射于情绪、身体状况、数量、社会地位等的抽象概念上,形成了用表示方位的词语表达抽象的概念隐喻。如"up(向上)/down(向下)"就可以产生一系列的概念投射,如"Happy is up;Sad is down""More is up;Less is down"等,具体的例子如下:

I'm feeling *up*.

You are in *high* spirits.

He's really *low* these days.

The number of books printed each year keeps going *up*.

His income *fell* last year.

方位隐喻的概念及其相应的语言不是任意的,而是有其物质和文化的基础,不同的文化可能产生不同的方位隐喻。

(3) 本体隐喻。

人类最初的生存方式是物质的,人类对物质的经验为我们将抽象的概念表达理解为实体提供了物质基础,由此派生出另一类隐喻——本体隐喻(ontological metaphor)。在本体隐喻中,人们将抽象的或模糊的思想、情感、心理活动、事件、状态等无形的概念当作有形的实体来看待。其中最具有代表性的是容器隐喻。人是最典型的独立于周围世界以外的实体,人们最先认知自身的状况,每个人的身体本身就是一个容器,可以容纳和排泄,因此有内外之别。人们将这一概念投射到人体之外的其他物体,甚至将一些无形的、抽象的时间、状态、活动、行为也看作一个容器。如下面的几个句子:

The ship is *coming into view*.(视觉领域被看成容器)

Are you *in the race* on Sunday?(赛跑被看成容器)

We're *out of trouble* now.(麻烦被看成容器)

在不同的语言中,本体隐喻也会因文化的差异而有较大的不同。

3. 隐喻的特征

隐喻具有以下四个特征。

一是体验性。隐喻是基于身体经验的,概念是通过体验,特别是通过感知和肌肉运动能力而得到的。我们基于身体的概念化机制和思维建构了经验,这是我们进行有意识经验的基本要素。抽象概念来自较为直接的体验性概念的隐喻性映射。我们进行日常推理和思考所用的概念体系是由我们的体验构建的,人类共同体验产生的意象图式正是隐喻的生成机制。隐喻是身体、大脑、心智、生活经验的产物,因此不具有任意性。

二是系统性。这种系统性表现在语言和概念两个层次上。在语言层次上,由同一概念隐喻派生出的不同的隐喻表达方式具有系统性,如通常出现以一个概念谈论另一个概念的系统的方式。在概念层次上,存在着概念隐喻内部的系统性和概念隐喻之间的系统性,即概念隐喻内部各要素之间存在系统的联系,同时概念隐喻之间也以系统的方式相联系。

三是层次性。依据不同的结构复杂性,可将隐喻分为两类:基本隐喻(primary/primitive metaphor)和复合隐喻(complex metaphor)。基本隐喻产生于日常生活经验,其特征是结构单一。它将我们的主观经验和判断与我们的感知运动经验连接起来,为主观经验提供极其丰富的推论结构、图式和质感(qualitative feel)。不同的基本隐喻组合在一起,就构成了复合隐喻。复合隐喻本身也可以作为基础,去构成更为复杂的隐喻。因此,隐喻具有层次性,抽象的层次越高,就需要越多层次的隐喻。

四是与文化的一致性。隐喻概念体系作为文化的组成部分,与社会文化中最基本的价值观念一致,一定社会具有一定的社会文化和一定的隐喻认知结构。在同一社会文化中,其文化观念、隐喻思维、语言是一个统一的、融合的、不可分割的整体,而不是孤立的、零散的、随意的。

(四)语法构造

认知语义学认为,人类对事物的认知包含两个基本要素:基本范畴和基本关系。相应地,语法也就由语法范畴和语法构造(construction)组成。语法构造是复杂的概念结构(structure)和表达该概念结构的方法(如词序或某种标记形式)之间的配对结合。语法构造具有多义性、体验性和合成性的特点。

所谓语法构造的多义性,指的是语法构造就像词汇一样也可能是多义的。在语义极,许多系统性相关的概念形成了辐射性范畴,表达这种多义性。语法构造的体验性指的是语法构造不是把无意义的形式任意放置在一起,而是表现了人类组织基本经验的方法,即句法象似性。语法构造的合成性指的是每个语法构造可被视为一个条件,管辖着语言表达复杂概念的方式。语法构造通过叠置组合而成,如果符合共同条件,就能相互适合,置于一起。一种语法构造陈述了一些限制,在这些限制下,其他语法构造能相互适合。

语法构造的许多方面可以从基本关系要素中得到解释。

莱考夫把基本关系叫作"动觉意象图式"(kinesthetic image schema),在《女人、火与危险事物:范畴显示的心智》一书中,他列举了以下几种基本关系。

(1) 里外关系。构成要素为:内部、外部和两者的边界。
(2) 整体部分关系。构成要素为:一个整体、若干个构件,和一个结构模型。
(3) 联络关系。构成要素为:两个实体和一个"关系"。
(4) 中心边缘关系。构成要素为:实体、中心和边界。
(5) 来源目标关系。构成要素为:起点、终点和途径。

利用上述基本关系,我们可以对语法构造做出简单而形象的描写。如,句法结构的层次性对应于整体和部分的关系;修饰语和中心语的关系对应于中心和边缘的关系;互指对应于联络;句法范畴对应于里外的关系等。

认知语义学自诞生以来,其理论得到不断的充实、发展和完善,也得到了一些批评和修正,目前正处于方兴未艾的时期。

思考与练习

一、名词解释

语用学　会话含义　蕴含与预设　言语行为　篇章语言学　语境模式
蕴含共性　意象图式　认知突显　隐喻　范畴和范畴化　句法象似性

二、填空题

1. 从方法论角度看,语用学研究总体来说存在(　　)和(　　)两大学派。
2. 列文森在《语用学》一书中,把语用学的研究内容归纳为(　　)(　　)(　　)(　　)(　　)五个方面。
3. 奥斯汀把话语分为(　　)和(　　)两类。
4. 会话的基本单位包括(　　)(　　)和(　　)。
5. 从整体上看,会话通常由(　　)(　　)和(　　)三部分组成。
6. 凡·迪克认为话语的社会性主要体现在(　　)和(　　)两个方面。
7. 话语的信息结构由(　　)和(　　)两部分组成。
8. 科姆里从(　　)(　　)和(　　)三个方面对不同性质的语言共性进行了区分。
9. 科姆里提出,关系子句化的可及度等级从高到低的顺序是(　　)。
10. 兰盖克认为语言单位有(　　)(　　)(　　)三类。
11. 莱考夫认为语义不只是客观的真值条件,而是与(　　)(　　)和(　　)紧密联系的。
12. 隐喻的特征包含(　　)(　　)(　　)(　　)四个方面。

三、简答题

1. "分相论"和"综观论"的主要观点分别是什么?
2. 格赖斯认为会话含义具有哪几个方面的特征?
3. 合作原则包括哪些准则和次准则?
4. 话对具有哪些特征?
5. 语言结构顺应理论探讨了语言结构在哪几个方面的选择?
6. 凡·迪克对篇章语言学理论的贡献主要有哪些?
7. 凡·迪克认为,篇章语义学主要包括哪几个方面的内容?
8. 当代语言类型学的主要特点和理论基础是什么?
9. 按中心词语同关系子句的位置来划分,关系子句大致有几种类型?
10. 按中心词语在关系子句里的表达方式来划分,关系子句分为几种类型?
11. 科姆里列出了哪几种与生命度有关的一些形态上的区分?
12. 当代类型学在判断有标记和无标记的区别时采用哪三类标准?
13. 列举几种常见的语法等级。

14. 列举标志认知语言学诞生的三部著作的作者及书名。

15. 兰盖克的认知语法的理论前提是什么？

16. 简述莱考夫列举的几种基本关系及其构成要素。

四、论述题

1. 当代语言学的一些主要学说理论都是在对传统语言学批评的基础上产生的，就主流学派而言，他们具有哪些共同的特征？

2. 为什么说研究指示语有助于认识话语和语境之间的关系、认识人的社会地位和社交关系、明确语篇中语词的指称关系？举例说明。

3. 关于如何进行语篇分析，凡·迪克提出了哪些原则？

4. 举例说明突显常见的几种情况。

5. 语法的象征性蕴含了认知语法的哪些具体特征？

6. 根据兰盖克的认知语法的观点，为什么说语法具有概括性？

7. 怎样理解认知语法把语法结构看作一个网络模型？试举例说明。

8. 以体验哲学为基础，认知语义学提出了和乔姆斯基学派完全对立的认知观和语言观，具体表现哪些方面？

9. 如何理解范畴是一种原型现象，所有的范畴都是模糊范畴？

10. 认知语义学认为隐喻不是一种语言现象，而是一种认知现象，它是人类抽象思维的最重要的特征。从认知语义学的隐喻理论入手，举例分析隐喻的本质。

参考文献

[1] Blakemore D. Understanding Utterances：An Introduction to Pragmatics[M]. Oxford：Blackwell Publishers，1992.

[2] Brown G，Yule G. Discourse Analysis（话语分析）[M]. 北京：外语教学与研究出版社，纽约：牛津大学出版社，2000.

[3] Brown P，Levinson S C. Politeness：Some Universals in Language Usage[M]. Cambridge：Cambridge University Press，1987.

[4] Chomsky N. Aspects of the Theory of Syntax[M]. Cambridge：MIT Press，1965.

[5] Chomsky N. Barries[M]. Cambridge：MIT Press，1986.

[6] Chomsky N. Essays on Form and Interpretation[C]. New York：North-Holland，1977.

[7] Chomsky N. Knowledge of Language：Its Nature，Origin，and Use[M]. London：Praeger，1985.

[8] Chomsky N. Lectures on Government and Binding[C]. Dordrecht：Foris，1981.

[9] Chomsky N. New Horizons in the Study of Language and Mind[C]. Cambridge：Cambridge University Press，2000.

[10] Chomsky N. Rules and Representations[M]. Cambridge：Cambridge University Press，1980.

[11] Chomsky N. Some Concepts and Consequences of the Theory of Government and Binding[M]. Cambridge：MIT Press，1982.

[12] Chomsky N. Studies on Semantics in Generative Grammar[M]. Mounton：The Hague，1972.

[13] Chomsky N. The Minimalist Program[M]. Cambridge：MIT Press，1995.

[14] Cook G. Discourse[M]. Oxford：Oxford University Press，1989.

[15] Coulthard M. An Introduction to Discourse Analysis[M]. London：Longman Group，1985.

[16] Croft W，Cruse D A. Cognitive Linguistics[M]. Cambridge：Cambridge University Press，2004.

[17] Croft W. 语言类型学与普遍语法特征[M]. 北京：外语教学与研究出版社，2000.

[18] Cummings L. Pragmatics：A Multidisciplinary Perspective[M]. Edinburgh：Edinburgh University Press，2005.

[19] De Beaugrande R，Dressler W. An Introduction to Text Linguistics[M]. London：Longman，1981.

[20] Fauconnier G. Mental Spaces：Aspects of Meaning Construction in Natural

Language[M]. New York: Cambridge University Press, Cambridge: MIT Press, 1994.

[21] Fillmore C J, Atkins B T. Toward a Framebased Lexicon[C]//Lehrer A, Kittay E. Frames, Fields, and Contrasts. Hillsdale: Lawrence Erlaum Assoc. ,1992.

[22] Fillmore C J, Baker C F. Frame Net: Frame Semantics Meets the Corpus[D]. Poster presentation, 74th Annual Meeting of the Linguistics Society of America, 2000.

[23] Fillmore C J. Frame Semantics and the Nature of Language[A]//Annals of the New York Academy of Sciences: Conference on the Origin and Development of Language and Speech. New York: New York Academy of Sciences, 1976.

[24] Fillmore C J. Frame Semantics[C]//Linguistic Society of Korea. Linguistics in the Morning Calm. Seoul: Hanshin Publishing Company, 1982.

[25] Firh J R. Papers in Linguistics, 1934-1951[C]. London: Oxford University Press, 1957.

[26] Gee J P. An Introduction to Discourse Analysis: Theory and Method[M]. 北京: 外语教学与研究出版社, 2000.

[27] Givón T. On Understanding Grammar[M]. New York: Academic Press, 1979.

[28] Green G. Pragmatics and Natural Language Understanding[M]. Ney Jersey: LEA Publishers, 1989.

[29] Greenberg J H. Language Typology: A Historical and Analytic Overview[C]. The Hague: Mouton, 1974.

[30] Greenberg J H. Some Universals of Grammar with Particular Reference to the Order of Meaningful Elements[M]. The Hague: The Mouton Press, 1966.

[31] Grimes J E. The Thread of Discourse[M]. The Hague: Mouton, 1975.

[32] Grundy P. Doing Pragmatics[M]. London: Edward Arnald, 1995.

[33] Halliday M A K, Hasan R. Cohesion in English[M]. London: Longman, 1975.

[34] Halliday M A K. An Introduction to Functional Grammar[M]. London: Edward Arnold, 1985.

[35] Halliday M A K. Categories of the Theory of Grammar[J]. Word, l961(17): 241-292.

[36] Halliday M A K. Descriptive Linguistics in Literary Studies[C]//Duthie G I. English Studies Today, 3rd Series [C]. Edinburgh: Edinburgh University Press, 1962.

[37] Halliday M A K. Explorations in the Functions of Language[M]. London: Edward Arnold, 1973.

[38] Halliday M A K. Language as Social Semiotic: Towvrds a General Sociolinguistic Theory[M]. London: Edward Arnold, 1975.

[39] Halliday M A K. Language Structure and Language Function[C]//Lyons J. New Horizon in Linguistics. London:Penguin,1970.

[40] Halliday M A K. Language,Context and Text:Aspects of Language in a Social-semiotic Perspective[M]. Oxford:Oxford University Press,1985.

[41] Halliday M A K. Linguistic Study of Literary Texts[C]//Lunt H G. Proceedings of the Ninth International Congress of Linguistics. The Hague:Mouton,1964.

[42] Halliday M A K. Systemic Background[A]//Benson J D,Greaves W S. Systemic Perspectives on Discourse,Vol. 1. Norwood,New Jersey:Ablex,1983.

[43] Halliday M A K. Towards Probabilities Interpretations[A]//Ventola E. Recent Systemic and other Functional Views on Language[C]. Berlin:De Gruyter,1991.

[44] Hatch E. Discourse and Language Education[M]. Cambridge:Cambridge University Press,1992.

[45] Hawkins J A. Word Order Universals[M]. New York:Academic Press,1983.

[46] Hjelmslev L. 叶姆斯列夫语符学文集[C]. 长沙:湖南教育出版社,2006.

[47] Hopper P J,Traugott E C. 语法化学说[M]. 北京:外语教学与研究出版社,1993.

[48] Horn L R. Towards a New Taxonomy for Pragmatic Inference:Q-based and R-based Implicature[A]//Schiffin D. Meaning,Form,and Use in Context:Linguistic Applications. Washington,D. C. :Goergetown University Press,1984.

[49] Horn L,Ward G. The Handbook of Pragmatics[M]. Malden,MA:Blackwell,2004.

[50] Jackendoff R. Semantics and Cognition[M]. Mass:MIT Press,1983.

[51] Johnson M. The Body in Mind:The Bodily Basis of Meaning,Imagination and Reason[M]. Chicago,London:Chicago University Press,1987.

[52] Labov W. Language in the Inner City[M]. Oxford:Blackwell,1972.

[53] Lakoff G,Johnson M. Philosophy in the Flesh:The Embodied Mind and Its Challenge to Western Thought[M]. New York:Basic Books,1999.

[54] Lakoff G,Johnson M. The Metaphor We Live by[M]. Chicago:Chicago University Press,1980.

[55] Lakoff G,Turner M. More than Cold Reasons:A Field Guide to Poetic Metaphor [M]. Chicago:Chicago University Press,1989.

[56] Lakoff G. Women,Fire and Dangerous Things:What Categories Reveal about the Mind[M]. Chicago,London:Chicago University Press,1987.

[57] Langacker R W. Foundations of Cognitive Grammar[M]. Stanford/California:Stanford University Press,1987.

[58] Langacker R W. Grammar and Conceptualization[M]. Berlin:Mouton de Gruyter,2000.

[59] Lehister I. Suprasegmentals[M]. Cambridge,Massachusetts:MIT Press,1970.

[60] Levinson S. Pragmatics[M]. 上海：上海外语教育出版社，1983.

[61] LoCastro V. An Introduction to Pragmatics：Social Action for Language Teachers[M]. Ann Arbor：The University of Michigan Press，2003.

[62] Mallinson G，Blake B. Language Typology：Cross-Linguistic Studies in Syntax[M]. Amsterdam：North-Holland，1981.

[63] McCarthy M. Discourse Analysis for Language Teacher[M]. Cambridge：Cambridge University Press，1991.

[64] Metzing D. Frame Conception and Text Understanding[C]. Berlin：De Gruyter，1979.

[65] Mey J. Cognitive Grammar[M]. London：Oxford University Press，2002.

[66] Mey J. Pragnatics：An Introduction[M]. 北京：外语教学与研究出版社，2001.

[67] Newmeyer F J. Typological Evidence and Universal Grammar[J]. Studies in Language，2004，28(3)：527-548.

[68] Petöfi J S，Rieser H. Studies in Text Grammar[C]. Dordrecht：Reidel，1974.

[69] Petöfi J S. Text vs. Sentence：Basic Questions of Text Linguistics[C]. Hamburg：Buske Verlag，1978.

[70] R. H. 罗宾斯. 简明语言学史[M]. 许德宝，等译. 北京：中国社会科学出版社，1997.

[71] Sapir E. Selected Writings of Edward Sapir in Language，Culture and Personality[M]. Berkeley：University of California Press，1949.

[72] Schiffrin D，Tannen D，Hamilton H E. The Handbook of Discourse Analysis[M]. Malden MA and Oxford：Blackwell，2001.

[73] Schiffrin D. Approaches to Discourse[M]. Oxford：Blackwell，1994.

[74] Searle J R. Indirect Speech Act[A]//Cole P，Morgan J. Syntax and Semantics，Vol. 3：Speech Acts[C]. New York：Academic Press，1975.

[75] Searle J R. Speech Act[M]. Cambridge：Cambridge University Press，1969.

[76] Sinclair J，Coulthard M. Towards an Analysis of Discourse[C]. London：Oxford University Press，1975.

[77] Stubbs M. Discourse Analysis：A Sociallinguistic Analysis of Natural Language[M]. Chicago：University of Chicago Press，1983.

[78] Sweetser E. 从语源学到语用学：语义结构的隐喻和文化内涵[M]. 北京：北京大学出版社，剑桥：剑桥大学出版社，2002.

[79] Talmy L. Toward a Cognitive semantic[M]. Massachusetts：The MIT Press，2000.

[80] Taylor J R. Linguistic Categorization：Prototypes in Linguistic Theory（语言的范畴化：语言学理论中的原型）[M]. 2 版. 北京：外语教学与研究出版社，牛津：牛津大学出版社，2001.

[81] Thomas J. Meaning in Interaction：An Introduction to Pragmatics[M]. London：Longnan，1995.

[82] Traugott E C, Heine B. Approaches to Grammaticalization: Volume Ⅰ[C]. Amsterdam:John Benjamins,1991.

[83] Traugott E C, Heine B. Approaches to Grammaticalization: Volume Ⅱ[C]. Amsterdam:John Benjamins,1991.

[84] Ungerer F, Schmid H-J. An Introduction to Cognitive Linguistics(认知语言学入门)[M].2版.北京:外语教学与研究出版社,纽约:培生教育出版集团,2001.

[85] Van Dijk T A, Kintsch W. Strategies of Discourse Comprehension[M]. New York: Academic Press,1983.

[86] Van Dijk T A. Handbook of Discourse Analysis[C]. London:Academic Press,1985.

[87] Van Dijk T A. Ideology: A Multidisciplinary Approach[M]. London: Sage Publications,1998.

[88] Van Dijk T A. Macrostuctures[M]. Hillsdale, NJ:Erlbaum,1980.

[89] Van Dijk T A. News Analysis[M]. Hillsdale NJ:Erlbaum,1988.

[90] Van Dijk T A. News as Discourse[C]. Hillsdale, NJ:Erlbaum,1988.

[91] Van Dijk T A. Some Aspects of Text Grammar[M]. The Hague:Mouton,1972.

[92] Van Dijk T A. Text and Context[M]. London:Longman,1977.

[93] Vennemann T. Topics, Subjects, and Word Order: From SXV to SVX via TVX[C]//Anderson J M, Jones C. Amsterdam:North-Holland Publishing Co. ,1974.

[94] Verschueren J. Understanding Pragmatics[M]. 北京:外语教学与研究出版社,2000.

[95] Yule G. Pragmatics(语用学)[M]. 上海:上海外语教育出版社,2000.

[96] 爱德华·萨丕尔.语言论:言语研究导论[M].陆卓元,译.北京:商务印书馆,1964.

[97] 本杰明·李·沃尔夫.论语言、思维和现实——沃尔夫文集[C].北京:商务印书馆,2012.

[98] 伯纳德·科姆里.语言共性和语言类型[M].沈家煊,译.北京:华夏出版社,1981.

[99] 布龙菲尔德.语言论[M].袁家骅,赵世开,甘世福,译.北京:商务印书馆,1980.

[100] 岑麒祥.瑞士著名语言学家索绪尔和他的名著《普通语言学教程》[J].当代语言学,1980(1):29-33.

[101] 岑麒祥.语言学史概要[M].北京:北京大学出版社,1988.

[102] 陈平.《话语分析手册》(第二卷):《话语的各个方面》述评[J].国外语言学,1987(2):70-78.

[103] 陈平.话语分析说略[J].语言教学与研究,1987(3):4-19.

[104] 程工.Chomsky新论:语言学理论最简方案[J].国外语言学,1994(3):1-9.

[105] 范宏雅.近三十年话语分析研究述评[J].山西大学学报(哲学社会科学版),2003(6):97-100.

[106] 方德义.法国现代语言学理论研究概况[J].当代语言学,1986(3):130-137.

[107] 菲尔默."格"辨[M].胡明扬,译.北京:商务印书馆,2002.
[108] 费尔迪南·德·索绪尔.普通语言学教程[M].高名凯,译.北京:商务印书馆,1980.
[109] 冯光荣.耶姆斯列夫(1899—1965)[J].国外语言学,1986(3):121-123.
[110] 冯志伟.现代语言学流派[M].西安:陕西人民出版社,1999.
[111] 顾曰国.John Searle 的言语行为理论:评判与借鉴[J].当代语言学,1994(3):10-16.
[112] 顾曰国.John Searle 的言语行为理论与心智哲学[J].当代语言学,1994(2):1-8.
[113] 何兆熊.语用学概要[M].上海:上海外语教育出版社,1989.
[114] 何自然,吴亚欣.语用学概略[J].外语研究,2001(4):10-16.
[115] 何自然,于国栋.《语用学的理解》——Verschueren 的新作评介[J].现代外语,1999(4):429-435.
[116] 何自然.评 Georgia Green 的语用学与自然语言的理解[J].现代外语,1995(3):7-11.
[117] 何自然.语用学概论[M].长沙:湖南教育出版社,1988.
[118] 洪岗.Pragmatics——一本新颖的语用学入门书[J].外语界,2000(2):58-60.
[119] 胡琰,苏晓军.L. Talmy 的认知语义观评述——兼与 Langacker 和 Lakoff 理论的比较[J].解放军外国语学院学报,2006(4):12-14.
[120] 胡玉龙.马丁内[J].语言学动态,1979(3):42.
[121] 胡壮麟.功能主义纵横谈[M].北京:外语教学与研究出版社,2000.
[122] 胡壮麟.韩礼德[J].国外语言学,1983(2):60-62.
[123] 江轶.国际当代语言类型学发展动态[J].现代外语(季刊),2006(3):302-329.
[124] 姜望琪.从《语用学手册》看语用学的最新发展[J].解放军外国语学院学报,2008(2):1-7.
[125] 金立鑫.语言类型学——当代语言学中的一门显学[J].外国语,2006(5):33-41.
[126] 景泉.空语类理论与汉语空位宾语[J].国外语言学,1997(4):1-14.
[127] 李延福.国外语言学通观(上)[M].济南:山东教育出版社,1996.
[128] 李延福.国外语言学通观(下)[M].济南:山东教育出版社,1996.
[129] 李忆民.梅耶[J].国外语言学,1980(1):33-34.
[130] 李振麟.关于历史比较语言学的几个问题[J].国外语言学,1982(4):1-6.
[131] 李振麟.洪堡特——欧洲十九世纪的语言学理论家[J].国外语言学,1985(2):24-26.
[132] 廖秋忠.廖秋忠文集[C].北京:北京语言学院出版社,1992.
[133] 林丹青,曾雪媚.哈贝马斯的普遍语用学[J].学海,2002(6):98-100.
[134] 林浩庄,易洪,廖东平.叶姆斯列夫及其理论观点简介[J].当代语言学,1965(6):25-27.
[135] 林学洪.马丁内:功能语言观[C].语言学资料,1965(2/3):52.

[136] 刘鸿绅.篇章语言学的发展史及其研究领域(上)[J].国外语言学,1987(3):124-130.

[137] 刘鸿绅.篇章语言学的发展史及其研究领域(下)[J].国外语言学,1987(4):165-166.

[138] 刘建刚,姚俊.语用学的多学科视角简介[J].当代语言学,2008(2):184-186.

[139] 刘润清.西方语言学流派[M].北京:外语教学与研究出版社,1995.

[140] 刘宇红.R. W. Langacker 认知语法述评[J].外语研究,2004(4):6-11.

[141] 刘云红.认知隐喻理论再研究[J].外语与外语教学,2005(8):16-29.

[142] 刘正光.莱柯夫隐喻理论中的缺陷[J].外语与外语教学,2001(1):25-29.

[143] 罗雪娟.语用学研究概述[J].青海师范大学学报(哲学社会科学版),2007(4):110-113.

[144] 梅耶.历史比较语言学中的比较方法[M].岑麒祥,译.北京:世界图书出版公司,2008.

[145] 诺姆·乔姆斯基.句法结构[M].黄长著,林书武,庞秉均,邢公畹,译.北京:中国社会科学出版社,1979.

[146] 钱冠连.《语用学:语言适应理论》——Verschueren 语用学新论述评[J].外语教学与研究,1991(1):61-80.

[147] 钱冠连.语用学:统一连贯的理论框架——J. Verschueren《如何理解语用学》述评[J].外语教学与研究,2000(3):230-232.

[148] 钱冠连.语用学诠释[M].北京:清华大学出版社,2003.

[149] 钱军.结构功能语言学——布拉格学派[M].长春:吉林教育出版社,1998.

[150] 钱敏汝.戴伊克的话语宏观结构论(上)[J].国外语言学,1988(2):87-93.

[151] 钱敏汝.戴伊克的话语宏观结构论(下)[J].国外语言学,1988(3):128-131.

[152] 乔纳森·卡勒.索绪尔[M].宋旻,译.北京:昆仑出版社,1999.

[153] 冉永平.语用学的多学科视角——Cummings 新著《语用学》评介[J].外语教学与研究,2006(4):312-316.

[154] 沈家煊.雷·贾肯道夫的《语义学和认知》[J].国外语言学,1985(4):19-22.

[155] 沈家煊.类型和共性评介[J].国外语言学,1991(3):25-28.

[156] 施旭.冯·戴伊克的话语理论及其最新发展[J].外国语,1989(6):46-48.

[157] 石毓智.《女人、火、危险事物——范畴揭示了思维的什么奥秘》评介[J].国外语言学,1995(2):17-22.

[158] 田学军.语用学的源起、繁盛和展望[J].山东外语教学,2004(3):70-74.

[159] 汪榕培,顾雅云.八十年代国外语言学的新天地[C].沈阳:辽宁教育出版社,1992.

[160] 王福祥.话语语言学的兴起与发展[J].外语与外语教学,1994(5):3-10.

[161] 王建华.George Yule《语用学》评介[J].外语学刊(黑龙江大学学报),1998(1):78-81.

[162] 王勤学.《心中之身:意义、想象和理解的物质基础》评介[J].国外语言学,1996

(1):24-27.

[163] 王欣.语用学:人类调适性交际学——J. Mey 语用行为理论述评[J].四川外语学院学报,2005(3):97-101.

[164] 王雅刚.布朗与列文森礼貌理论研究述评[J].长沙大学学报,2005(1):85-63.

[165] 王寅.Lakoff & Johnson 笔下的认知语言学[J].外国语,2001(4):15-21.

[166] 王寅.Lakoff 和 Johnson 的体验哲学[J].当代语言学,2002(2):144-151.

[167] 王寅.认知语法概论[M].上海:上海外国语教育出版社,2006.

[168] 王宗炎.伦敦学派奠基人弗斯的语言理论[J].国外语言学,1980(5):1-8.

[169] 威廉·冯·洪堡特.论人类语言结构的差异及其对人类精神发展的影响[M].姚小平,译.北京:商务印书馆,1999.

[170] 文旭.国外认知语言学研究综观[J].外国语,1999(1):34-40.

[171] 文旭.认知语言学:诠释与思考[J].外国语,2001(2):29-36.

[172] 文旭.认知语言学的研究目标、原则和方法[J].外语教学与研究(双月刊),2002(2):90-97.

[173] 徐丹.关于约束理论[J].国外语言学,1989(2):66-72.

[174] 徐海铭.《语用学导论》介绍[J].国外语言学,1997(4):44-47.

[175] 徐赳赳.van Dijk 的话语观[J].外语教学与研究(外国语文双月刊),2005(9):358-361.

[176] 徐烈炯.Chomsky 的心智主义语言观[J].国外语言学,1993(1):8-13.

[177] 徐烈炯.当代国外语言学:学科综述[M].郑州:河南人民出版社,1993.

[178] 徐烈炯.生成语法理论[M].上海:上海外语教育出版社,1988.

[179] 徐盛桓.格赖斯的准则和列文森的原则——新格赖斯会话含理论研究之五[J].外语与外语教学,1993(5):1-7.

[180] 徐盛桓.哈贝马斯的"规范语用学"论析[J].解放军外国语学院学报,2002(3):1-6.

[181] 徐盛桓.新格赖斯会话含意理论和含意否定[J].外语教学与研究,1994(4):30-35.

[182] 徐志民.欧美语言学简史[M].上海:学林出版社,1993.

[183] 学思.特鲁别茨柯依[J].语言学资料,1965(6):28-29.

[184] 杨成凯.菲尔墨的格语法理论(上)[J].国外语言学,1986(1):37-41.

[185] 杨成凯.菲尔墨的格语法理论(下)[J].国外语言学,1986(3):110-120.

[186] 杨成凯.菲尔墨的格语法理论(中)[J].国外语言学,1986(2):76-83.

[187] 姚春林,王显志.语用学综述[J].河北理工大学学报(社会科学版),2007(2):137-141.

[188] 姚小平.洪堡特论语言的起源和发展[J].外语教学,1992年(3):1-9.

[189] 姚小平.作为人文主义语言思想家的洪堡特[J].外国语,2003(1):36-42.

[190] 俞东明.乔治·约尔的《语用学》简介[J].外语与外语教学,1998(6):56.

[191] 俞如珍,金顺德.当代西方语法理论[M].上海:上海外语教育出版社,1997.

[192] 袁杰.奥古斯特·施莱歇尔[J].国外语言学,1986(1):42-44.

[193] 约翰·莱昂斯.乔姆斯基评传[M].陆锦林,李谷城,译.上海:华东师范大学出版社,1981.

[194] 张辉,祝良.认知语言学概述[J].外语研究,1999(2):16-21.

[195] 张敏.认知语言学与汉语名词短语[M].北京:中国社会科学出版社,1998.

[196] 张绍杰,杨忠.语用学的形成、确立及其发展[J].外语学刊,1990(4):1-6.

[197] 赵世开.国外语言学概述——流派和代表人物[C].北京:北京语言学院出版社,1990.

[198] 赵世开.美国语言学简史[M].上海:上海外语教育出版社,1989.

[199] 赵艳芳.认知语言学概论[M].上海:上海外语教育出版社,2001.

[200] 赵艳芳.语言的隐喻认知结构——《我们赖以生存的隐喻》评介[J].外语教学与研究,1995(3):67-72.

[201] 周绍珩.马丁内的语言功能观和语言经济原则[J].国外语言学,1980(4):4-12.

[202] 朱永生.话语分析五十年:回顾与展望[J].外国语,2003(3):43-50.

[203] 兹维金采夫.对语符学的批判[J].语言学资料,1964(3):65-73.

[204] 兹维金采夫.萨皮尔和沃尔夫假说的批判[J].语言学资料,1963(2):8-16.

后记（初版）

  2000年10月，我有一次在安徽大学教工食堂就餐，安徽大学校长、业师黄德宽先生告诉我，安徽大学汉语言文字学专业被评为国家级重点学科，从学科建设角度出发，黄老师要求我加强语言学理论尤其是西方语言学理论方面的学习和研究。不久，我的博士导师白兆麟先生命我给硕士生讲授当代功能主义语言学理论课程。从此，从事西方语言学理论的学习和研究工作就成了老师们交给我的一项任务。2001年9月，我来到中国社会科学院语言研究所学习，西方语言学理论成为我学习的重要内容之一。语言所汇集了一大批国内一流的学者，藏有丰富的学术资料，我有了与国际学者频繁交流的机会，在那里，我有了极大的收获。

  2003年7月，我回到原先的工作单位淮北煤炭师范学院，当时的中文系主任王政先生安排我承担现代语言学流派和西方语言学史等课程的教学工作。2004年国庆节，我和几位朋友在北京小聚，闲聊时，我的学术经历引起了时任人民教育出版社编辑的陈昌文博士的兴趣。那时，他们正打算物色人写一本适宜语言学专业本科生阅读和使用的西方语言学史教材，他希望我接受这个任务，提出的要求是"既要有学术性，又要有通俗性"。当时，老友相聚，我兴致很高，同时又认为，自己近年来一直从事与此有关的教学和研究工作，完成任务应该不是难事，就答应下来。然而，到真正动手写作时我才发现，这实在不是一件容易的事。学术性本身有一定的弹性，可以暂且不予考虑；通俗性的基本要求是要做到深入浅出，然而撰写西方语言学史必然涉及众多不同历史时期的不同的语言学理论和流派。有许多学派的理论本身就十分艰深，如要"深入"，就难以"浅出"，如要"浅出"，则难以"深入"，况且"深入浅出"这个尺度本身就难以把握，因此，要想达到约稿要求，并非易事。后来，我想到了一个变通的办法，就是按照自己的设想，先写好各章节的初稿，交给我的研究生和教研室的青年教师阅读并提出审稿意见，然后再根据他们的意见进行修改。就这样，我逐章逐节地一边修改，一边向前推进写作进度，如此反复多次，最后形成今天这样的定稿。然而，写作的进度受到了影响，等最后完稿时，已经是2008年的国庆节了，时间整整过去了4年。最后，陈博士将我的书稿交给北京交通大学出版社的相关编辑，本书最终得以和读者见面。在此，我首先感谢陈昌文先生。

  在本书的写作过程中，我参考并吸收了大量前辈和时贤的论著和研究成果，按照惯例，除对直接引用的内容在书中随文标注外，转述和间接引用的材料都以参考文献的方式列于书后。在搜寻资料的过程中，我们发现了大量内容雷同但作者署名不一的文献，本书的处理方式是只列出发表时间较早或我们认定是原创的文献，其余的文献我们一概不列，以节省篇幅。在此，我对本书引用和参考的所有文献的作者表示衷心的感谢。

  本书的写作得到了许多学者和同仁的帮助。尤以和我同在一个教研室的陈娟、郜峰、张义、赵永明帮助最大。他们不仅为我查找、提供了大量的资料，还负责审稿并提出改稿意见，陈娟和张义还把本书的部分章节的内容拿到本科教学的课堂上进行教学试验，因此他们对本书的最后定稿起了关键作用。另外,在写作的过程中,我多次产生畏难情绪,王政教授不断给予我鼓励,为我提供了精神动力。我衷心感谢他们。

　　本书是本人第一次从事语言理论著述的尝试,由于水平和资料有限,本书一定存在不少问题,真诚地希望广大读者和有关专家提出严肃的批评和宝贵的修改意见,以便再版时予以修正。

著者:杜道流

2008 年 10 月

后记（再版）

　　本书是在拙作《西方语言学史概要》（以下简称《概要》）的基础上增改、修订而成的。《概要》出版以后，学界给予了足够的重视，陆续发表了多篇对该书的评论，评论者们在给予热情洋溢的褒扬的同时，也从不同的角度提出了一些建设性的意见和建议。同时，该书还被不少高校作为教材，一些同仁将在教学中使用《概要》所涉及的问题和体会反馈给我，希望我能根据课堂教学的需要，按照教材的体例对其进行适当的修改。在同仁们的鞭策和鼓励下，我便着手本书的再版工作。

　　这次再版，我们吸收了《概要》的评论者和同仁的部分意见，对原书中出现的一些技术性错误进行了修改，对一些不太适当的提法进行了纠正，同时增加了一些必要的内容，又从增强可读性的角度出发，对部分章节进行了重写，按照教材的体例，在每章后面附了一些思考与练习题，以增强教学适用性。我们期望本书比《概要》更具学术性和实用性。

　　本书是淮北师范大学校级重点教研项目的最终成果。课题组的成员陈娟、邰峰、高再兰、张义等同仁在策划和研讨、搜集材料、开展教学实验、收集信息反馈等方面做了大量的工作。因此，本书虽然是由我执笔完成，但实际上也凝结着课题组所有成员的辛勤劳动。淮北师范大学教务处对本书的写作活动提供了部分资金支持。在此，我向所有为本书的写作提供支持和帮助的部门和人员表示衷心的感谢。

　　尽管本书是以前期的著作为基础修订而成的，但由于本人的水平和资料有限，本书仍然可能存在不少问题，真诚地希望广大读者和有关专家继续对本书提出严肃的批评和宝贵的意见，以便我们不断进步。

著者：杜道流
2011 年 10 月

修订后记

本书自出版以来,被不少高校的汉语言文学专业或外国语言文学专业作为教材,十多年来,我们收到不少来自不同学校的师生的赞誉以及关于进一步提高本书实用价值的建议。这样,综合各方意见并结合我们自己在教学中的感受,我们对本书进行了修订。

根据原书作者的授权,本次修订由武钦青和张义两位同仁共同主持,重点对第五章中涉及当代语言学理论的部分进行重新审视,尽可能结合近年来学界有关研究的最新成果,使原作中的相关论述和评论更加稳妥,更加易于为广大读者所接受。同时,根据以往的一些来自教学一线的师生的意见,我们对每章后的思考与练习题做了适当的增补。

修订人:武钦青　张　义

2022 年 10 月